# 燕云十六州

高红清 著

北京燕山出版社
BEIJING YANSHAN PRESS

首都博物馆　书库

甲种　第伍部

《燕云十六州》

首都博物馆编纂委员会

主　　任：郭小凌

副主任：白　杰　韩战明

委　　员：靳　非　齐密云　黄雪寅　杨文英　杨丹丹　龙霄飞

　　　　　彭　颖　齐　玫　鲁晓帆　刘绍南　黄春和

编　　辑：孙芮英　张健萍　杨　洋　裴亚静　杜　翔　龚向军　李吉光

**图书在版编目（CIP）数据**

燕云十六州 / 高红清著 . —北京：北京燕山出版
社，2018.12

ISBN 978-7-5402-5305-9

Ⅰ . ①燕… Ⅱ . ①高… Ⅲ . ①战争史 – 研究 – 中国
—五代十国时期②战争史 – 研究 – 中国 – 北宋 Ⅳ . ① E294

中国版本图书馆 CIP 数据核字（2019）第 004353 号

燕云十六州

作　　者：高红清

责任编辑：朱　菁　任　臻

责任校对：石　英

出版发行：北京燕山出版社有限公司

社　　址：北京市西城区椿树街道琉璃厂西街 20 号

邮　　编：100052

电话传真：010-65240430（总编室）

印　　刷：北京虎彩文化传播有限公司

开　　本：710mm×1000mm　1/16

字　　数：401 千字

印　　张：26

版　　次：2019 年 5 月北京第 1 版

印　　次：2023 年 2 月北京第 4 次印刷

书　　号：ISBN 978-7-5402-5305-9

定　　价：89.00 元

# "首博学人"系列丛书总序

 2019 年 10 月 1 日，是中华人民共和国成立 70 周年的重要日子，也是首都博物馆建馆 38 年的纪念日。作为一家年轻的综合性地志博物馆，首都博物馆始终秉承"学术立馆"，培养出了一支在全国博物馆行业中颇具实力的科研人才队伍，以发掘北京历史文化为己任，以研究馆藏 12 万余件（套）珍贵文物为基础，将一座伟大城市的丰富内涵展示给世人。

 科研工作，说到底是人才的培养和学识的积淀，在文化繁荣发展的今天，人才愈显得重要。"首博学人"作为首都博物馆八大书系之一，重点展示首博科研人员在学科领域的重要研究成果，其入选的每部著作力求资料详实、研究扎实和学术创新。我们相信，只有这些研究成果的长期积累，才能厚积首都博物馆各方面工作的基石，解读好历史智慧，讲述好中国故事，服务好新时代发展，积极推动中华优秀传统文化创造性转化和创新性发展。

 2018 年，首都博物馆推出《大辽五京》展，纪念辽南京建城 1080

年，作为我馆"品鉴智慧北京"系列的年度大展，该展经历了长达三年的科研积累和策划准备，以期展示这个为北京奠定后续发展基石的重要历史时期的生动历史画卷。高红清博士作为展览内容的撰写人，在策划展览的过程中，对燕云十六州的历史史实进行了扎实的学术研究。本书成为了《大辽五京》展览的另一学术成果和另一成果呈现方式。

作为"首博学人"系列丛书推出的第一本专著，《燕云十六州》的特色有三：一是北京区域特征明确，紧紧围绕包括北京在内的燕云十六州的历史特点展开，便于读者深入了解那一时期的北京地区历史；二是系统性较强，从历史学研究入手论述了燕云十六州的争夺过程及其后续事件与影响，综合了以往分散割裂的研究，为系统研究燕云十六州主题和辽代北京历史打下了坚实基础；三是具学术创新性，将北京历史地位的上升，放在政治重心—民族迭兴的历史变迁中加以考察、以契丹为视角审视燕云十六州的变迁过程，将澶渊之盟后的双方战略调整、关南十县河东划界的双方交涉、以及宋金联盟等联系在一起展现历史画卷，注重了历史的细节，于细节之中看历史的真实，都是本书的独到之处。

今年，"首博学人"系列还将推出我馆资深学者高凯军撰写的《论中华民族》（第四版）和青年学人黄小钰博士撰写的《北京及周边地区辽代壁画研究》，敬请期待。在此，我们愿代表首博人感谢社会各界对首都博物馆学术科研和人才队伍建设的关爱和支持，首博人将不忘建馆初心，厚积学术成果，以更精的"首博展览"和更多的学术成果奉献给人民，培养出更多人民满意的首博学人，建设好无愧于我们这座伟大城市的世界一流博物馆。

谨此为序。

首都博物馆

党委书记　白　杰
馆　　长　韩战明
2019 年 7 月 9 日

"首博学人"系列丛书总序 / 1

绪　言 / 1


# 第一章　蚕食 / 5

6　　一、形势概况

10　　二、契丹与幽州最初的和战（885—901 年）

14　　三、耶律阿保机的崛起与纵横捭阖（902—912 年）

25　　四、耶律阿保机对燕云周边地区的蚕食（912—923 年）

38　　五、耶律阿保机的战略构想


# 第二章　鲸吞 / 45

46　　一、辽太宗耶律德光的即位和困境（927—933 年）

57　　二、后唐帝位之争和燕云十六州的割让（933—936 年）

72　　三、晋契交恶、耶律德光南下（936—947 年）

86　　四、耶律德光称帝中原与撤退

97　　五、耶律阮即位及契丹在中原据点的丧失

## 第三章　北汉问题 / 105

106　　一、北汉问题的产生

113　　二、后周世宗柴荣的战略

120　　三、宋太祖赵匡胤的策略

133　　四、宋太宗赵光义消灭北汉

## 第四章　二十五年战争 / 139

140　　一、宋太宗第一次北伐与契丹三次南征（979—982年）

150　　二、宋太宗第二次北伐与契丹三次南征（986—989年）

164　　三、宋真宗时期契丹五次南征与缔结澶渊之盟（999—1004年）

## 第五章　调整与巩固 / 175

176　　一、契丹（辽）对宋的边防

190　二、宋对契丹的边防

## 第六章　斗而不破 / 233

234　一、关南十县的交涉

255　二、河东地界的交涉

280　三、宋人的燕云情结

## 第七章　宣和之战 / 287

288　一、平燕之谋的兴起

303　二、宣和之战

## 第八章　成盟败盟 / 325

326　一、履约谈判与结盟交割

354　二、北宋对燕京的短暂治理

362　三、寒盟

**第九章　战略要地** / 377

378　一、战略要地的简单定义

379　二、北京地区满足作为通道地带的条件

382　三、北京地区处于始终不断的冲突地带

385　四、北京地区战略地位重要性极大提升的两个因素

388　五、通道地带战略要地的三个功能维度

392　六、和平时期对战略要地的运用

394　七、战略要地经营的长期性与延续性


**附　录** / 397

398　附录一　重大事件王朝对照表

400　附录二　辽室帝系表

401　附录三　参考文献

# 绪 言

"燕云十六州"特指五代十国时期后晋石敬瑭割让与契丹的州县，它是后续的中原王朝（后周、北宋）与契丹关系中的焦点之一。

九三六年七月石敬瑭乞援契丹时，所提供的献土条件为"卢龙一道及雁门关以北诸州"。同年十一月，石敬瑭登基，献出的州县数目确定下来，包括幽、蓟、瀛、莫、涿、檀、顺、新、妫、儒、武、云、应、寰、朔、蔚等十六个州。

九三八年，后晋的使者赵莹以幽、蓟、瀛、莫、涿、檀、顺、新、妫、儒、武、云、应、寰、朔、蔚十六州并图籍献与契丹。十六州正式归属契丹。九四六年（会同九年），军阀孙方简以易州归附契丹，使契丹获得了第十七个州。

九五九年二月，柴荣下诏北伐，四月份周军先后夺取了乾宁军、淤口关、益津关、瓦桥关、莫州、瀛州等地。五月，后周军队夺回易州。契丹占领的州数目缩为十四个。九八九年（统和七年），契丹军队再次占领易州部分土地，并设置三县：易县、涞水县、容城县。从此以后，直到北宋末年宋徽宗联金攻辽战争之前的一百多年里，契丹占有十四个半州的局面没有再发生大的变更。

图 0-1　契丹实际占领的 14 个半州（易州仅占领一半）示意图

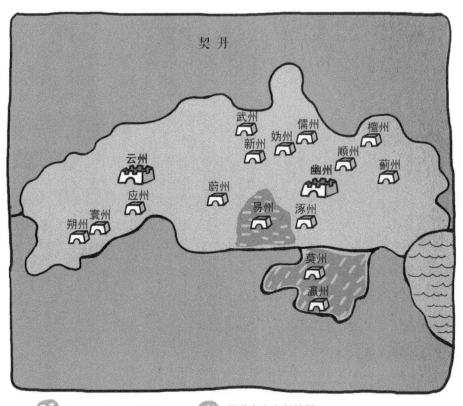

在实际的生活中，人们习惯对这一区域赋予简称。在宋与契丹的正式交往中，这一区域曾称为"石氏之割城"。宋人有时候也称之为"晋蓟""旧境""幽蓟""山前山后"等，而没有形成统一的、固定的专有名词。

一一二二年（宣和四年），宋徽宗将契丹南京一带州县加以更名并设立燕山府路，山西大同一带更名为云中府路。宋人设立的燕山府路范围涵盖了本不属于十六州的平州、营州和滦州；而云中府路仅仅由金人交割了两个州而空有虚名。但是，新行政区划的设定使以后简称这一区域为"燕云"成为可能。

北宋末年亲自参与宋金谈判的赵良嗣，撰写了《燕云奉使录》一书，这是比较早使用了"燕云"简称的例子。在元代修撰的《宋史地理志》中正式使用了"燕云十六州"这一名词。此后"燕云十六州"发展成为专有名词，得到普遍使用。

本书主要围绕燕云十六州战略要地地位形成过程展开。首先叙述契丹在耶律阿保机和耶律德光时期如何采取蚕食与鲸吞手段夺得了这一区域；契丹与后周、北宋两个中原政权发生多次战争、达成停战和平协议过程；和平时期双方的军事建设和调整；北宋末期联金攻辽重新夺取燕云地区的最后一次努力；最后综述燕云地区战略地位的形成因素。

# 第一章

# 蚕食

燕云十六州的割让是一系列事件的终点，也是一系列事件的起点。

作为燕云十六州事件的前奏，这一章将叙述在唐末乱局的背景下，契丹如何崛起、扩张，以及初期遭遇了怎样的挫折。而契丹政治强人耶律阿保机崛起后，他是怎样改变了局面并开始蚕食中原。在临近去世的时候，阿保机又透露出怎样的战略意图。

# 一、形势概况

## 唐中期以后黄河以北的政治局势演变

在安史之乱中，为了抵御叛军进攻，唐中央扩展了军镇制度，重要的州设立节度使，指挥几个州的军事；次要的州设立防御使或团练使，以扼守军事要地。于是各地出现大大小小的节度使、防御使、团练使。从八世纪后期到九世纪中期，近一个世纪中，众多藩镇保持了不同程度的自治，朝廷也通过拉拢较为忠诚的地方力量，保持着相对军事优势，从而抑制了方镇离心性。

八七四年，唐僖宗继位，此时的唐王朝不仅政局混乱，而且连年天灾。第二年，备受压迫的山东、河南农民起义。他们一路南下，转战荆襄、皖南、浙东、福建等地，攻克南方重镇的广州。由于南方疫病流行造成的大规模减员，义军决定重新返回北方。他们渡过淮河，顺利攻下洛阳、长安，唐僖宗则仓皇逃奔四川成都。中央统治名存实亡，地方藩镇则借镇压起义开始扩张，方镇成为高度军事化的武装集团。在唐末军阀混战中，黄河以北、长城以南的中原逐渐形成了以晋王李克用为首的河东集

团，以刘仁恭为首的幽州集团、以梁王朱温为首的汴州集团，三方势力，在他们中间还有几个朝秦暮楚的小军阀。（见图 1-1）

图 1-1 中原势力割据示意图

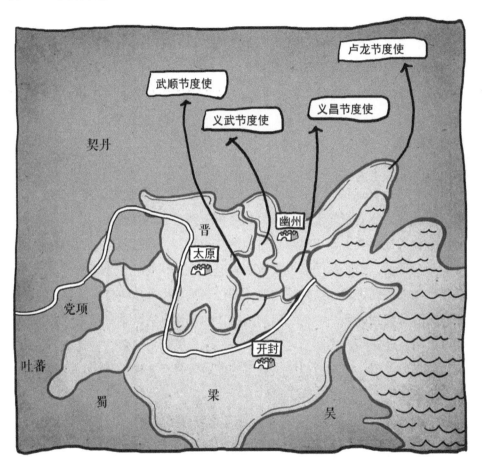

## 河东李克用

沙陀人李克用生于八五六年（唐大中七年），本姓朱邪氏。他的祖父朱邪执宜，担任蔚州刺史、代北行营招抚使。他的父亲朱邪赤心，曾担任朔州刺史，因讨伐桂林的叛乱有功，朝廷赐姓李，名李国昌，荣升为振武节度使，李克用也升为云中守捉使。八七六年，在一次军队哗变中，李克用被拥立为首领。在随后与朝廷的对抗中，李克用战败并逃奔到草原上。黄巢攻陷长安后，为了对付农民军，代北起军使陈景思招揽了李克用，并任命他为代州刺史、雁门以北行营节度使。李克用与义军连续战斗，并获得胜利，克复长安，因功升任河东节度使，后封晋王。从此以后，以太原为中心的河东镇便成了李克用大本营。

## 幽州刘仁恭

刘仁恭是河北深州人，原来在卢龙幽州节度使李匡威手下担任将军，镇守蔚州。他所率领的士兵们因为长期得不到轮休而产生怨恨。李匡威离开大本营前往解救受到李克用攻击的镇州小军阀，他的弟弟李匡筹趁机取代了他。但是，李匡筹的篡位没有获得道义上的认同。于是，蔚州成军裹挟刘仁恭向幽州进发，结果被打败。刘仁恭投奔太原李克用。此时的李克用正想着如何吞并幽州，刘仁恭的到来让他非常高兴。他优遇刘仁恭，厚赏其部下，还赐给刘仁恭田地豪宅。刘仁恭投其所好，屡次向李克用讲幽州地区城防及部队虚实，请求李克用给他一万将士东取幽州。八九四年冬天，李克用亲征并最终夺取了幽州。

李克用留下刘仁恭镇守幽州，并安置亲信分管军队，实则架空刘仁恭。八九五年，刘仁恭被任命为卢龙军节度使。刘仁恭逐渐暴露出独立倾向。他笼络幽州的当地将领，囚禁了李克用留在幽州的太原将领，夺取军权从而控制了幽州。他不仅拒绝出兵以帮助正与朱温争斗的李克用，而且还向河东镇将士抛出高官厚禄，这导致很多人叛亡。晋王李克用大怒，亲自领兵征讨。由于轻敌，李克用在木瓜涧战役中惨败而回。双方关系彻底破裂。

## 汴梁朱温

朱温是宋州砀山县人,出身较为低微。唐僖宗时期,爆发黄巢起义,朱温投入黄巢军中,后来朱温被任命为同州防御使。与唐朝河中节度使王重荣对峙。因为战场多次失利,朱温向黄巢求援,先后十次上书,均无音讯。于是,朱温杀了黄巢的监军使,投降了王重荣。唐僖宗下诏授给朱温左金吾卫大将军、河中行营副招讨使,又赐名"全忠"。从此朱温统率他的旧部和唐军一起行动,转而对付黄巢。八八三年(中和三年),朝廷任命朱温为汴州刺史、宣武军节度使,从此,汴州(宣武军)成为他的大本营,并逐渐扩充地盘,占据了黄河南北沿岸的广大区域。

朱温与李克用的矛盾由来已久。早在八八四年(中和四年)的时候,朱温和李克用的军队在战胜黄巢之后一块回到汴州,朱温将李克用安置在上源驿客馆,接着大摆宴席犒劳他。李克用却趁酒醉大发脾气,惹怒了朱温。这天晚上,朱温命令士兵火攻李克用的住地。恰好碰上大雨,雷电交加,李克用趁着雷电光亮翻墙逃去,但是他的部下百余人被杀。李克用到达军中后,曾向唐僖宗告发此事,并请求对朱温用兵。唐僖宗加封李克用为陇西郡王以安抚他,同时也没有治朱温的罪。李克用对此事耿耿于怀。双方势力都在乱世中极大扩张,于是相互攻伐不已。

## 二、契丹与幽州最初的和战
（885—901 年）

### 契丹的崛起

汉文史料首次提及契丹的名称是在公元四世纪。一般认为契丹出自鲜卑宇文部。三四五年，鲜卑慕容部击败宇文部，宇文部一分为三，其中之一是库莫奚，契丹属之。三八八年，库莫奚再分为库莫奚与契丹部。契丹居于西拉木伦河上游，库莫奚居于契丹西南面。四七九年，契丹迁徙到西拉木伦河中游。五五三年，中原的北齐曾经打败契丹。隋代及唐前期，契丹臣服于中原王朝。在六四七年的时候，契丹首领窟哥被任命为松漠都督，并赐姓李氏。六九六年，由于地方官员举措失当，导致契丹首领李进忠发动叛乱。直到七一五年，契丹才再次臣服于唐。七五五年，安史之乱爆发后，契丹转而臣服于草原上兴起的回鹘，但是，仍旧定期朝贡于唐朝。也就是在此稍前，契丹内部发生了大贺氏世袭可汗向遥辇氏世袭可汗的转变。八四〇年，草原上的回鹘解体，契丹再次附唐，并得到武宗皇帝的册封。

唐末咸通（860—874 年）年间，契丹首领为遥辇氏巴剌可汗（名习尔）。继承他的可汗是痕德堇可汗（名钦德）。根据《辽史》记载：

> 契丹王钦德，习尔之族也，是为痕德堇可汗。光启中，钞掠奚、室韦诸部，皆役服之。[1]

也就是说，在钦德可汗时期，契丹开始抢夺奚人、室韦等部落的财物，并强迫他们服从。契丹开始重新崛起。

## 最初的和战

强大起来的契丹开始南下扩张，首先与幽州军阀刘仁恭爆发冲突。但是，他们碰到硬钉子，因为遭到刘仁恭的反击。刘仁恭至少两次迫使契丹人求和。《新唐书》记载说：

> （契丹）入寇幽、蓟。刘仁恭穷师逾摘星山讨之。岁燎塞下草，使不得留牧，马多死。契丹乃乞盟，献良马求牧地，仁恭许之。[2]

这是刘仁恭第一次迫使契丹人求和的过程。他率领军队越过摘星山，攻击了契丹人，随后年年出塞纵火，也就是烧荒[3]。这给契丹造成极大的困

---

① 脱脱等：《辽史》，卷六十三，《世表第一》，中华书局，1974年，第956页。

② 欧阳修、宋祁：《新唐书》，卷二百一十九，《北狄》，中华书局，第6172页。

③ 顾炎武著，黄汝成集释，栾保群校注：《日知录集释》，卷二十九，《烧荒》，上海古籍出版社，2013年，第643页。我们可以通过顾炎武转录的明代烧荒，了解这一对付游牧民族的古老战术。《英宗实录》："正统七年十一月，锦衣卫指挥佥事王瑛言：'御虏莫善于烧荒，盖虏之恃者马，马之所恃者草。近来烧荒，远者不过百里，近者五六十里，虏马来侵，半日可至，乞敕边将，遇秋深，率兵约日同出，数百里外纵火焚烧，使卤马无水草可恃，如此则在我虽一时之劳，而一冬坐臣可安矣。'"翰林院编修徐珵亦请每年九月，尽敕坐营将官巡边，分为三路：一出宣府抵赤城独石，一出大同抵万全，一出山海抵辽东。各出塞三五百里，烧荒哨瞭。如遇边寇出没，即相机剿杀。此先朝烧荒旧制，诚守边之良法也。"

难，因为牧草是他们经济的根源所在。所以契丹不得不转而求和。双方约定：契丹提供良马，刘仁恭停止烧荒。

契丹人很快背弃了誓言，刘仁恭再次挫败了契丹人并迫使他们第二次求和。

《新唐书》记载：

（契丹）复败约入寇，刘守光戍平州，契丹以万骑入，守光伪与和，帐饮具于野，伏发，禽其大将。群胡恸，愿纳马五千以赎，不许。钦德输重赂求之，乃与盟，十年不敢近边。

《旧五代史》对这一事件的记录稍为详尽：

契丹背盟，数来寇钞。时刘守光戍平州，契丹舍利王子率万骑攻之，守光伪与之和，张幄幕于城外以享之，部族就席，伏甲起，擒舍利王子入城。部族聚哭，请纳马五千以赎之，不许，钦德乞盟纳赂以求之，自是十余年不能犯塞。[1]

刘仁恭镇幽州，阿巴曾引众寇平州，仁恭遣骁将刘雁郎与其子守光率五百骑先守其州，阿巴不知，为郡人所绐，因赴牛酒之会，为守光所擒。契丹请赎之，仁恭许其请，寻归。阿巴妹为安巴坚妻，则契丹主德光之母也。[2]

或许是出于对财物的贪婪，契丹方面破坏了刘仁恭的第一次盟约。他们委派阿巴——阿保机（我们马上就要提到这个人）的妻兄——率军进攻平州，刘仁恭的儿子刘守光欺骗阿巴，装作屈服求和的样子，在双方会面的地方擒获阿巴，并成功将之带入平州城中。就这样，契丹人丢掉了统帅。契丹人提供丰厚的财物给刘仁恭以换回阿巴，并再次求和。刘仁恭答

---

① 薛居正等：《旧五代史》，卷一百三十七，《外国列传》，中华书局，1976 年，第 1827 页。

② 薛居正等：《旧五代史》，卷九十八，《萧翰传》，中华书局，1976 年，第 1316 页。

应下来。这些都是唐僖宗"光启"（885—888 年）时候的事情。

　　双方的和平维持了很长一段时间，到阿保机拥有了足够的权力，才打破了和平局面。

## 三、耶律阿保机的崛起与纵横捭阖
（902—912 年）

### 耶律阿保机的崛起

耶律阿保机生为契丹迭剌部贵族子弟。他的祖父匀德实善于畜牧，并推广农耕；他的父亲撒剌的曾经教民鼓风铸铁。当阿保机成人时，身高九尺，丰上锐下，目光射人，开弓三百斤，良好的战斗素质使他获得伯父耶律释鲁——此时正担任契丹"于越"这一重要军职——的青睐，并被任命为"挞马狘沙里"。在对小黄室韦、越兀、乌古、六奚、比沙诸小部落的战争中，阿保机积累了政治声望。

九〇一年，契丹内部发生分裂，阿保机的伯父于越耶律释鲁被杀害。在痕德堇可汗的支持下，阿保机成功平定叛乱，并被任命为"迭剌部夷离堇"，专征讨。这一年阿保机刚刚三十岁。

九〇二年七月，阿保机率军四十万征伐李克用的河东代北地区，并攻下九郡，掠获九万五千人以及数量极大的骆驼、马匹、牛羊。次年九月，阿保机再次出兵河东，攻下怀远等军。阿保机命令军队从西向东返回，顺路掳掠了刘仁恭的蓟北地区。于是，契丹与刘仁恭的和平盟约也就破坏了。

九〇四年九月，阿保机征讨与刘仁恭有盟友关系的黑车子室韦①，刘仁恭派遣义子刘霸率领数万军队援救。阿保机派遣室韦人牟里诈称黑车子室韦酋长的使者，约赵霸会军平原之上。赵霸中计，军队行至约会地点时候，被先期埋伏的契丹军队全歼。

阿保机对与刘仁恭的军事对抗引起李克用的注意，他需要稳定后方与梁王朱温争霸天下，而且还希望利用契丹牵制刘仁恭。于是，他派遣使者向阿保机表达了结盟的愿望。阿保机同意了李克用的建议。因为高明战略家明白，新势力在崛起的过程中需要不断地选择盟友、孤立征服敌人，然后再选择新盟友，孤立新敌人，如此往复，最终开创宏业。九〇五年，阿保机抵达云州，大概是为了显示实力，率领了七万骑兵。双方置酒高会，李克用与阿保机交换了衣服，约为兄弟（这也是以后沙陀族的中原皇帝与契丹之间辈分的起源）。

阿保机与李克用结盟后，打算对付刘仁恭。不过，他得先对付处于在两者之间的奚人。奚人与契丹原来都属于鲜卑宇文部，至唐代，两部常常互为表里，号称"两藩"。唐末，奚人居于营州以西、幽州西北数百里外的阴凉川上，后徙居幽州东北数百里的琵琶川。契丹崛起后，奚人首被其害。不堪忍受的一部奚人再次西迁到幽州辖区范围内的妫州。他们在山北射猎为生，由于势力单薄，奚人采集山上的麝香、人参贿赂幽州，寻求保护。刘仁恭将他们编入军队，并在脸部刺字。九〇六年二月，阿保机袭击北奚并攻破了他们。

九〇六年冬十二月的时候，契丹痕德堇可汗逝世。九〇七年春正月，阿保机即位，一个全新的王朝建立，它对混战不休的中原地区虎视眈眈，准备伺机而动。而此时的幽州是孱弱的。

---

① 脱脱等：《辽史》，卷百十六，《国语解》，中华书局，1974 年，第 1534 页。黑车子室韦"以善制车帐得名"，处于阴山以东、云州以北一带。

## 幽州军力的衰落与内乱

控制了幽州后，与李克用翻脸的刘仁恭抵挡住了李克用的进攻，还两次迫使契丹订立盟约。在这之后，刘仁恭认为他的力量足够强大，于是主动参与到中原错综复杂的争斗中。

八九八年，刘仁恭派遣他的儿子刘守文偷袭义昌节度使卢彦威，获得了义昌节度的地盘——沧州、景州和德州地区。顺利占领三州之后，刘仁恭膨胀起来，他自认为得天之助，企图吞并整个河朔地区，以与晋王李克用、梁王朱温争夺天下。（见图1-2）

图1-2　卢龙幽州势力扩张示意图

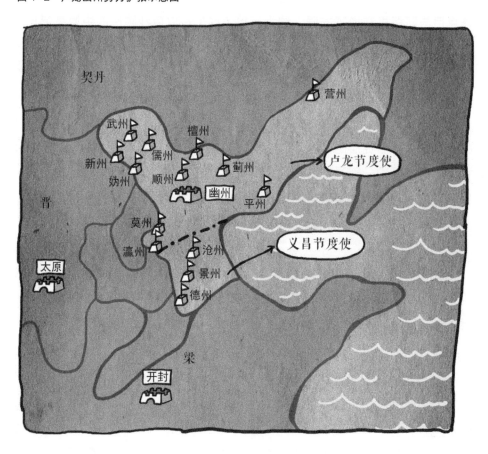

八九八年正月，刘仁恭派遣幽州、沧州等十二州兵十万人马，进攻魏博节度使罗绍威的地盘。他攻占了贝州，并进行了血腥屠杀，这一行为导致魏博节度使下辖的其他城池抵抗意志增强。而魏博节度使罗绍威向汴州的梁王朱温求援。这正是朱温所希望的，因为借着帮助罗绍威他能够借机控制魏博地区，从而不利于晋王李克用。他立刻派遣军队，进驻靠近魏州的内黄一带。刘仁恭派遣儿子刘守文、妹婿兼骁将单可及分兵五万，攻击朱温的部队。自己则继续围攻魏州。

刘守文的军队与朱温的军队在内黄激战，幽州兵大败，死伤被俘三万人，单可及阵亡。梁王朱温的军队和魏博的军队合到一处，进攻刘仁恭。他们接连攻克幽州八座军寨。刘仁恭父子不得不烧营逃遁。在临清，刘仁恭的部队因受阻于永济渠而遭到追兵的猛烈攻击，被杀与跳水溺毙的士兵不可胜数。刘仁恭还受到镇州军阀王镕的邀击。

元气大伤、好不容易逃回沧州的刘仁恭马上又遭遇到困难，因为梁王朱温决定乘胜追击。他派遣大将葛从周率领兖州、郓州、滑州、魏州的兵马十万，攻击刘仁恭的沧州地区。葛从周先下德州，然后围困刘守文于沧州。刘仁恭一面自率幽州兵马五万救援沧州刘守文，一面卑辞厚礼求援于河东，因为他没有把握独立对抗梁军。

刘仁恭率领的援军在老鸦堤与梁军接战，但是再次大败，幽州兵阵亡三万余人。刘仁恭逃遁到瓦桥关固守。河东的晋王李克用权衡利弊后，决定援助刘仁恭。他的部队在内丘击败梁军，但是持续的大雨也妨碍了双方的军事行动。在镇州军阀王镕的调停下，各方休战。经此一役，刘仁恭势力更弱。

就在沧州之役的同一年，一名谋士建议镇州的军阀王镕借兵朱温，打击幽沧的刘仁恭和易定的小军阀王郜，这样镇州就能示好朱温，建立起一定的盟友关系，从而减少河东集团对镇州的压力。王镕接受了这一建议。他派人到梁王朱温那里。秋冬之际，朱温派遣大将张存敬会同魏博节度使的军队攻击刘仁恭，他们先后攻克瀛州、景州、莫州，并制订了计划准备从瓦桥方向进攻幽州城。由于道路泥泞，进攻幽州的计划搁浅。于是，梁将张存敬转而引兵向西攻打易定军阀王郜。王郜主动迎敌，结果一败涂地，其叔父王处直投降朱温。在投入战场之前，王郜已经向河东晋王李克用和幽州刘仁恭告急，因此，刘仁恭派遣其子刘守文率军驻扎易水之上。刘守文的部队遭到张存敬的袭击，损失六万余人。

经过这些战争，刘仁恭已经羸弱不堪了。因为在另一次解救沧州的战争中，刘仁恭悉数征发辖区内十五岁以上的男子入伍为兵，才勉强凑得二十万人。整个幽州地区人口的锐减，到了如此触目惊心的地步。

幽州民不聊生，但是，刘仁恭仍然不忘享乐。他拜道士王若讷为师，祈求长生不老、羽化成仙的法术。在幽州西部的名山大安山上，刘仁恭修建并装饰起华丽的楼堂馆舍。这些建筑的规格超越制度而仿照天子的宫廷。他还收聚美女，充斥其间，极尽奢华。迷信的刘仁恭招聚起和尚道士，配制仙丹，讲求法术。为了维持巨额开销，他甚至用黏土做成钱，令在辖区内流通，而将真铜钱全都收敛到大安山顶上，挖掘山洞来收藏它们，藏好后杀死挖洞凿石的工匠以灭口。即使这样，他也入不敷出，于是又禁止江南茶商入境，自己采摘了大安山中的草叶当茶叶销售，以谋取厚利。

一场家族内讧结束了刘仁恭的统治。刘仁恭有位罗姓爱妾，姿色艳丽。刘仁恭的儿子刘守光——曾经伪和擒获阿巴从而迫使契丹第二次求和——与之通奸。事情终于败露，刘仁恭大怒，他鞭打了刘守光，并将之贬谪外地。

九〇七年三月，梁军将领李思安奉命率兵进攻刘仁恭。他们所过之处，焚荡无余，直至幽州城下。而刘仁恭在大安山上，幽州城无人防守，刘守光及时从外地统帅军队前来救援，并登上幽州城墙固守。李思安撤退后，刘守光自任幽州节度使，命令部下将领李小喜、元行钦领兵进攻大安山。刘仁恭派兵抵抗，被李小喜打败，并成为儿子刘守光的俘虏。刘守光将刘仁恭囚禁起来。刘守光兄长刘守文驻扎在沧州。当他听到父亲被囚禁的时候，立即率领沧州和德州的军队讨伐刘守光。幽州势力分裂了。刘守光、刘守文、河东的李氏父子、汴州的朱温以及契丹阿保机，五方势力重新进入联合与再联合的复杂博弈之中。

## 朱温称帝与李克用的遗命

九〇七年夏四月，汴州集团的朱温废黜傀儡皇帝唐昭宗，自立为帝，建梁朝（史称后梁），并升汴州为开封府，建名东都。而唐代的东都洛阳改为西都，唐代的西京改为雍州佑国军节度使。皇帝朱温立刻成为众矢之的。因为，朱温篡唐等于授人口实。尽管割据的军阀们各怀鬼胎，但纷纷以忠于唐室的面目出现，并以灭梁为务。

对朱梁政权威胁最大的仍旧是河东李氏父子。晋王李克用决定借兵契丹。他再次派人前往契丹邀请阿保机会面。《新五代史》记载道：

> 梁将篡唐，晋王李克用使人聘于契丹，阿保机以兵三十万会克用于云州东城。置酒。酒酣，握手约为兄弟。克用赠以金帛甚厚，期共举兵击梁。阿保机遗晋马千匹。[1]

契丹耶律阿保机同意会见李克用，但是率领着远超过上次会盟时的人马而来，这或许是示威，或许是另有所图。双方会面了。李克用和耶律阿保机握手为盟，李克用给予后者大量财物，并与之约定了共同起兵攻击后梁的日期。李克用上当被骗。《新五代史》继续记录道：

> （阿保机）既归而背约，遣使者袍笏梅老聘梁。梁遣太府卿高颀、军将郎公远等报聘。逾年，颀还，阿保机遣使者解里随颀，以良马、貂裘、朝霞锦聘梁，奉表称臣，以求封册。[2]

契丹获得李克用示好的礼物后，立即翻脸，与后梁皇帝朱温结好。双方经过一番眉来眼去之后，耶律阿保机请求册封，因为他在契丹内的地位并不稳固，希望借着册封正名立威。老谋深算的朱温回复道：

---

[1] 欧阳修：《新五代史》，卷七十二，《四夷附录》，中华书局，1974 年，第 887 页。

[2] 欧阳修：《新五代史》，卷七十二，《四夷附录》，中华书局，1974 年，第 887 页。

朕今天下皆平，唯有太原未服，卿能长驱精甲，径至新庄，为我翦彼寇雠，与尔便行封册。①

朱温企图利用册封来诱惑阿保机，使他攻击李克用。虽然阿保机拒绝了朱温，但是，他的背盟行为仍旧深深刺痛了李克用。九〇八年，李克用因疾去世。《五代史阙文》记载了李克用临死前的安排：

世传武皇（李克用）临薨，以三矢付庄宗（李存勖）曰："一矢讨刘仁恭。汝不先下幽州，河南未可图也。一矢击契丹。且曰，阿保机与吾把臂而盟，结为兄弟，誓复唐家社稷，今背约附贼，汝必伐之。一矢灭朱温。汝能成吾志，死无憾矣！"②

李克用临死前交给继承者李存勖的三支箭代表他的三大仇人：刘仁恭、耶律阿保机、朱温。他们三个都背叛过李克用。此外，分析他对李存勖的遗命其实也涵盖着李克用对争霸中原的"三步走"战略规划：

第一步，夺取幽州地区，确保太原大本营的安全。因为每次河东镇调集主力部队与朱温在河北中部大战，太原防守兵力就会薄弱，敌对的幽州就有机会乘虚而入。这对李氏父子的统治而言，伤害是致命的。

第二步，攻占幽州之后，对契丹进行军事打击，使之不能成为新的掣肘。

第三步，消灭宿敌朱温，实现中原的局部统一。


## 刘守文的灭亡

幽州的内讧使刘守光、刘守文兄弟反目。刘守光占据幽州地区，刘守

---

① 薛居正等：《旧五代史》，卷一三七，《外国列传》，中华书局，1976 年，第 1828 页。

② 薛居正等：《旧五代史》，卷二十六，《武皇纪下》，中华书局，1976 年，第 363 页。

文占据沧州地区。他们相互攻击，为了消灭对方，他们到处结援。即使结援对象曾经是他们的仇家，而他们两人是兄弟骨肉，双方也毫不犹豫。

刘守光向朱温称臣，以结援开封。刘守文也向朱温称臣，他不这样做可能会腹背受敌，因为沧州位于幽州之南、开封之北。通过将儿子送到汴梁，刘守文实现了这一目的。这样，兄弟二人都成为朱温的臣下。朱温不打算帮助他们中的任何一个，因为刘氏兄弟不断进行战争而变得虚弱，这有利于他。

既然得不到后梁朱温的帮助，刘守光转而求援于河东镇。晋王李存勖遣兵五千帮助他。刘守文先后在卢台军和玉田两次遭受联军打击，于是向契丹求援。

九〇九年三月，阿保机派遣弟弟舍利素、夷离堇萧敌鲁帅兵与刘守文会兵北淖口，进军至横海军，大败刘守光。为了纪念北淖口胜利，耶律阿保机将之改名为会盟口。

五月，刘守文再次以重贿招引契丹、吐谷浑军，合兵四万，屯驻蓟州。刘守光逆战联军于鸡苏（大概在蓟州西）。刘守光先败后胜，并擒获了刘守文。之后，挟持着刘守文，进攻后者的根据地沧州。沧州得手之后，刘守文就被杀掉了。

## 刘守光的灭亡

获得胜利的刘守光膨胀起来。他不仅不将家族的内讧视为不幸，反而将自己父亲、兄长的失败看作上天对他的眷顾。他穿起皇帝才有资格穿的赭黄袍，然后假意询问僚佐官员：当今天下四分五裂，若想南面称尊君临天下，是否可行？明智的官员向他指出幽州处境并不妙，刘守光为此非常不高兴。

当梁王朱温称帝的时候，为了拉拢镇州军阀王镕而将他封为赵王。此时，王镕的祖母去世了，诸镇节度使都礼节性派人前往悼念。在王镕的府上，汴梁朱温的使者看到河东晋王李存勖的使者。使者们返回后，向皇帝朱温报告了他们的见闻，于是，朱温开始怀疑镇州军阀王镕有二心。九一〇年，魏博节度使罗绍威逝世，朱温趁机控制了魏博。得陇望蜀，朱全忠决定派兵消灭镇州的王镕和定州的王处直。后梁大军压境，王镕、王处直只好向李存勖求救。九一一年，朱温的军队与联军会战于柏乡，梁军大败。

血腥的会战削弱了镇州与定州。幽州的刘守光认为他的机会来了。于是，他派兵胁迫王镕和王处直。镇、定的这两个军阀立刻派遣使者到河东镇李存勖那里，建议联名尊称刘守光为"尚父"，以虚名安抚住刘守光。与臣下商量后，晋王李存勖与镇州节度使王镕、易定节度使王处直、昭义节度使李嗣昭、振武节度使周德威、天德军节度使宋瑶，一同派遣使者奉上文书，推刘守光为尚父。

刘守光没有看穿这是他们将欲取之、必先予之的策略，反因此而得意洋洋，以为众藩镇害怕自己。他还将各镇推举他为尚父的文书送到汴梁朱温那里，并且告诉朱温说，他被晋王（李存勖）等推戴为尚父，虽然自己坚决辞谢，但是难以抗拒违背。他私下认为，假如朱温加封他为河北道都统，那么并州李存勖、镇州王镕的叛逆，就能轻易地平定。

朱温并不因为刘守光的要挟而生气，而是将计就计地派遣使者前往册封他为"尚父采访使"，希望能够拉拢住刘守光。梁的使者抵达幽州，双方因为册封仪式起了冲突：

六月，梁使至，守光令所司定尚父采访使仪注，所司取唐朝册太尉礼以示之。守光曰："此仪注中何无郊天、改元之事？"梁使曰："尚父虽尊，犹是人臣。"守光怒，投于地。

皇帝朱温册封刘守光的官职是"尚父采访使"。刘守光让负责礼仪的部门拿出册封时的仪式给他过目，下属交给他唐朝册封太尉职位时的仪式来，因为"尚父采访使"本身就是个不伦不类的名号。刘守光看到仪式中没有"郊天"（郊外祭拜天帝）和"改元"（改变纪年年号）的内容，因而产生疑问。梁使告诉他，即使"尚父采访使"的官职很高，但是也仍旧是臣下。刘守光被激怒了，因为梁使的回答实际上讽刺他对官制和礼仪一无所知。刘守光宣布：

> 方今天下鼎沸，英雄角逐。朱公创号于夷门，杨渭假名于淮海，王建自尊于巴蜀，茂贞矫制于岐阳，皆因茅土之封，自假帝王之制，然兵虚力寡，疆场多虞。我大燕地方二千里，带甲三十万，东有鱼盐之饶，北有塞马之利，我南面称帝，谁如我何！今为尚父，孰当帝者！公等促具帝者之仪，予且为河朔天子。

八月十三日，刘守光宣称自己为大燕皇帝，改元应天。因为在他看来，既然现在是个混乱的时代，那些称王称帝的，像朱温、杨渭、王建、李茂贞这些人都能倚仗武力为所欲为，他刘守光所统治的区域非常广阔，能集合的军队也很庞大，南面称帝也没有什么不可以的。

刘守光高估了自己的实力。十二月，认为时机成熟的晋王李存勖派遣大将周德威出飞狐，与镇、定的军队合兵，征伐刘守光。联军从祈沟关进入幽州界。刘守光的澶、涿、武、顺等诸州皆降。很快，主将周德威将刘守光包围在幽州城，而他的偏将刘光睿则继续向东进军。不久，刘光睿俘虏了刘守光所属的平州刺史张在吉，进迫营州。营州刺史杨靖以城归降。

困守孤城的刘守光一面求援于梁，一面求援于契丹。但是，耶律阿保机正忙与平定诸弟发动的叛乱，无暇顾及。而朱梁的援军在蓚县被几百人的小股晋军击溃。皇帝朱温愧愤交加，身染重病，不久死于宫廷政变。九一二年，经过长达一年的围攻，幽州城陷落，刘守光和他的家小在逃亡途中被擒获。幽州全部落入河东镇囊中。（见图1-3）

图 1-3 晋吞卢龙节度使、义昌节度使示意图

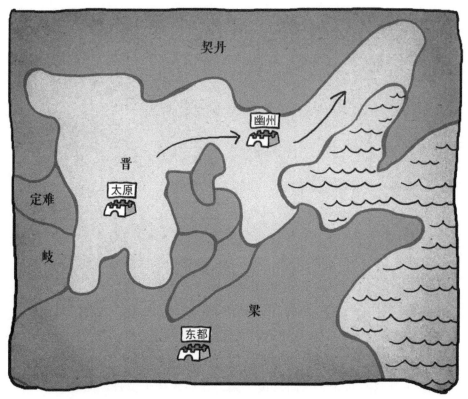

## 四、耶律阿保机对燕云周边地区的蚕食
### （912—923 年）

### 李存勖消灭刘守光后的政治格局

晋王李存勖消灭刘氏父子而有幽州，中原形势发生一次大变化。在与河东镇的关系上，阿保机屡次背盟。当幽州处于刘氏父子统治的时候，契丹与河东之间存在利益共同点。阿保机通过与李克用的结盟，获得财物，但是，他又拒绝真正地帮助河东镇，还一而再地与汴梁朱温交好。对于幽州，则通过军事手段予以打击。在幽州内乱的时候，又接受刘守文的请求，获得财物。晋王李存勖获得幽州地区，契丹的阿保机重新评估政治形势，考虑如何处理各方关系，以获得实际的利益，规避危害。

李存勖统治的区域则被挟持在了两大势力之中，北面是契丹，南面是后梁。晋王李存勖不打算与契丹决裂，但也没有掉以轻心，于是，委派勇将周德威镇守幽州，李存矩镇守山后的新州。李存勖尽力维持与契丹的和平，但是，终究没能避免与契丹兵戎相见。

后梁的朱温死于非命，经过一系列的阴谋与政变后，东京留守朱友贞成为后梁皇帝。很快，曾经在政变中支持他的魏州统帅杨师厚变得桀骜

不驯，难以驾驭，恰好，杨师厚去世了。朱友贞听从官员邵赞的建议，企图将为害唐室百年之久的魏博镇六个州——魏州、博州、洺州、邢州、贝州——分割成两部分，结果导致魏州兵乱。乱军决定投靠已经控制了定州与镇州的晋王李存勖。李存勖立即率领军队进驻魏州。后梁将军刘寻在元城遭遇失败，接着梁的邢州、贝州失陷。沧州的守军也被河东镇招降。后梁与河东镇的斗争中渐处下风。

## 齐行本事件与阿保机围困云州

九一五年，幽州军校齐行本举其族及部曲男女三千人投奔契丹，阿保机接纳了他，并授予齐行本检校尚书、左仆射的职位。不知什么缘故，齐行本没在契丹待几天，重新逃亡到幽州，幽州的周德威收留了他。阿保机派人索要齐行本，但是，周德威不仅拒绝而且出言不逊。双方关系更加恶化，阿保机召集臣下商量南征。

九一六年春天，阿保机在龙化州登基，称大圣大明天皇帝。借着李存勖与梁军在河北中部对垒之际，阿保机率兵三十万，号称百万，从麟、胜州方向进攻朔州。

八月，契丹案巴坚（阿保机）倾塞犯边，其众三十万。攻振武，嗣本婴城拒战者累日，契丹为火车、地道，昼夜急攻。城中兵少，御备罄竭，城陷，嗣本举族入契丹。[①]

阿保机攻克了朔州并俘虏了朔州守将李嗣本。早些时候，阿保机还派人到大同防御使李存璋那里，提出希望能进行货物交易。李存璋斩杀了契丹使者。契丹军队围困李存璋于云州。李存勖亲自率兵从河北前线回援云州。阿保机并没有与李存勖进行大会战的意思。李存勖援军进至代北，契

---

① 薛居正等：《旧五代史》，卷五十二，《李嗣本》，中华书局，1976 年，第 710 页。

丹撤兵而去。


## 祁沟关兵变与阿保机围困幽州

卢文进是范阳土著，曾经在军阀刘守光手下担任骑兵将领。李存勖消灭刘守文时，他投降并被任命为寿州刺史（也许是个虚职，因为寿州不在幽州行政区划内；也许是幽州下属某州的刺史，历史误记为寿州），并归新州的威塞军防御使李存矩统领。卢文进对李存矩心存不满，因为后者是李存勖的弟弟，倚仗权势强娶了他的女儿。

文进有女少而艳，存矩求为侧室，文进不敢违，而心常内愧。[1]

为了扩充兵力，李存勖命令李存矩提供士兵和战马。李存矩招募山北的游牧部落战士，搜刮原来刘守光手下的逃亡士兵，并分摊战马到农民的户头。一匹战马的市价飙升至十头耕牛的价值。九一七年二月，凑足了五百人骑之后，李存矩亲自押送他们前往河北中部的前线，并以卢文进为裨将。

一路上，不愿意远离故土服兵役的士兵们嗟怨不休，但李存矩不加体恤。部队行至祁沟关，士兵们开始谋叛。

小校宫彦璋与士卒谋曰：闻晋王与梁人确斗，骑兵死伤不少。吾侪捐父母妻子，为人客战，千里送死，而使长复不矜恤，奈何？
众曰：杀使长，拥卢将军还新州，据城自守，其如我何？[2]

士兵们冲到李存矩休息的地方，杀死了他。卢文进被拥戴为首领。叛军还攻新州，不下；又攻武州，再败。不得已，卢文进帅众奔于契丹。

---

① 叶隆礼：《契丹国志》，卷十八，《卢文进》，上海古籍出版社，1985年，第173页。

② 司马光：《资治通鉴》，卷二百六十九，《后梁纪四》，中华书局，1956年，第8812页。

三月，卢文进导引契丹兵马进攻新州。新州刺史安金全抵抗不住，弃城逃走。卢文进的部将刘殷被契丹任命为新州刺史，负责守卫攻陷的新州城。李存勖命令幽州的周德威统领河东镇、镇州、定州的兵马围攻新州，激战十多天，无法攻克。阿保机率领大军三十万救援刘殷。周德威寡不敌众，大败，奔回幽州。契丹乘胜，进围幽州。为壮声势，阿保机诈称兵马百万。

双方开始在幽州展开攻守。卢文进教导契丹攻城技术。契丹从城外各个方向日夜不息开挖地道。城内的周德威也挖了好多地穴，点上火把，诱骗邀击敌人。契丹人又在城外累土为山，借以消除城墙的高度优势；城内的周德威将铜器熔炼为汁液，向城外泼洒。在一天的攻城战中，契丹损失兵力就高达数千。但是，阿保机丝毫不动摇坚持强攻。周德威也向正在与后梁对峙的李存勖告急。

李存勖接到报告，左右为难。如果分兵救援幽州，则主战场上与梁对峙的兵力会太少；如果不救援，又担心幽州陷落。李存勖召集重臣商议。只有李嗣源、李存审、闫宝劝李存勖分兵回援幽州。权衡之后，李存勖决定救援幽州，对于回援幽州，各将主张也不同。

李存审、闫宝提议，契丹军队没有辎重，攻势无法维持太长时间，他们可以等到契丹军队从四处掳掠的物资供应不足而撤退时，踵随其后进行打击。

李嗣源认为，幽州城朝不保夕，拖延下去，恐怕城中生乱，根本不具备等待契丹撤兵踵后而击的条件，应该立即采取行动，并且他还表示愿意担任救援前锋。

李存勖赞同李嗣源的看法。四月份，他命令李嗣源率领部分兵力进军至涞水，闫宝负责调集镇州、定州的兵力接继。七月份，李存勖再次增派援军。史料记录了晋军这次军事行动的全过程：

契丹围幽州且二百日，城中危困。李嗣源、闫宝、李存审步骑七万会于易州，存审曰："虏众吾寡，虏多骑，吾多步，若平原相遇，虏以万骑躏吾陈，吾无遗类矣。"嗣源曰："虏无辎重，吾行必载粮食自随，若平原相遇，虏抄吾粮，吾不战自溃矣。不若自山中潜行趣幽州，与城中合势，若中道遇虏，则据险拒之。"甲午，自易州北行，庚子，逾大房岭，循涧而东。嗣源与养子从珂将三千骑为前锋，距幽州六十里，与契丹遇。契丹惊却，晋兵翼而随之。契丹行山上，晋兵行涧下，每至谷口，契丹辄邀之，嗣源父子力战，乃得进。至山口，契丹以万余骑遮其前，将士失色。嗣源以百余骑先进，免胄扬鞭，胡语谓契丹曰："汝无故犯我疆场，晋王命我将百万众直抵西楼，灭汝种族！"因跃马奋挝，三入其陈，斩契丹酋长一人。后军齐进，契丹兵却，晋兵始得出。李存审命步兵伐木为鹿角，人持一枝，止则成寨。契丹骑环寨而过，寨中发万弩射之，流矢蔽日，契丹人马死伤塞路。将至幽州，契丹列陈待之。存审命步兵阵于其后，戒勿动，先令羸兵曳柴燃草而进，烟尘蔽天，契丹莫测其多少。因鼓噪合战，存审乃趣后阵起乘之，契丹大败，席卷其众自北山去，委弃车帐、铠仗、羊马满野，晋兵追之，俘斩万计。辛丑，嗣源等入幽州，周德威见之，握手流涕。①

实际上李嗣源他们非常幸运，因为与他们的作战对象并非契丹主力部队。

夏四月壬午，围幽州不克。六月乙巳，望城中有气如烟火状。上（阿保机）曰："未可攻也。"以大暑霖潦，班师。留曷鲁、卢国用（卢文进）守之。②

幽州战胜之后，李存勖军队还重新夺回了被契丹占据的新州。

败回契丹的卢文进被阿保机任命为幽州留后，后改任卢龙节度使，负责对幽州的骚扰性军事活动。

文进在平州，率奚族劲骑，鸟击兽搏，倏来忽往，燕赵诸州，荆榛满目。军屯涿州，每岁运粮，自瓦桥至幽州，劲兵猛将，援递粮车，然犹为契丹所钞，奔命不暇，皆文进导之也。③

――――――――――

① 司马光：《资治通鉴》，卷二百七十，《后梁纪五》，中华书局，1956 年，第 8817—8818 页。

② 脱脱等：《辽史》，卷一，《本纪第一》，中华书局，1974 年，第 12 页。

③ 薛居正等：《旧五代史》，卷九十七，《卢文进》，中华书局，1975 年，第 1295 页。

## 镇、定之乱与沙河、望都之战

九一一年，李存勖与朱温柏乡大战后，朱温的势力从河北中部被驱除出去，镇州、定州的小军阀转向晋王李存勖。九一五年，魏州也落入李存勖手中。镇州与定州军阀不想被朱温吞并，也不想被李存勖吞并。镇州和定州之乱导致李存勖和阿保机之间再次爆发较大规模的战争。

镇州军阀王镕缺乏管理能力。他信任道士王若讷，常常与之一起出游。当他不在州城的时候，他将政务交给宦官处理。九二〇年十一月，王镕从西山回府途中宿于鹊营庄，他原想就此回府，但是宦官石希蒙阻止他。另一名宦官李弘规劝谏王镕：生于战乱年代，晋王李存勖尚且不惧战场上的刀枪箭雨，亲自领兵作战；而王镕竭尽全国之力出游畋猎，这样显然不合适。而且，这次出游在外已经长达一个多月，留下一座空城，如果有人关闭城门自立为王，后果将不堪设想。王镕听后深觉恐惧，于是准备回城。石希蒙再次劝阻了王镕，并且诽谤李弘规有不臣之心。王镕的态度出现反复，决定不回城。李弘规非常愤怒，派手下将领到王镕帐前兵谏，而且未经王镕同意杀掉了宦官石希蒙。迫于兵威，王镕隐忍下来，同意马上归府。一俟回到镇州，王镕反攻倒算，派其长子王昭祚和养子王德明诛杀李弘规，还收押了李弘规的手下偏将，追究他们的罪责。

九二一年二月，王德明散布谣言，说它接到王镕的命令准备杀光曾经听命于李弘规的亲军。恐惧的士兵们发生哗变，杀死了王镕和他的子孙，但是留下了王昭祚的妻子也就是朱温的女儿普宁公主，以通好后梁。王德明恢复原本姓名张文礼，自称成德节度留后。张文礼遣使奉书于李存勖，表示拥戴并劝他登基为帝，以为示好。李存勖勉强承认了张文礼的成德留后。

首鼠两端的张文礼并不安心，暗地里派人联络卢文进，求援于契丹。另一方面，他又派人求助于梁。张文礼通好契丹塞上的蜡丸、通好后梁绢书屡次被李存勖的士兵查获。李存勖将这些证物送还给张文礼，张文礼忧惧不安。

九二一年八月，李存勖派遣阎宝、史建瑭和原赵国将领符习率军进攻张文礼，张文礼原本生有疽疮，当史建瑭攻取赵州时，张文礼惊吓而死，其子张处瑾闭城坚守。

当李存勖决定派兵讨伐张文礼的时候，定州军阀王处直派人请求李存勖不要发兵。因为，在他看来镇州是定州的藩蔽，镇州灭亡，定州也不可能独存。但是，李存勖拒绝了王处直。王处直有个儿子名叫王郁，担任新州防御使。王处直听说李存勖决意要讨伐张文礼，心里很惶恐，于是，就与王郁谋划，让王郁引契丹进军入塞，来牵制晋兵，并许诺让王郁成为他的继承人。这件事被他的养子王都听说后，很不高兴。而且定州的将官们并不愿意招引契丹兵马。当王处直宴请张文礼使者的归来时，王都暗中埋伏数百名士兵于府第，挟持并幽禁了王处直。接着，尽杀王处直子孙和心腹。王都自为留后，原原本本将事情经过禀报晋王李存勖。李存勖顺势以王都代替王处直为定州统治者。不久，王处直忧愤而死。

王郁并不知道定州的叛乱，他积极联络契丹。

（张文礼因卢文进求援于契丹），契丹主既许卢文进出兵，王郁又说之曰："镇州美女如云，金帛如山，天皇王速往，则皆己物也。不然，为晋王所有矣。"契丹主以为然，悉发所有之众而南。述律后谏曰："吾有西楼羊马之富，其乐不可胜穷也，何必劳师远山以乘危徼利乎！吾闻晋王用兵，天下莫敌，脱有危败，悔之何及！"契丹主不听。 ①

十二月，阿保机率领军队先下居庸关、次下古北口，接着进攻幽州。幽州坚守不出。阿保机分兵略檀州、顺州、安远、沙河、良乡、潞、满城、遂城等十余城，接着长驱南下，围攻涿州，十余日后城陷；契丹军队再攻定州。定州的王都向李存勖告急。

李存勖亲率五千人马从镇州方向救援，同时调遣神武都指挥使王思同将兵戍狼山之南，防备契丹军队进攻河东。

九二二年正月，晋王李存勖至新城南，侦察骑兵禀报称契丹军队的前锋在新乐住宿停留后，已经渡过沙河向南进发。契丹的进军速度超过李存

---

① 司马光：《资治通鉴》，卷二百七十一，《后梁纪六》，中华书局，1956年，第8870页。

勖的预想。惧战情绪开始蔓延，士兵们纷纷临阵脱逃。形势严峻，李存勖召开军前会议。

　　诸将皆曰：虏倾国而来，吾众寡不敌；又闻梁寇内侵，宜且还师魏州以救根本；或请释镇州之围，西入井陉避之。晋王犹豫未决，中门使郭崇韬曰："契丹为王郁所诱，本利货财而来，非能救镇州之急难也。王新破梁兵，威振夷、夏，契丹闻王至，心沮气索，苟挫其前锋，遁走必矣。"李嗣昭自潞州至，亦曰："今强敌在前，吾有进无退，不可轻动以摇人心。"晋王曰："帝王之兴，自有天命，契丹其如我何！吾以数万之众平定山东，今遇此小虏而避之，何面目以临四海！"①

　　在大部分将领主张避敌退让的情况下，李存勖接受了郭崇韬和李嗣昭迎战的建议。他自帅铁骑五千先进至新城北。当他的军队经过一片桑林，军马半露时，契丹万余骑看到他们，受惊而走。晋王李存勖立即将人马分成两队追击，行数十里，俘获契丹一名王子。退却中的契丹军队路过沙河，由于沙河上的桥梁狭窄，契丹兵马企图涉冰而过，但是河冰过薄，不少契丹士兵陷溺而死。当天晚上，晋王李存勖驻扎留宿新乐。

　　败兵逃回阿保机大帐所在的定州城，契丹立即全军退保望都，定州围解，李存勖引兵杀奔望都。契丹迎战，晋王李存勖以亲军千骑先进，遇契丹属部奚人首领秃馁的五千骑兵。秃馁以多围少。李存勖力战，四次冲出包围四次重新被包围，从中午厮杀到傍晚，仍未脱困。李嗣昭听到消息，率领三百骑兵横切攻击秃馁部，秃馁退却，脱困的李存勖趁着秃馁退却纵兵奋击，契丹大败。李存勖追击至易州。

　　冬天的大雪突来，连续下了将近十天，平地积雪厚数尺。契丹人马缺乏食物，死者相属于道。阿保机举手指天，对卢文进说：天未令我至此②。他不得不退兵北归。李存勖引兵跟随其后，准备伺机攻击，但是，即使是

---

① 司马光：《资治通鉴》，卷二百七十一，《后梁纪六》，中华书局，1956年，第8871—8872页。

② 司马光：《资治通鉴》，卷二百七十一，《后梁纪六》，中华书局，1956年，第8873页。

军争不利的退却，阿保机也没有破绽。考察过阿保机遗弃的宿营地，李存勖也叹服阿保机治军严明。契丹兵退，镇州在激烈抵抗几个月后城内发生叛乱，归降了李存勖。

## 耶律阿保机蚕食营州、平州

在双方的战争中，耶律阿保机蚕食并开始占据燕云周边的几个地区，包括营州、平州、胜州和天德军。（见图1-4）

从地理位置看，契丹占据营州要早于平州，但是契丹占据营州的史料却模糊不清。

图1-4 阿保机蚕食的四个地区：天德军、胜州、营州、平州地界示意图

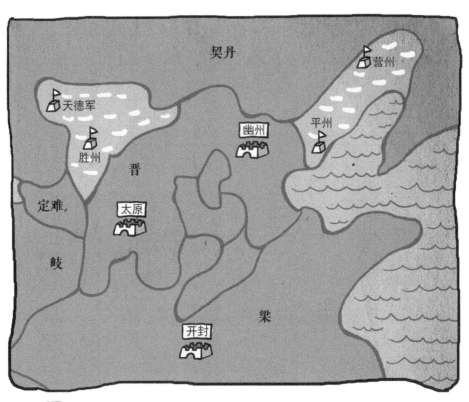

营州府治位于辽宁大凌河畔（今朝阳市）。武德元年（六一八年），唐朝设置营州总管府，领辽、燕二州，州辖一县，即柳城。武德七年，改为营州都督府，管营、辽二州。武则天万岁通天元年（六九六年）五月，松漠都督府都督李尽忠与孙万荣共同起兵反唐，虽然唐朝剿灭了营州的叛乱，但是却一度失去了有效的管辖。唐中宗即位后，营州都督府的官僚机构内迁至幽州之东的渔阳城。开元二年（七一四年），薛讷奏请击契丹，复置营州。直到开元五年，营州都督府才还治柳城，设置平卢军使。开元七年（七一九年）升平卢军使为平卢军节度使，经略河北兼领安东都护及营、辽、燕三州，并兼押两蕃、渤海、黑水经略处置使。

天宝十四年（七五五年），安禄山、史思明在河北范阳起兵反唐，营州地域已陷入安史叛军之手。平卢军裨将侯希逸又与安东都护王志玄袭杀叛军任命的营州官员，重新夺回营州最高权力。侯希逸率军二万人南下到青州一带驻防，从此平卢军再没有能力北返营州。平定安史之乱后，唐政府取消了营州都督的建置，遣卢龙节度使统辖营州。

《资治通鉴》记载，九一二年，晋王李存勖发兵攻打刘守光。在包围幽州的同时，周德威派遣偏师攻占其他州县。九一三年刘光浚攻营州，营州刺史杨靖降。[1]刺史杨靖应是刘守光所任命，说明至少在晋王李存勖兼并幽州的时候，营州尚未被契丹占领。契丹不能越过营州而占有平州，因此，营州被契丹占据的时间不会早于九一三年，不会晚于九二三年。

但是，这与《辽史》相矛盾。辽代时，唐代的营州地区属于兴中府辖区，而在《辽史》兴中府下记载：

（营州）后为奚所据。太祖平奚及俘燕民，将建城，命韩知方（古）择其处，乃完葺柳城，号霸州彰武军。[2]

也就是说，营州地区是耶律阿保机从奚人手中夺取，而非从后唐手中

---

① 司马光：《资治通鉴》，卷二百六十八，《后梁纪三》，中华书局，1956年，第8772页。

② 脱脱等：《辽史》，卷三十九，《地理志三》，中华书局，1974年，第486页。

夺取。而且，契丹新设营州增加了混乱。不过学者辨明，《辽史》《地理志》所载营州非唐代营州，而是设置于卢龙昌黎的新营州。[①]

因此，关于耶律阿保机占领营州的记载实则为两种，孰是孰非无法考辨。

平州位于营州之南，处于辽西走廊的咽喉地带。资料记载契丹军队多次占据过平州。当刘守光、刘守文兄弟反目的时候，刘仁恭的另一个儿子刘守奇正负责镇守平州，他听到消息后投靠了契丹。当刘守光称帝的时候，契丹军队在当天又攻破了平州。当晋王派周德威进攻刘守光的时候，周德威的副将俘虏了刘守光的平州刺史。平州被李存勖部队攻占的当年，阿保机委派剌葛率兵攻陷平州。

虽然数次攻陷平州，但是，契丹好像一直没有牢固控制该处。直到九二三年正月，契丹大元帅尧骨（耶律德光）再次攻克平州，俘虏后唐平州刺史赵思温、裨将张崇。二月，阿保机亲到平州，并以平州为卢龙军，设置节度使。契丹正式据有平州。

契丹军队多次攻陷平州，但是并不能占据它，大概是担心驻扎榆关的八防御军。榆关即今天山海关附近，因为它非常重要，《资治通鉴》专门记载了榆关和它被放弃的过程：

幽州北七百里有渝关，下有渝水通海。自关东北循海有道，道狭处才数尺，旁皆乱山，高峻不可越。比至进牛口，旧置八防御军，募土兵守之。田租皆供军食，不入于蓟，幽州岁致缯纩以供战士衣。每岁早获，清野坚壁以待契丹，契丹至，辄闭壁不战，俟其去，选骁勇据险邀之，契丹常失利走。土兵皆自为田园，力战有功则赐勋加赏，由是契丹不敢轻入寇。及周德威为卢龙节度使，恃勇不修边备，遂失渝关之险，契丹每刍牧于营、平之间。[②]

① 金毓黻：《东北通史》，五十年代出版社，1981 年，第 184 页。

② 司马光：《资治通鉴》，卷二百六十九，《后梁纪四》，中华书局，1956 年，第 8812—8813 页。

如果能够保持榆关守备与军事存在，或许契丹在平州的行动将不得不止于周期性的劫掠，但是，幽州节度使周德威自毁长城，主动放弃了渝关。令人遗憾的是，周德威之后接任幽州军政长官的李嗣源、李绍宏（赵德钧）都未重设榆关守备。或许看到卢文进从平州地区疲敝幽州的利益，契丹才决定长期据有该地。

营州、平州及榆关的军事地理价值也为后世学者所揭示出来：

唐以平、营二州制临奚、契丹，而武后时契丹构衅，平州首被其毒。及唐之末，契丹益强，刘守光据有幽、燕，契丹窥伺恒在平州。晋王存勖虽并有燕地，而平州之守未固，卢龙巡属悉皆残敝，幽州城外戎骑充斥。于是增列屯戍，芦台、瓦桥，皆为重镇。论者谓中国之不振，无俟石晋割燕、云，契丹入大梁之日，而其兆已成于同光、天成之世矣。宋宣和中，金人灭契丹，宋欲得燕、云及平、滦地，金人曰："平、滦吾欲作边镇，不可得也。"既而斡离不遂自平州入寇，燕山不守，盖靖康之祸亦自平州启之矣。胡氏曰："石晋割卢龙一道及雁门以北诸州与契丹，议者皆以为此自撤藩篱之始，不知弃雁门以北诸州，犹有关隘可守，汉建安丧乱，弃陉北之地不害为魏、晋之强，若割蓟、顺诸州，则地险全失矣。然卢龙之险，惟在营、平二州间，自刘守光僭窃，周德威攻取，契丹乘间，遂失营、平。同光以后契丹南犯，直抵涿、易，皆自平州而西也。"黄氏曰："失营州，渝关之险犹可恃；失平州，则幽州以东无复藩篱之限矣。"①

也就是说，营州为平州的屏障，榆关为平州的屏障，平州为幽州、涿州、易州的屏障。耶律阿保机对营州、平州的蚕食、周德威放弃榆关实则上已经造成了中原的被动局面，而不待以后石敬瑭割让燕云地区。这种看法非常有见地。因为，稳固占有平州不久，阿保机就命令尧骨攻幽州，迪里攻山西。尧骨不仅击败了贸然出击的幽州兵马，还乘胜进军至

---

① 顾祖禹：《读史方舆纪要》，卷十七，《北直八》，中华书局，2005 年，第 749—750 页。

镇州，攻拔了曲阳和北平县。就其深入南方的程度而言超过了沙河之战时期。

除了在东部蚕食平州，在西部，阿保机还相继占领胜州、天德军。

## 五、耶律阿保机的战略构想

### 后唐灭梁

九一五年，后梁皇帝朱友贞的处置失当，使晋王李存勖轻取魏州，河东镇在对梁的作战中遂占据主动权。后梁不得不依托黄河沿线渡口构筑防御据点。

九二三年四月，在与后梁仍旧进行拉锯战的时候，李存勖于魏州之南即皇帝位，国号大唐（史称后唐），改年同光，以魏州为东京，太原为西京，镇州为北都。七月，后梁降将康延孝给李存勖带来了重要情报以及灭梁奇计。

闻（后梁）欲数道出兵，令董璋引陕虢泽潞之兵自石会关（山西榆社西二十五里）趣太原，霍彦威以汝、洛之兵自相卫、邢洺寇镇定，王彦章、张汉杰以禁军攻郓州，段凝、杜晏球以大军当陛下，决以十月大举。臣窃观梁兵聚则不少，分则不多。愿陛下养勇蓄力以待其分兵，帅精骑五千自郓州直抵大梁，擒其伪主，旬月之间，天下定矣。①

十月二日，李存勖率领大军从杨刘渡口（山东东阿）渡过黄河。四日，路遇进攻郓州的梁军偏师，一战败之，并擒获主将王彦章。五日，进至曹州（山东菏泽）。九日，倍道兼行的唐军抵达汴梁城外。段凝、杜宴球率领的后梁主力部队没有及时回防，东京城内守备空虚。在被擒获之前，梁末帝朱友贞命令身边的人杀死了自己，后梁灭亡。

## 阿保机的暗语和两事

当后唐灭梁的时候，阿保机正忙着西征。九二四年六月，阿保机召集皇后、皇太子、大元帅及二位丞相、诸部头领，然后颁布一道奇怪的诏书：

> 上天降监，惠及烝民。圣主明王，万载一遇。朕既上承天命，下统群生。每有征行，皆奉天意。是以机谋在己，取舍如神。国令既行，人情大附，舛讹归正，退迍无怨，可谓大含溟海，安纳泰山矣。自我国之经营，为群方之父母，宪章斯在，胤嗣何忧。升降有期，去来在我。良筹圣防，自有契于天人，众国群王，岂可化其凡骨？三年之后，岁在丙戌，时值初秋，必有归处。然未终两事，岂负亲诚？日月非遥，戒严是速！②

在诏书中，阿保机先是自我称赞一番，说自己是万载一遇的圣主明王，得天之佑，拓土开疆。接着自诩为契丹建立了宪章制度，未来的继承人不用担忧。接着他说，三年之后，岁在丙戌，时值初秋，必有归处。这似乎暗示出他会于三年后死亡。这给他的大臣们带来惊惧。至于他所讲的、要尽快完成的两件未了之事，很快有了答案，即西征和东征。

---

① 司马光：《资治通鉴》，卷二百七十二，《后唐纪一》，中华书局，1956年，第8891页。

② 脱脱等：《辽史》，卷二，《太祖纪下》，中华书局，1974年，第19页。

当月，阿保机宣布征伐吐浑、党项、阻卜等部，皇太子耶律倍监国，大元帅尧骨从行。全力西征的阿保机采取行动迷惑敌人。

契丹恃其强盛，遣使就帝（李存勖）求幽州，以处卢文进。时东北诸夷，皆役属契丹，惟渤海未服。契丹主谋入寇，恐渤海掎其后。乃先举兵击渤海之辽东。遣其将秃馁及卢文进据营、平等州，以扰燕地。[1]

实际上，阿保机对渤海国采取的同样是骚扰性进攻行为，而且到八月份的时候就收兵而回。

阿保机的西征持续时间长达十五个月。到九二五年的九月份，大获全胜的阿保机才回到上京。

十月份，阿保机接见了后唐的使臣。他们正式来向阿保机通告已经灭掉了朱温建立的梁。面对南方一个日渐强大的对手，阿保机感觉到东征消灭渤海国的紧迫性。对于他来说，渤海国始终是一个威胁、一个掣肘。无论它多么孱弱，只要渤海国存在，阿保机便不能全力进攻南方，以夺取更多的土地。正如九一六年围困幽州、九二一至九二二年望都之战，南下战事一旦拖延下去或者不利，阿保机就只能选择退兵。

十二月，军队修整仅仅三个月后，阿保机下诏亲征渤海。他在诏书中说，所谓两事，一事已毕。惟渤海世仇未雪，岂宜安驻？[2] 为了表示决心，他率领皇后、皇太子耶律倍、大元帅尧骨同行。

阿保机征服渤海国的过程短促而迅猛。九二六年正月，攻拔渤海国重镇扶余城，在遭遇战中又击败渤海国国王亲自率领的军队，并占领了渤海国都城上京龙泉府（忽汗城），渤海国王请降。阿保机以新获取的渤海国为东丹国，委任皇子耶律倍为东丹王，负责剿灭参与反抗力量，自己于三月份班师。

---

① 司马光：《资治通鉴》，卷二百七十三，《后唐纪二》，中华书局，1956年，第8923—8924页。

② 脱脱等：《辽史》，卷二，《太祖纪下》，中华书局，1974年，第21页。

## 唐庄宗的意外死亡

九二五年，李存勖派遣使者李严到割据四川的军阀王衍那里，名为宣扬后唐的强盛，实则劝降，企图兵不血刃，取得蜀地。李存勖一定熟悉西晋灭吴、唐朝统一江南的战略：先攻占长江上游的巴蜀地区，再攻占江淮之间的长江北岸地区，削弱长江的防御功能，然后一支军队从四川顺流之下，成高屋建瓴之势；淮河方向则数道并进，使长江防线上敌军首尾不能相应，一举占领长江流域，最后进军岭南地区。

李严抵达四川，蜀主王衍派枢密使宋光嗣设宴招待。

衍枢密使宋光嗣召严置酒，从容问中国事。严对曰："前年天子建大号于邺宫，自郓趋汴，定天下不旬日，而梁之降兵犹三十万，东渐于海，西极甘凉，北慑幽陵，南逾闽岭，四方万里，莫不臣妾。而淮南杨氏承累世之强；凤翔李公恃先朝之旧，皆遣子入侍，稽首称藩。至荆、湖、吴越，修贡赋、效珍奇、愿自比于列郡者，至无虚月。天子方怀之以德，而震之以威，天下之势，不得不一也。"光嗣曰："荆、湖、吴越非吾所知，若凤翔则蜀之姻亲也，其人反覆，其可信乎？又闻契丹日益强盛，大国其可无虑乎？"严曰："契丹之强，孰与伪梁？"光嗣曰："比梁差劣尔！"严曰："唐灭梁如拉朽，况其不及乎！唐兵布天下，发一镇之众，可以灭虏，使无类。然而天生四夷，不在九州之内，自前古王者，皆存而不论，盖不欲穷兵黩武也。"①

面对李严对后唐军力的自信，蜀臣宋光嗣向他指出了后唐的忧患，特别是契丹力量以及它对后唐的威胁，但是李严认为契丹并不成为问题。李严的劝降没有成功。文争无果，李存勖决定军事讨伐。当年九月，他命太子李继岌充西川四面行营都统、枢密使郭崇韬充东北面行营都招讨制置使，率领六万人马，从陕西凤翔至大散关（今陕西宝鸡西南大散岭）入

---

① 欧阳修：《新五代史》，卷二十六，《李严传》，中华书局，1974年，第283页。

蜀。十一月，后唐军队攻下成都，王衍投降，割据蜀地的军阀灭亡。

占领了汉中、两川的后唐声威煊赫，但是内部的矛盾却渐次爆发。唐庄宗信任俳优伶人与宦官。这些人倚仗亲近宫室，肆意妄为，朝臣中一些人对他们愤愤不平，一些人则请托依附。由于他们的挑拨离间，李存勖错误地杀死了郭崇韬、朱友谦。郭崇韬是李存勖的忠诚追随者，朱友谦是反叛旧主投靠过来的降将。两人的死亡导致连锁反应。

九二六年正月，征蜀唐军班师，康延孝——后唐灭梁中带来重要军情的那个人——负责殿后。康延孝担心回到朝廷之后步郭崇韬、朱友谦的后尘，于是带领军队中的后梁旧将背叛后唐。后唐军队不得不留下来加以镇压，尽管康延孝在二月的最后几天被擒获，但是，太子李继岌和军队也因此耽误在四川。

二月，河北也发生了兵变。起先，李存勖派遣魏州的军队戍守瓦桥关，戍守期满本应当回魏州，但大军走到贝州时，却被命令留在贝州屯田。士兵们思归心切，于是发生了叛变。李存勖派李嗣源前往镇压，朝臣间司空见惯的互相倾轧，加上李存勖的误会、疑忌，导致李嗣源占领汴州自立。

四月，鉴于身边的将领不断叛变，李存勖决定前往汜水关（今河南荥阳西北），会合太子李继岌的征蜀大军，再联兵进剿李嗣源。途中，皇室亲军再次发动叛乱，李存勖率领宿卫出战，结果中流矢而亡。

李嗣源率军入洛阳。他任命女婿石敬瑭为陕州留后，防备李继岌的征蜀大军。不久，李继岌在渭南自缢而死，征蜀大军归附李嗣源。四月二十日，李嗣源称帝，是为后唐明宗。


## 姚坤使团与阿保机的战略构想

李嗣源向契丹派遣使臣通告巨变。六月，阿保机在慎州见到了他们一行。资治通鉴记载了双方的会面与谈话。

契丹主闻庄宗为乱兵所害，恸哭曰："我朝定儿也。吾方欲救之，以勃海未下，不果往，致吾儿及此。"哭不已。虏言"朝定"，犹华言朋友也。

又谓坤曰："今天子闻洛阳有急，何不救？"

对曰："地远不能及。"

曰："何故自立？"坤为言帝所以即位之由。

契丹主曰："汉儿喜饰说，毋多谈！"突欲侍侧，曰："牵牛以蹊人之田而夺之牛，可乎？"坤曰："中国无主，唐天子不得已而立；亦由天皇王初有国，岂强取之乎？"契丹主曰："理当然。"

又曰："闻吾儿专好声色游畋，不恤军民，宜其及此。我自闻之，举家不饮酒，散遣伶人，解纵鹰犬。若亦效吾儿所为，行自亡矣。"

又曰："吾儿与我虽世旧，然屡与我战争，于今天子则无怨，足以修好。若与我大河之北，吾不复南侵矣。"坤曰："此非使臣之所得专也。"契丹主怒，囚之，旬馀，复召之，曰："河北恐难得，得镇、定、幽州亦可也。"给纸笔趣令为状，坤不可，欲杀之，韩延徽谏，乃复囚之。[①]

从谈话的内容看，有两个侧重点：一是关于李嗣源继承李存勖统治的过程及合法性，二是双方和平关系的条件。

谈话中透露出阿保机两个战略方案。

第一方案获得黄河以北的区域。李嗣源继承李存勖，主要控制的地域不过为河南、河北、山东、山西、陕西一部和四川等地，阿保机明知其不可能答应而提出这一设想，存在两种可能：一、作为政治谈判中以进为退的手段，为第二方案张本；二、或许阿保机并不以后唐为对象，而立足于契丹本身设想出的黄河界限。

阿保机提出的第二方案是获得幽州、定州、镇州。如果能毫不费力地越过燕山山脉，加上山南平原地带的幽州、定州、镇州三个前出据点，契丹将会在形势上占据上风。

---

① 司马光：《资治通鉴》，卷二百七十五，《后唐纪四》，中华书局，1956年，第8989页。

我们不知道阿保机这些战略构想的形成过程，但是至少这个时候，他的想法已经很成熟了。（见图1-5）

姚坤说他没有权力答应任何一个条件而拒绝了阿保机的要求，这使他的生命陷于危险之中。经过一位汉人的劝解，阿保机囚禁了他们。

阿保机没有完成他的战略构想。七月份的时候，阿保机身体不适。据说出现种种不吉利的征兆：一颗大陨石落在他的帐前；城上出现一条长约一里的黄龙，光耀夺目，最后飞入行宫；又有遮天蔽日的紫黑色气团出现，经过一天才散去。也就是在这一天，阿保机逝世。如同三年前的诏书中所言，"丙戌初秋，必有归处"。可以想见，如果阿保机没有去世，没有后顾之忧的他将不会满足于掳掠和蚕食缘边州县，大规模的战争在所难免。这些事情将有待于他的接班人来进行。

图1-5 耶律阿保机的战略构想示意图（方案一是黄河以北，方案二是镇州以北）

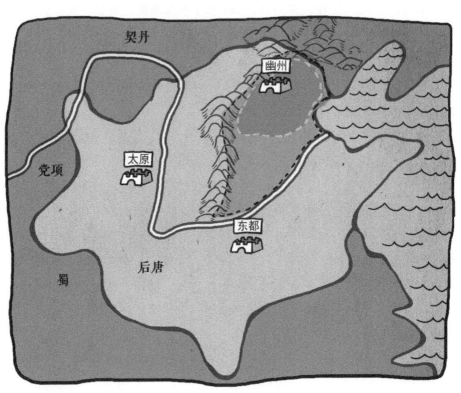

 方案一的范围　　 方案二的范围

# 第二章

## 鲸吞

　　耶律阿保机去世后，契丹内部经历了一番斗争，耶律德光得以即位。大臣耶律羽之提出了"坐制南邦、混一天下"的战略构想，耶律德光将之奉为圭臬。在经历了一系列挫折之后，耶律德光如何抓住机会，鲸吞了燕云十六州？当事情继续演变的时候，他又是如何在中原称帝？最后，当他在失望的撤退过程中死亡时，留下怎样的一片残局？所有这些内容将在本章说明。

# 一、辽太宗耶律德光的即位和困境
## （927—933 年）

## 继承权纷争

辽太祖阿保机去世后留下了庞大的帝国遗产。阿保机有四个儿子，述律皇后生育三子：耶律倍、耶律德光、耶律李胡；宫人萧氏生一子：耶律牙里果。需要从他们中间产生一位君主。

刚刚兴起的契丹处于一个新旧传统交替阶段，它即有传统的首领产生程序，更有"家天下"宫廷的新现实。如果阿保机临死前曾经指定继承人，或许可以为契丹王朝开创出为后世所遵循的先例。但是，最权威的史书也没有发现这样的记录。即使如此，契丹还是可以借此机会借用中原王朝的嫡长子继承制，通过赋予嫡长子道义合法性，给帝国权力的家族世袭继承添几分平稳与顺畅。但是，这个机会因为述律太后的私心而流失了。

述律平是耶律阿保机的原配，而且也是丈夫的得力助手。史书评价她"简重果断，有雄略"。不过，述律太后却不太喜欢长子耶律倍，于是，为了让二子耶律德光即位，她先对主张嫡长子继承制的耶律迭里痛下杀手，以杀鸡儆猴。《辽史》记载：

太祖崩。淳钦（述律）皇后称制，欲以大元帅（耶律德光）嗣位。（耶律）迭里建言，帝位宜先嫡长，今东丹王（耶律倍）赴朝，当立。由是忤旨。以（迭里）党附东丹王，诏下狱，讯鞫，加以炮烙。不伏，杀之，籍其家。①

耶律迭里遭受的惩处带来寒蝉效应。述律太后还假装公正地让大臣们推举皇位继承人：

至西楼，（述律皇后）命（耶律德光）与突欲（耶律倍）俱乘马立帐前，谓诸酋长曰："二子吾皆爱之，莫知所立，汝曹择可立者，执其辔。"酋长知其意，争执帝（耶律德光）辔，遂立为天皇王，称帝，即位。②

就这样，为了迎合述律太后，臣子们拥立阿保机的二儿子耶律德光继承了帝位。这次皇位继承的不正当性为以后的争端埋下祸根，宫廷密谋与势力争夺成为契丹早期帝位继承的常态，动荡与晦暗不明贯穿每一次的权力更迭与交替。

虽然耶律德光成功登基，但是他马上遭受一连串的挫折：中原降将叛变、忤逆述律太后南下干涉中原的战争失利、帝位争夺失败的兄长逃奔南方。当然，通过大臣耶律羽之，耶律德光有了明确的南向战略。

## 卢文进与张希崇的反复

中原降将叛变是对帝位继承更迭中流血事件的应激反应。

为了巩固耶律阿保机的基业，述律太后大开杀戒。她先对各部落的雄强酋长下手：

---

① 脱脱等：《辽史》，卷六十九，《耶律安抟传》，中华书局，1974 年，第 1260 页。

② 司马光：《资治通鉴》，卷二百七十五，《后唐纪四》，中华书局，1956 年，第 8993 页。

（述律）召诸酋长妻，谓曰："我今寡居，汝不可不效我。"又集其夫，泣问曰："汝思先帝乎？"对曰："受先帝恩，岂得不思？"后曰："果思之，宜往见之。"遂杀之。①

在清除了这些人之后，述律太后向聪敏的大臣举起屠刀，在她看来这些人也是一种威胁。杀戮过程是这样发生的：

左右有桀黠者，（述律）后辄谓曰："为我达语于先帝。"至墓所，则杀之。前后所杀者以百数。②

在这场屠杀中有少数人得以幸免，赵思温就是其中一个：

平州人赵思温当往，思温不行，后曰："汝事先帝常亲近，何为不行？"对曰："亲近莫如后，后行，臣则继之。"后曰："吾非不欲从先帝于地下，顾嗣子幼弱，国家无主，不得往耳。"乃断其一腕，令置墓中。思温亦得免。

赵思温通过勇敢地质疑述律太后而免于死亡。显然，屠杀带来负面效应。正常而言，当此帝位争夺之际，权贵之臣因为能够影响国政而遭杀戮尚属意料之中，但是，仅仅因为太聪明（或带有道德审判味道而称之为"桀黠"）而被杀掉，实在匪夷所思。

中原降将卢文进最早嗅到了危险，他向新皇帝李嗣源流露出返回中原的意图，因为他所在的平州离幽州城不远，行动容易。后唐皇帝李嗣源也积极表态，不再追究卢文进杀死上司李存矩的罪过。卢文进决定投唐。十月十日，他和部下杀死了平州城的契丹人。带领着士兵和平民约十五万人以及满载财物、粮食的七八千辆车帐，投奔幽州。十四日，他们抵达幽

---

① 欧阳修：《新五代史》，卷七十三，《四夷附录二》，中华书局，1974年，第902—903页。

② 司马光：《资治通鉴》，卷第二百七十五，《后唐纪四》，中华书局，1956年，第9001页。

州。卢文进上书李嗣源：

顷以新州团练使李存矩，提衡郡邑，掌握恩威，虐黎庶则毒甚于豺狼，聚赋敛则贪盈于沟壑，人不堪命，士各离心，臣即抛父母之邦，入朔漠之地。几年雁塞，徒向日以倾心；一望家山，每销魂而断目。李子卿之河畔，空有怨辞；石季伦之乐中，莫陈归引。近闻皇帝陛下，皇天眷命，清明在躬，握纪乘乾，鼎新革故，始知大幸，有路朝宗，便贮归心，祗伺良会。臣十月十日，决计杀在城契丹，取十一日离州，押七八千车乘，领十五万生灵，十四日已达幽州。①

在上书中，他为自己的叛乱行为加以辩解，并表达了思乡之情，然后恭维了新皇帝一番，最后说明他们如何抵达幽州。三天后，皇帝李嗣源收到消息，他发布了一道诏书：

契丹卢龙军节度使检校太尉卢文进，辽西飞将，蓟北雄才，顷以被谗，因而避祸。虽附茹毛之俗，长怀向国之诚，将军宁屈于虏庭，校尉终还于汉垒。洎于纂绍，果卜旋归，继飞雁足之书，累珍龙庭之虏。前冒白刃，中推赤心，拥塞垣之车帐八千，复唐土之民军十万。气吞沙漠，义贯神明，爰降宠章，以旌壮节。可特进依前检校太尉同中书门下平章事使持节滑州诸军事守滑州刺史充义成军节度滑濮管内观察处置等使，仍封范阳郡开国侯，食邑一千三百户，兼赐推忠翊圣保义功臣。②

皇帝李嗣源不仅正式宽恕了卢文进，还对其加官进爵。

卢文进反复后，契丹任命张希崇为平州节度使并派遣了三百骑兵监视他。张希崇是因为平州陷落迫降于契丹，因而没有太多的负担。毕竟在五代时期，将领易主尚且如同翻手，被俘虏归降更是寻常。张希崇不同于卢

---

① 薛居正等：《旧五代史》，卷九十七，《卢文进》，中华书局，1976年，第1295—1296页。

② 董诰等：《全唐文》，卷一百六，《授卢文进义成节度使制》。

文进，他是不愿待在契丹，更不愿率领手下作为契丹的前驱与中原为敌。他打算率部返回中原，于是试探性召集部曲中的翘楚计议。

（张希崇）谓曰："我陷身此地，饮酪被毛，生不见其所亲，死为穷荒之鬼，南望山川，度日如岁，尔辈得无思乡者乎！"部曲皆泣下沾衣，且曰："明公欲全部曲南去，善则善矣，如敌众何？"希崇曰："俟明日首领至牙帐，则先擒之，契丹无统领，其党必散。且平州去王帐千余里，待报至征兵，逾旬方及此，则我等已入汉界深矣，何用以众少为病！"[1]

在获得部下的支持之后，他们依计而行，轻而易举地脱离了契丹掌控，连同平民共二万余人投奔后唐。张希崇的归来对于李嗣源又是意外之喜，他也提升了张希崇的官爵。

## 王都之乱

述律太后在对待中原事务上采取一种谨慎的态度。在阿保机生前，曾经得到南方吴国送来的猛火油（大概是石油），他想利用这样的攻城利器，大举进攻坚固的堡垒幽州城。述律平曾经加以谏止：

（述律平）指帐前树曰："无皮可以生乎？"太祖（阿保机）曰："不可。"后曰："幽州之有土有民，亦犹是耳。吾以三千骑掠其四野，不过数年，困而归我矣，何必为此？万一不胜，为中国笑，吾部落不亦解体乎？"[2]

述律皇后不主张直接与中原政权进行大规模战争，是因为担心刚刚建

---

① 薛居正等：《旧五代史》，卷八十八，《张希崇》，中华书局，1975年，第1148页。

② 脱脱等：《辽史》，卷七十一，《后妃》，中华书局，1974年，第1200页。

立的皇朝无法承受战败的后果。在阿保机活着的时候，他可以乾纲独断，进行大规模的战争。阿保机弃世，述律皇太后大权在握，她的意见无疑举足轻重。

耶律德光还因为采取军事行动干涉中原政局而忤逆了述律太后。

耶律德光卷入了定州王都之乱。事情的起因是这样的：定州的王都在后唐庄宗李存勖的帮助下击败过契丹，而且，王都向朝廷保举自己的部下担任了祁州、易州的刺史，同时要求这两个州可以自行支配租赋，以供养他的军队。李存勖同意王都的请求，定州几乎处于独立状态。

后唐明宗李嗣源即位后，朝廷与定州的关系开始恶化。一方面是唐明宗从内心深处鄙夷王都，因为王都通过囚禁父亲王处直而夺取了权势。王都清楚皇帝李嗣源对他的看法。而且，双方因为军队调防的接待问题疏远了。因为出于防备契丹犯塞的缘故，后唐在幽州、易州附近驻屯军队。当这些军队的将领往来经过定州的时候，王都表面上恭敬地加以接待，但是暗地里却加以戒备，因为担心自己的权力被剥夺。但是，接待的团组过于频繁，王都渐渐怠慢下来，后来干脆不去迎送那些将领。他的怠慢与戒备态度大大增加了朝廷的不满。于是，唐明宗李嗣源试图改变定州的独立局面，双方矛盾激化。

王都为了自保开始四处拉拢：他求婚媾于幽州节度使赵德钧；与镇州节度使王建立结为兄弟；派人送蜡丸书于青、徐、岐、潞、梓等五州节镇，密谋商约同时起兵反叛；派人送金子给归德节度使王晏球以收买他。但是，他的行动被朝廷知悉，因为王建立和王晏球如实向朝廷汇报了王都对他们采取的行动。于是，九二八年三月，朝廷派王晏球率领军队攻打定州。王都急忙派人联络在契丹的王郁，通过他以请求契丹的帮助。

辽太宗耶律德光派遣奚人首领秃馁（或托诺、秃里，均为一人）、铁刺率军救援王都。听说契丹从望都方向前来援助王都，王晏球派遣一部分兵力以保卫自己的侧翼新乐城。不料契丹军队从其他道杀奔过来，从而突破定州包围圈，进入定州。接着契丹军队与王都夜袭新乐，并攻破了它。虽然他们取得了暂时的胜利，但是，王晏球汇集真定的军队，驻扎在行唐县。秃馁等人见唐兵人多势重，派铁刺向辽太宗耶律德光请求增兵。五月份，在契丹援军到来之前，双方在曲阳城南大战。

晏球集诸将校令之曰："王都轻而骄，可一战擒也。今日，诸君报国之时也。悉去弓矢，以短兵击之，回顾者斩！"于是骑兵先进，奋楇挥剑，直冲其阵，大破之，僵尸蔽野；契丹死者过半，余众北走；都与秃馁得数骑，仅免。卢龙节度使赵德钧邀击契丹，北走者殆无孑遗。[1]

王晏球在战场上击败联军，一部分契丹军马向北逃奔，受到幽州赵德钧部队的截击而覆灭了，王都和秃馁逃回定州城内固守待援。

王晏球再次包围定州。王都则尽量拉拢和利用逃入城内的契丹军马坚守。他还广布眼线，深挖并杀死企图卖城背叛者。

七月份的时候，铁刺带来惕隐涅利衮、都统查刺率领的契丹增援部队。王晏球迎战契丹援军：

契丹复遣其酋长惕隐将七千骑救定州，王晏球逆战于唐河北，大破之；甲子，追至易州，时久雨水涨，契丹为唐所俘斩及陷溺死者，不可胜数。契丹北走，道路泥泞，人马饥疲，入幽州境。八月，甲戌，赵德钧遣牙将武从谏将精骑邀击之，分兵扼险要，生擒惕隐等数百人；余众散投村落，村民以白梃击之，其得脱归国者不过数十人。[2]

王晏球取得胜利，而且，幽州的赵德钧也再次邀击撤退中的契丹军队，幽州起到了与榆关守军一样的功效。因为，契丹惯常采用的越城攻击战术是有缺陷的：一旦前方主力战失败，契丹在前进路线上没有消灭掉的、坚守在堡垒内敌军出击，打击将是致命的。经历数次战败，契丹的统帅们或许意识到：不占据幽州而在其南部进行较大规模军事作战是危险的。

契丹的援救已经没有指望。在九二九年三月，定州城内的士兵叛变

---

① 司马光：《资治通鉴》，卷二百七十六，《后唐纪五》，中华书局，1956 年，第 9019 页。

② 司马光：《资治通鉴》，卷二百七十六，《后唐纪五》，中华书局，1956 年，第 9021 页。

卖城。王都巷战失败，他奔马回府纵火焚烧。他的妻子家小连同积累的财富一起付之一炬。秃馁和他的一个弟弟、四个儿子则被擒获。幽州赵德钧也将擒获的契丹俘虏递送洛阳。后唐将领请求处死他们。李嗣源同意杀死六百名契丹士兵而赦免了五十名契丹将领。他解释道：

此曹皆虏中之骁将，杀之则虏绝望，不若存之以纾边患。[1]

李嗣源知道杀掉擒获的契丹骁将们会使双方关系走向恶化，因而希望留着俘虏们作为冲突发生时的谈判筹码。

为了救援王都，耶律德光先后派遣了两批人马，合计一万二千兵力，这一规模远远超过骚扰性军事行动所需要的兵力。这或许是耶律德光固执己见的结果。但是，执意违背述律皇太后的战术主张，接踵而至的军事行动失利危害到耶律德光的权威。战后，耶律德光不得不公开认错，厚待战殁者家属。出于安抚述律皇太后的目的，还建了一通应天皇太后诞圣碑。直到九三六年，战场失败的负面影响依然存在。因为，当耶律德光应石敬瑭的请求再次大规模军事介入中原事务时，他不得不为军事行动进行近乎迷信的辩解。

## 耶律羽之的战略构想

尽管初次干涉中原的战争失败，耶律德光却在大臣耶律羽之的帮助下确立起明确的南向战略来。

耶律羽之是契丹迭剌部人。从亲缘关系上讲是耶律阿保机的堂兄弟。年少时，他就跟随耶律阿保机南征北战，征服渤海国之后，耶律羽之出任东丹国中台省右次相。九二九年，耶律羽之向耶律德光上了一道表章：

---

[1] 司马光：《资治通鉴》，卷二百七十六，《后唐纪五》，中华书局，1956年，第9022页。

渤海昔畏南朝，阻险自卫，居忽汗城。今去上京辽邈，即不为用，又不罢戍，果何为哉？先帝因彼离心，乘衅而动，故不战而克，天授人与，彼一时也。遗种浸以蕃息，今居远境，恐为后患。梁水之地，乃其故乡，地衍土沃，有木铁盐鱼之利。乘其微弱，徙还其民，万世长策也。彼得故乡，又获木铁盐鱼之饶，必安居乐业。然后选徒以翼吾左，突厥、党项、室韦夹辅吾右，可以坐制南邦，混一天下，成圣主未集之功，贻后世无疆之福。[1]

耶律羽之提议的要点包括：渤海国距离契丹大本营太远，不容易控制，因此应该将之迁徙到资源丰富的梁河流域；然后从迁徙该处、安居乐业的渤海遗民中选练精锐组成帝国军事力量的左翼；利用已经服从的突厥、党项等游牧民族为帝国的右翼，契丹则凭借他们制约南面的中原王朝，进而混一天下，完成耶律阿保机的宏愿。

耶律德光看到耶律羽之建议的价值，立刻表示赞同，命令将东丹国都和属民迁于东平郡，改东平郡为南京（今辽宁省辽阳市旧城）。就耶律德光在位期间的表现看，他忠实地执行着耶律羽之为他规划的南下战略：坐制南邦，混一天下。尽管耶律德光并没有实现其全部战略，达成统一天下的目标，但是，他仍旧取得了巨大成功，鲸吞了燕云十六州。

## 耶律倍的南逃

耶律羽之上表似乎是接受耶律倍的命令而为。起先，在争夺帝位中失利的耶律倍被软禁在上京。于是，在九二九年的时候，他向辅佐自己治理东丹国的右次相耶律羽之下达了一道命令，内中声称，自己想要效仿商代的盘庚，迁徙渤海国的都城。也许在陷入皇位争夺斗争之前，耶律倍曾经和耶律羽之讨论过如何治理东丹国以及迁徙都城。另一方面，他也希望，

---

[1] 脱脱等：《辽史》，卷七十五，《耶律羽之传》，中华书局，1974年，第1238页。

将东丹国都城迁徙到耶律德光能够控制的地盘上，以减少他的猜疑和戒心，这样会使他放松对自己的监视和看押。

南京建成之后，耶律德光允许兄长耶律倍前往这一东丹国的新首都——他很快就会为这一决定而后悔。

回到新城的耶律倍继续韬光养晦：他命人撰《建南京碑》，颂扬耶律德光决策英明；在宫里建了一座书楼以收藏书籍；不时游猎，伪装出一副寄情书史、耽溺享乐的姿态。

远在中原的后唐明宗李嗣源清楚耶律倍的政治价值，不时派人招诱他。这给了耶律倍希望，他决定逃亡中原。一天，他像平日一样，再一次到海上游乐。他在船中接见了李嗣源的使者，最后在木头上刻了一首诗歌，逃走了。诗歌反映了耶律倍的羞愤心情：

> 小山压大山，
> 大山全无力。
> 羞见故乡人，
> 从此投外国。[1]

九三〇年，耶律倍在洛阳见到皇帝李嗣源，并被赐姓名李赞华。耶律倍投奔后唐，使李嗣源在与契丹的较量中，又多了一个筹码。

无疑，耶律倍投奔后唐增加了耶律德光的困难。述律太后担心双方关系恶化会危及耶律倍的生命，因此积极主张双方和亲。耶律德光不能反对和亲。于是，他将后唐释放被俘虏将领作为和亲条件并派出使者。后唐朝廷内展开讨论：

> 初，契丹舍利苪剌与惕隐皆为赵德钧所擒，契丹屡遣使请之。上谋于群臣，德钧等皆曰："契丹所以数年不犯边，数求和者，以此辈在南故也，纵之则边患复生。"上以问冀州刺史杨檀，对曰："苪剌，契丹之骁将，向

---

① 脱脱等：《辽史》，卷七十二，《耶律倍传》，中华书局，1974 年，第 1210 页。

助王都谋危社稷，幸而擒之，陛下免其死，为赐已多。契丹失之如丧手足。彼在朝廷数年，知中国虚实，若得归，为患必深，彼才出塞，则南向发矢矣，恐悔之无及。"上乃止。[1]

后唐朝臣们认为握有人质才能保证事实的和平，而且，他们还担心俘虏们久耽中原，逐渐熟悉中原的情况，一旦释放后，反噬中原，危害更大。于是，后唐明宗拒绝了契丹的请求。

耶律德光处于既不能和、也不能战的尴尬境地。阿保机和耶律羽之所规划的南向战略也处于停滞状态，这无疑会让想要有作为的耶律德光烦恼不已。但是，他仍旧饶恕了耶律倍的王妃和子女，因为在耶律倍逃走后，他的王妃萧氏非常明智，领着耶律倍年幼的子女耶律阮、耶律娄国、耶律稍回到上京向耶律德光请罪。或许是受到述律太后的庇护，或许确如史书所言，耶律德光比较喜欢耶律阮。总之，他们没有遭受进一步的迫害。

---

① 司马光：《资治通鉴》，卷二百七十七，《后唐纪六》，中华书局，1956年，第9067页。

## 二、后唐帝位之争和燕云十六州的割让
### （933—936年）

### 李从珂夺位

九三三年十二月，后唐明宗李嗣源去世，他的儿子李从厚即位。

新皇帝李从厚发布了一条"换镇"的命令：诏令李从珂离开凤翔，改任河东节度使。石敬瑭离开河东，改任成德节度使；范廷光则离开镇州，改任天雄节度使。在后唐明宗的时候，因为这些人都是他的亲信而受到重用：李从珂是他的养子，担任凤翔节度使，镇守西京长安；石敬瑭是他的女婿，担任河东节度使，镇守北都太原；范廷光是他的亲信，担任成德节度使，镇守镇州。李从厚惧怕李从珂、石敬瑭、范廷光久在一处，渐成势力，于是听从冯赟等人的建议，实行"换镇"政策。

凤翔节度使李从珂首先造反。因为早在换镇命令发布之前，李从厚就解除了李从珂儿子李重吉禁军将领的职务，改任亳州刺史调离京师；然后又召李从珂出家为尼的女儿李惠明进官。李从珂听到儿子被外调，女儿被内召，感觉到新皇帝对他产生了猜忌，已经终日惶惶不安。换镇命令无异于火上浇油。到九三四年四月，李从珂的军队攻陷洛阳。皇帝李从厚逃出

洛阳城投奔魏州，在卫州遇到了前往洛阳的成德节度使石敬瑭。石敬瑭与卫州刺史王弘贽权衡利弊后，派牙内指挥使刘知远杀光李从厚的卫士而软禁了他，自己则前往洛阳朝拜李从珂。李从珂在洛阳登基，派人处死了李从厚。

## 受到猜忌的石敬瑭

石敬瑭受到皇帝李从珂的猜忌。因为石敬瑭是后唐明宗李嗣源的女婿，功业与李从珂相牟。李从珂登基，出于稳定局势的考虑仍旧任命石敬瑭为河东节度使。先皇李嗣源的葬礼于当年五月份举行完毕，因为害怕李从珂起疑心，石敬瑭并不敢向皇帝李从珂提出回太原。他整天愁眉不展，再加上生病，最后竟瘦得皮包骨不像人样。通过妻子李氏的努力，石敬瑭才被放回太原。

双方互不信任。在太原的石敬瑭小心翼翼。一方面他在洛阳派来的官员面前装出一副病态，好像自己没有精力治理地方政务的样子；另一方面，他以契丹侵扰边境为名，向朝廷申请大批军粮。石敬瑭的部下看出端倪，在朝廷派人慰劳将士时，有人故意高呼万岁，想胁迫石敬瑭谋反，然后捞取高官厚禄。不承想，石敬瑭还没有下定决心，偷鸡不成蚀把米，领头呼喊的三十六人全部被处死。呼喊万岁事件无可挽回地传到皇帝李从珂耳中。

九三六年正月，石敬瑭的妻子李氏到洛阳参加完皇帝李从珂的生日宴会，想早点回来，醉酒的李从珂对她说：

何不且留，遽归，欲与石郎反耶？[①]

皇帝李从珂醉后吐真言。返回太原的李氏将这件事情告诉了石敬瑭。

---

① 司马光：《资治通鉴》，卷二百八十，《后晋纪一》，中华书局，1956年，第9139页。

石敬瑭为了确认皇帝的态度，他试探性地上表，提出调任请求。另外，他开始将都城洛阳以及其他州郡的财物都收到太原，声称是帮助筹措军费。朝廷内议论纷纷，认为石敬瑭心怀不轨。

## 胎死腹中的和亲提议

皇帝李从珂看到石敬瑭的上表，而且他也听到了流言蜚语。他询问身边的近臣，万一与石敬瑭决裂怎么办？大臣们支支吾吾，没有人提出建议。第二天，皇帝李从珂又想顺水推舟，借着石敬瑭的上表，将之调离太原到郓州。大臣们坚决反对，司天监官员也说天上星辰失去法度，尤其需要镇静，调动石敬瑭的事情也就暂时延后。

出于为皇帝分忧的缘故，大臣李崧向以远见卓识著称的大臣吕琦请教对付石敬瑭的对策。吕琦建议说：

河东若有异谋，必结契丹为援。契丹母以赞华在中国，屡求和亲，但求赟剌等未获，故和未成耳。今诚归赟剌等与之和，岁以礼币约直十馀万缗遗之，彼必欢然承命。如此，则河东虽欲陆梁，无能为矣。[①]

吕琦认为要防患于未然必须利用唐明宗留下的筹码，早于石敬瑭与契丹建立和亲关系。李崧也赞同这一策略，他又向负责财政的大臣张延朗商量岁币的事情。经常为边防军费消耗巨大发愁的张延朗立刻表示赞同，因为岁币的开支远少于成军费用。李崧、吕琦秘密地向皇帝李从珂报告了他们的想法。李从珂大喜，称赞了他们的忠诚并命令二人私下起草《遗契丹书》。

隔了一段时间，皇帝李从珂把准备和亲契丹的计划告诉了枢密直学士薛文遇。薛文遇回复道：

---

① 司马光：《资治通鉴》，卷二百八十，《后晋纪一》，中华书局，1956 年，第 9139 页。

以天子之尊，屈身奉夷狄，不亦辱乎！又，虏若循故事求尚公主，何以拒之？[①]

不仅如此，他还咏颂了唐代诗人戎昱的《昭君诗》阻止和亲，诗文原文如下：

汉家青史上，计拙是和亲。
社稷依明主，安危托妇人。
岂能将玉貌，便拟静胡尘。
地下千年骨，谁为辅佐臣。

"安危托妇人"的诗句极大刺激了皇帝李从珂。他变卦了。他将李崧、吕琦召入官中，愤怒地责备他们。和亲提议胎死腹中。

皇帝李从珂再次独自召见薛文遇，询问如何处理太原的麻烦。薛文遇答复道：

谚有之："当道筑室，三年不成。"兹事断自圣志；群臣各为身谋，安肯尽言！以臣观之，河东移亦反，不移亦反，在旦暮耳，不若先事图之。[②]

薛文遇劝皇帝李从珂乾纲独断，不要听臣下们摆布，而且他认为，无论朝廷是否移动石敬瑭，石敬瑭都会造反，不如先下手为强。受到鼓舞的皇帝李从珂宣布了调动命令，大臣们大惊失色。也许，李从珂并没有真正理解薛文遇的"先事图之"建议中，除了发布移镇命令外，还包括采取哪些措施。

---

① 司马光：《资治通鉴》，卷二百八十，《后晋纪一》，中华书局，1956年，第9140页。

② 司马光：《资治通鉴》，卷二百八十，《后晋纪一》，中华书局，1956年，第9141—9142页。

## 石敬瑭谋反与乞援契丹

五月，朝旨传到太原：石敬瑭被改任到山东郓州担任天平节度使。接到命令的石敬瑭仍然有些犹豫，于是，召集心腹讨论对策。他希望再次上表进行试探：假如朝廷同意他推迟上任的请求，他就继续保持恭顺与服从，维持和平；假如朝廷拒绝，他再采取反叛行动。他的重要助手刘知远和桑维翰却都支持立刻举兵造反。桑维翰还更进一步地提出联合契丹人。因为，此时契丹的军队正驻扎在云州和应州之外，能够迅速抵达太原。

石敬瑭终于下定决心造反。他采取了三个行动：

首先，他上表朝廷，指出现在的皇帝只是先皇的养子，应该让位于先皇的亲生儿子许王李从益。对李从珂皇位继承合法性的质疑无疑是双方的决裂宣言。

其次，他派人联络各地军政长官。

再次，派遣使者乞援契丹。

令桑维翰草表称臣于契丹主，且请以父礼事之，约事捷之日，割卢龙一道及雁门关以北诸州与之。①

在乞援契丹一事上，石敬瑭、刘知远和桑维翰立场一致，但是对于乞援条件，刘知远持有异议。他认为，多提供财物就可以了，割地没有必要，而且日后必然会成为祸害。石敬瑭显然清楚皇帝李从珂曾经考虑过的和亲条件。因为他早已买通皇太后（后唐明宗李嗣源的皇后）身边的人，让他们探听皇帝李从珂的密谋。皇帝李从珂在宫中训斥李崧、吕琦，和亲条件必然败露。石敬瑭可能担心：仅仅提供财物无法保证契丹一心一意帮助自己；一旦皇帝李从珂向契丹提供更多财物，契丹很可能倒打一耙。而且，他手上也没有契丹人质。

七月份，石敬瑭的使者赵莹见到了耶律德光。耶律德光向述律太后请

---

① 司马光：《资治通鉴》，卷二百八十，《后晋纪一》，中华书局，1956年，第9146页。

示。《辽史》的记载说：

上白太后曰："李从珂弑君自立，神人共怒，宜行天讨。"①

《资治通鉴》的记载说：

表至契丹，契丹主大喜，白其母曰："儿比梦石郎遣使来，今果然，此天意也。"②

《契丹国志》的记录更为详细：

纪异录曰：契丹主德光尝昼寝，梦一神人，花冠，美姿容，韬韢甚盛，忽自天而下，衣白衣，佩金带，执骨朵，有异兽十二随其后，内一黑色兔入德光怀而失之。神人语德光曰："石郎使人唤汝，汝须去。"觉，告其母，忽之不以为异。后复梦，即前神人也，衣冠仪貌，宛然如故。曰："石郎已使人来唤汝。"既觉而惊，复以告母。母曰："可命筮之。"乃召胡巫筮，言："太祖从西楼来，言中国将立天王，要你为助，你须去。"未浃旬，唐石敬瑭反于河东，为后唐张敬达所败，亟遣赵莹持表重赂，许割燕、云，求兵为援。契丹帝曰："我非为石郎兴师，乃奉天帝勅使也。"率兵十万，直抵太原，唐师遂衄，立石敬瑭为晋帝。后至幽州城中，见大悲菩萨佛相，惊告其母曰："此即向来梦中神人。冠冕如故，但服色不同耳。"因立祠木叶山，名菩萨堂。德光生于癸卯年，黑兔入怀，此其兆也。③

或许，耶律德光通过其他渠道已经得知石敬瑭的乞援，但是，预判到述律太后可能会否决出兵，他精心设计了菩萨托梦的把戏。利用太后对巫

① 脱脱等：《辽史》，卷三，《太宗上》，中华书局，1974年，第38页。

② 司马光：《资治通鉴》，卷二百八十，《后晋纪一》，中华书局，1956年，第9147页。

③ 叶隆礼：《契丹国志》，卷二，《太宗嗣圣皇帝上》，上海古籍出版社，1985年，第18—19页。

师的信从，终于获得了出兵中原的许可。

耶律德光答复石敬瑭，九月份才能出兵。这虽然符合草原上出动兵马的时间规律，但其中也有观望的意味。

## 后唐太原围城战

得到石敬瑭谋反的消息，没有预为布置的皇帝李从珂才开始调集军队。从临时编组的军队成分来看，调兵大概依循就近围攻原则，布置如下。

太原北方：驻防代州的张敬达被任命为太原四面排陈使；

太原东北方向：驻扎易州的义武节度使杨光远为副部署；

太原东方：河北邢州一带的安国节度使安审琦为马军都指挥使；

太原东南方向：河南孟州一带的河阳节度使张彦琪为马步军都指挥使；

太原南方：河南陕西之间的保义节度使相里金为步军都指挥使；

中央禁军的右监门上将军武廷翰为壕寨使。

另外，由于石敬瑭谋反的波及，他的弟弟石敬德杀掉妻女逃亡，被捕获后不明不白地死在狱中；堂兄弟石敬威自杀；两个儿子石重殷、石重裔——当石敬瑭返回太原时，他们被留在洛阳充当人质——逃匿到民间，最终也被搜查出来并处死。

五月十九日，张敬达和杨光远的三万军队抵达晋阳城外西南十里的晋安寨。平叛行动一开始就遭遇波折，西北部队的先锋马军都指挥使安审信素与石敬瑭交结，率部先叛入晋阳。石敬瑭因为实力不足，采取守城避战策略；张敬达为等候其他几路后唐军队，也没有采取进攻行动。

其他唐兵终于聚集而来，张敬达开始筑垒围城。石敬瑭则任命刘知远负责城防。张敬达似乎打算采用消耗战，即利用长时间的围困使城内弹尽粮绝，削弱石敬瑭军队战斗力后再进行猛攻。晋阳城内看出了张敬达的图谋。

（刘）知远曰："观敬达辈高垒深堑，欲为持久之计，无他奇策，不足虑也。愿明公四出间使，经略外事。守城至易，知远独能办之。"①

后唐朝廷得知了契丹同意入援石敬瑭的消息，派吕琦前来，一面犒赏围城的唐军，一面询问统帅的应对之策。

杨光远谓琦曰："愿附奏陛下，幸宽宵旰。贼若无援，旦夕当平；若引契丹，当纵之令入，可一战破也。"②

不知道杨光远等人基于什么根据，认为可以轻松击败契丹援军。皇帝李从珂得到汇报，非常高兴。但是，他仍旧派人督促张敬达他们赶快攻克晋阳。

帝闻契丹许石敬瑭以仲秋赴援，屡督张敬达急攻晋阳，不能下。每有营构，多值风雨，长围复为水潦所坏，竟不能合，晋阳城中日窘，粮储浸乏。③

从五月开始到九月初，长达三个月的时间内，契丹援兵不至，后唐军队没有全力进攻并消灭石敬瑭。这是后唐所犯下的一个致命错误。

## 契丹的进军

九月，耶律德光率领五万骑兵出发，号称三十万，临行前，述律太后指示他：

---

① 司马光：《资治通鉴》，卷二百八十，《后晋纪一》，中华书局，1956年，第9147页。

② 司马光：《资治通鉴》，卷二百八十，《后晋纪一》，中华书局，1956年，第9147页。

③ 司马光：《资治通鉴》，卷二百八十，《后晋纪一》，中华书局，1956年，第9147—9148页。

赵大王（幽州赵德钧）若引兵北向渝关，亟须引归。①

耶律德光从代州西南的扬武谷而下。他的侦察骑兵带来消息，兵力不足的代州刺史张朗与忻州刺史丁审琦龟缩城内自守，于是，契丹骑兵越城而过，既不招降他们，也不攻打他们。

大军抵达晋阳，在汾水之北的虎北口列陈。耶律德光派人联络石敬瑭，石敬瑭派人回复，告诫契丹不能轻视后唐的军队，还提出第二天双方会面商议如何进行会战。信使还在路上的时候，契丹一方已与后唐骑将高行周、符彦卿合战。于是，石敬瑭派遣原先守城的刘知远出兵助阵。后唐张敬达、杨光远、安审琦的主力步兵在太原城西北的山下结阵，耶律德光派遣羸弱、不披挂铠甲的三千名轻骑兵发动冲击。后唐士兵见这波骑兵防御不强，争相追杀他们，直到汾水弯曲的地方。契丹轻骑兵涉水而去。后唐士兵沿着河岸向前进。此时埋伏在东北的契丹士兵突然杀出，将后唐士兵冲为两段，很多步兵被杀掉，骑兵则逃归晋安寨。

当天晚上，石敬瑭会见耶律德光。出于职业兴趣，他提出了一个军事问题，希望耶律德光能够为他解惑。

（石）敬瑭问曰："皇帝远来，士马疲倦，遽与唐战而大胜，何也？"

契丹主曰："始吾自北来，谓唐必断雁门诸路，伏兵险要，则吾不可得进矣。使人侦视，皆无之。吾是以长驱深入，知大事必济也。兵既相接，我气方锐，彼气方沮，若不乘此急击之，旷日持久，则胜负未可知矣。此吾所以亟战而胜，不可以劳逸常理论也。"②

耶律德光先指出后唐在调兵遣将方面的一个错误：代州的军队本应该驻防该地，把守雁门关天险，隔断晋阳与契丹双方的交通，阻止他们合兵一处。而且对"以逸待劳"这一原则的灵活运用展示出耶律德光优良的军

---

① 薛居正等：《旧五代史》，卷九十八，《赵德钧》，中华书局，1976年，第1310页。

② 司马光：《资治通鉴》，卷二百八十，《后晋纪一》，中华书局，1956年，第9149页。

事素养。

联军包围了张敬达的晋安寨，并在晋安之南，长百余里，厚五十里的范围内，设置层层防线，甚至使用系满铃铛的绳子与犬只进行警戒。张敬达决定固守（尽管尚有五万士兵，一万匹战马）。他向洛阳求援。不久，晋安寨与洛阳之间的联系完全被切断。

皇帝李从珂得知战场失利大感恐惧，他连忙调遣四路兵马：彰圣都指挥使符彦饶将洛阳步骑兵屯河阳；天雄节度使兼中书令范延光将魏州二万由青山趣榆次；卢龙节度使、东北面招讨使兼中书令北平王赵德钧将幽州兵由飞狐出契丹军后；耀州防御使潘环纠合西路戍兵由晋、绛两乳岭出慈、隰、共救晋安寨。

在群臣的坚持下，皇帝李从珂勉强下诏亲征。行至河阳（河南孟州），他的一位大臣上奏提出：

国家根本、太半在河南。胡兵倏来忽往，不能久留；晋安大寨甚固，况已发三道兵救之。河阳天下津要，车驾宜留此镇抚南北，且遣近臣往督战，苟不能解围，进亦未晚。[1]

皇帝李从珂就坡下驴，停止亲征，任命卢龙节度使赵德钧的儿子赵延寿为将领，率领二万人奔赴晋阳与洛阳之间的潞州。

回到洛阳的皇帝李从珂仍然担心晋安寨失守，他再次询问群臣对策，有人提出利用耶律倍扰乱契丹后方：

吏部侍郎永清龙敏请立李赞华为契丹主，令天雄、卢龙二镇分兵送之，自幽州趣西楼，朝廷露檄言之，契丹主必有内顾之忧，然后选募军中精锐以击之，此亦解围之一策也。[2]

---

① 司马光：《资治通鉴》，卷二百八十，《后晋纪一》，中华书局，1956年，第9150—9151页。

② 司马光：《资治通鉴》，卷二百八十，《后晋纪一》，中华书局，1956年，第9151页。

皇帝李从珂非常赞同这一计划，但是，朝内负责的大臣却担心不能成功，于是，也就耽搁下来。

洛阳是虚弱的。十月七日，皇帝李从珂下诏：征集天下将吏和民间马匹，发民为兵，每七户出征夫一人，自备铠仗，限期到十一月人马俱集。结果，仅仅搜括出二千匹马，五千人。

## 与石敬瑭竞争的赵德钧

在有实力就可以当皇帝的时代，幽州的赵德钧也时刻关注着政局，寻找着夺取天下的机会。

赵德钧（？—937年），本名赵行实，幽州人。后唐庄宗赐姓名李绍斌，累迁官至沧州节度使。同光三年（925年）移镇幽州。后唐明宗即位，恢复本姓，改名德钧。官职一再提升至检校太师兼中书令，封北平王。

张敬达在汾水大败，赵德钧立刻自告奋勇解救晋安寨；皇帝李从珂本来命令赵德钧从飞狐口出兵，抄契丹后路，侵扰契丹部落，以达到围魏救赵的目的。赵德钧则请求率领幽州的三行骑银鞍契丹直（一支由投奔中原的契丹人所组成的军队），由南边的土门路（河北省获鹿县西）进入山西，不明就里的朝廷竟然许可了。赵德钧路过易州，驻防该地的赵州刺史、北面行营都指挥使刘在明是幽州故将，赵德钧顺利合并了刘在明的部队。赵德钧行至镇州，又邀请驻防该地的董温琪与他同行。然后他向朝廷上表，借口兵力不足，需要合并泽州和潞州的兵马到他的指挥之下。他还企图合并魏州的范延光的二万人马，但是，范延光对赵德钧不断壮大势力的做法起了疑心而不服从他。

十一月，赵德钧在西汤（山西沁县）遇到儿子赵延寿所率领的军队，延寿又将所领军队归到赵德钧的统领之下。赵德钧仍然希望能够兼并范延光的军队，逗留不进。在皇帝李从珂的一再催促下，赵德钧才引兵驻屯到团柏谷口（山西祁县东南六十里），距晋安寨有百里之遥。但是，赵德钧不肯进攻，而是继续要挟朝廷。

德钧累表为延寿求成德节度使，曰："臣今远征，幽州势孤，欲使延寿在镇州，左右便于应接。"唐主曰："延寿方击贼，何暇往镇州！俟贼平，当如所请。"德钧求之不已，唐主怒曰："赵氏父子坚欲得镇州，何意也？苟能却胡寇，虽欲代吾位，吾亦甘心，若玩寇邀君，但恐犬兔俱毙耳。"德钧闻之，不悦。①

被皇帝拒绝的赵德钧转而向耶律德光通款。他对外宣称致书契丹是为了和平谈判，说服耶律德光退兵；暗地里，他还写了封密信。在信中提出了他的交易条件：

若立己为帝，请即以见兵南平洛阳，与契丹为兄弟之国；仍许石氏常镇河东。②

此时，在晋阳的石敬瑭与耶律德光已经完成了政治交易。

契丹主谓石敬瑭曰："吾三千里赴难，必有成功。观汝气貌识量，真中原之主也。吾欲立汝为天子。"敬瑭辞让者数四，将吏复劝进，乃许之。契丹主作册书，命敬瑭为大晋皇帝，自解衣冠授之，筑坛于柳林。是日（十一月十二日），即皇帝位。割幽、蓟、瀛、莫、涿、檀、顺、新、妫、儒、武、云、应、寰、朔、蔚十六州以与契丹，仍许岁输帛三十万匹。③

收到赵德钧的信后，耶律德光犹豫起来。他的顾虑包括几个方面：他率领的主力部队已经深入到太原，但是，坚守晋安寨的张敬达部队、驻扎

---

① 司马光：《资治通鉴》，卷二百八十，《后晋纪一》，中华书局，1956年，第9155页。

② 司马光：《资治通鉴》，卷二百八十，《后晋纪一》，中华书局，1956年，第9155页。

③ 司马光：《资治通鉴》，卷二百八十，《后晋纪一》，中华书局，1956年，第9154页。

团柏谷赵德钧的部队加上驻扎魏州的范延光部队，后唐仍旧有很强的军事实力；后唐驻扎在代州、忻州等地的军队严重威胁契丹军队后路。更进一步，在中原地区保持几个实力相当的军事集团相互对抗，或许更容易操纵，更方便获取利益。

不过，赵德钧的条件没有石敬瑭的优厚。这给了石敬瑭机会，他急忙派遣桑维翰劝耶律德光不要抛弃自己。

> 帝（石敬瑭）闻之，大惧，亟使桑维翰见契丹主，说之曰："大国举义兵以救孤危，一战而唐兵瓦解，退守一栅，食尽力穷。赵北平父子不忠不信，畏大国之强，且素蓄异志，按兵观变，非以死徇国之人，何足可畏，而信其诞妄之辞，贪豪末之利，弃垂成之功乎！且使晋得天下，将竭中国之财以奉大国，岂此小利之比乎！"
>
> 契丹主曰："尔见捕鼠者乎，不备之，犹或啮伤其手，况大敌乎！"
>
> 对曰："今大国已扼其喉，安能啮人乎！"
>
> 契丹主曰："吾非有渝前约也，但兵家权谋不得不尔。"
>
> 对曰："皇帝以信义救人之急，四海之人俱属耳目，奈何二三其命，使大义不终！臣窃为皇帝不取也。"跪于帐前，自旦至暮，涕泣争之。契丹主乃从之，指帐前石谓德钧使者曰："我已许石郎，此石烂，可改矣！"[①]

如此这般，赵德钧欲借契丹力量成就帝业的图谋落空。


## 后唐灭亡

晋安寨的张敬达困守数月。堡垒内的粮食和草料都告罄，饥饿的战马相互啃咬，有的连马尾和马鬃毛都啃秃了。将士们也开始杀马取食。援兵迟迟不至。张敬达个性刚烈，人称"张生铁"。杨光远等劝张敬达降于契

---

① 司马光：《资治通鉴》，卷二百八十，《后晋纪一》，中华书局，1956 年，第 9156 页。

丹，张敬达不肯。闰十一月，杨光远等袭杀了张敬达，连同晋安寨残余的约五千马匹，五万副铠甲，投降契丹。契丹将马匹、盔甲送往北方，而将后唐降卒授予石敬瑭。

十一月十四日，契丹军队与石敬瑭军队进军团柏，与驻扎该地的后唐兵接战。作为主将的赵德钧、赵延寿率先逃遁，士众大溃。不久，赵氏父子投降契丹，银鞍契丹直三千人也被出卖给耶律德光处死。

后唐的军事力量消耗殆尽，契丹将领们建议班师，耶律德光同意。但是，他坚持率领部分军队继续驻扎在上党的潞州，等待石敬瑭取得洛阳。

石敬瑭决定取道河阳（河南孟州）的渡口，进军洛阳，与他同行的还有耶律德光派遣的五千骑兵。十一月二十四日，石敬瑭抵达河阳，后唐河阳节度使投降并准备了渡河船只。二十六日，洛阳陷落。皇帝李从珂与曹太后（明宗的皇后）、刘皇后、雍王李重美、官员宋审虔等人，携带传国宝在玄武楼自焚。此前，他派人杀掉了耶律倍。取得胜利的石敬瑭将契丹军队安置在天宫寺内。年末的时候，耶律德光从太原撤兵退回塞外。


## 石敬瑭割让十六州及其具体范围


九三六年七月份，在乞援契丹时，石敬瑭所提供的献土条件为"卢龙一道及雁门关以北诸州"。十一月，石敬瑭登基，献出的州县数目确定下来，包括：幽州、蓟州、瀛州、莫州、涿州、檀州、顺州、新州、妫州、儒州、武州、云州、应州、寰州、朔州、蔚州，共十六个州。（见图2-1）

后晋与契丹对十六州的交割又推延了一年半左右。九三七年六月，晋帝石敬瑭曾经派户部尚书聂延祚为使者，恳请上耶律德光皇帝尊号，并交割雁门以北与幽蓟之地，岁贡帛三十万匹。耶律德光没有答应。他并不是不要这些州的土地和人口了，而是想在更合适的时机完成此事。

九三八年十一月甲子日，耶律德光举行了契丹礼仪和习俗中重要的再生柴册礼。三天后，耶律德光在宣政殿接受了新的尊号：睿文神武法天启运明德章信至道广敬昭孝嗣圣皇帝。他大赦天下，并改元会同。

图 2-1　石敬瑭割让的燕云十六州位置示意图

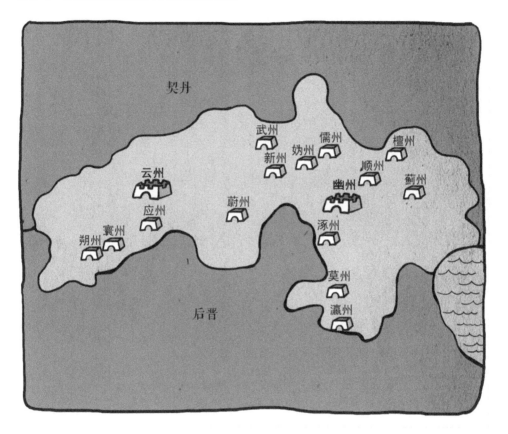

是月，晋复遣使赵莹奉表来贺，以幽、蓟、瀛、莫、涿、檀、顺、新、妫、儒、武、云、应、寰、朔、蔚十六州并图籍来献。于是，诏以皇都为上京，府曰临潢；升幽州为南京，南京为东京。[①]

幽、蓟等十六个州正式归属契丹。

———————————

① 脱脱等：《辽史》，卷三，《太宗上》，中华书局，1974 年，第 44—45 页。

## 三、晋契交恶、耶律德光南下
（936—947 年）

### 石敬瑭统治时期与契丹的关系

石敬瑭得到契丹的帮助夺取帝位，除了割让十六州之外，他还于岁币之外，用大量财物贿赂契丹贵族和当权人士。

岁输金帛三十万之外，吉凶庆吊，岁时赠遗，玩好珍异，相继于道。乃至应天太后、元帅太子、伟王、南北二王、韩延徽、赵延寿等诸大臣皆有赂。①

通过屈辱地侍奉契丹从而不正当地夺取帝位，这给后晋带来不良影响。一些节度使企图效仿石敬瑭。

高祖取天下不顺，常以此惭，藩镇多务，过为姑息。而藩镇之臣，或

---

① 司马光：《资治通鉴》，卷二百八十一，《后晋纪二》，中华书局，1956 年，第 9188 页。

不自安，或心慕高祖所为，谓举可成事，故在位七年，而反者六起。①

契丹自恃有恩于后晋，对之颐指气使，使得石敬瑭的处境更为尴尬。

（契丹）小不如意，辄来责让，帝常卑辞谢之。晋使者至契丹，契丹骄倨，多不逊语。使者还，以闻，朝野咸以为耻。②

石敬瑭想打破被动局面，但是大臣桑维翰秘密上表，提出七条不可与契丹背盟的理由谏止。他指出：

方今契丹未可与争者，有其七焉：

契丹数年来最强盛，侵伐邻国，吞灭诸蕃，救援河东，功成师克。山后之名藩大郡，尽入封疆；中华之精甲利兵，悉归庐帐。即今土地广而人民众，戎器备而战马多。此未可与争者一也。

契丹自告捷之后，锋锐气雄；南军因败衂已来，心沮胆怯。况秋夏虽稔，而帑廪无余；黎庶虽安，而贫敝益甚；戈甲虽备，而锻砺未精；士马虽多，而训练未至。此未可与争者二也。

契丹与国家，恩义非轻，信誓甚笃，虽多求取，未至侵凌，岂可先发衅端，自为戎首。纵使因兹大克，则后患仍存；其或偶失沈机，则追悔何及。兵者凶器也，战者危事也，苟议轻举，安得万全。此未可与争者三也。

王者用兵，观衅而动。是以汉宣帝得志于匈奴，因单于之争立；唐太宗立功于突厥，由颉利之不道。今契丹主抱雄武之量，有战伐之机，部族辑睦，蕃国畏伏，土地无灾，孳畜繁庶，蕃汉杂用，国无衅隙。此未可与争者四也。

引弓之民，迁徙鸟举，行逐水草，军无馈运，居无灶幕，住无营栅，

<hr>

① 欧阳修：《新五代史》，卷五十一，《安重荣传》，中华书局，1974年，第586页。

② 司马光：《资治通鉴》，卷二百八十一，《后晋纪二》，中华书局，1956年，第9188页。

便苦涩，任劳役，不畏风雷，不顾饥渴，皆华人之所不能。此未可与争者五也。

契丹皆骑士，利在坦途；中国用徒兵，喜于隘险。赵魏之北，燕蓟之南，千里之间，地平如砥，步骑之便，较然可知。国家若与契丹相持，则必屯兵边上。少则惧强敌之众，固须坚壁以自全；多则患飞挽之劳，必须逐寇而速返。我归而彼至，我出而彼回，则禁卫之骁雄，疲于奔命，镇、定之封境，略无遗民。此未可与争者六也。

议者以陛下于契丹有所供亿，谓之耗蠹；有所卑逊，谓之屈辱。微臣所见，则曰不然。且以汉祖英雄，犹输货于冒顿；神尧武略，尚称臣于可汗。此谓达于权变，善于屈伸，所损者微，所利者大。必若因兹交构，遂成衅隙，自此则岁岁征发，日日转输，困天下之生灵，空国家之府藏，此为耗蠹，不亦甚乎！兵戈既起，将帅擅权，武吏武臣，过求姑息，边藩远郡，得以骄矜，外刚内柔，上陵下替，此为屈辱，又非多乎！此未可与争者七也。①

桑维翰也不主张一味辱事契丹，而是希望石敬瑭卧薪尝胆，恢复生产，积累力量，观时而动，当条件成熟的时候，采取军事行动扭转双方的关系。

愿陛下思社稷之大计，采将相之善谋，勿听樊哙之空言，宜纳娄敬之逆耳。然后训抚士卒，养育黔黎，积谷聚人，劝农习战，以俟国有九年之积，兵有十倍之强，主无内忧，民有余力，便可以观彼之变，待彼之衰，用己之长，攻彼之短，举无不克，动必成功。此计之上者也，惟陛下熟思之。②

石敬瑭采纳桑维翰的建议，他派人告诉桑维翰：

---

① 薛居正等：《旧五代史》，卷八十九，《桑维翰》，中华书局，1976年，第1164—1165页。

② 薛居正等：《旧五代史》，卷八十九，《桑维翰》，中华书局，1976年，第1166页。

朕比以北面事之，烦懑不快，今省所奏，释然如醒。朕计已决，卿可无忧。[1]

总体而言，石敬瑭统治时期，后晋在契丹面前保持低姿态。

## 石重贵登基与关系破裂

九四二年六月，病入膏肓的皇帝石敬瑭驾崩。之前，他曾经命人将幼子石重睿抱出来并放在重臣冯道的怀中，意思是让冯道辅立石重睿为继承人。但是，石敬瑭一死，精于自保之道的冯道和掌管禁军的景延广商议，认为局势动荡不定，最好是选立岁数大的皇子为继承人，于是他们奉齐王石重贵（914—964年）为皇帝。景延广因为拥立新君的功劳，逐渐掌握了实权。在致书契丹通告新皇登基时，后晋与契丹矛盾公开化。

帝（石重贵）之初即位也，大臣议奉表称臣告哀于契丹，景延广请致书称"孙"而不称"臣"。李崧曰："屈身以为社稷，何耻之有！陛下如此，他日必躬擐甲胄，与契丹战，于时悔无益矣。"延广固争，冯道依违其间。帝卒从延广议。契丹大怒，遣使来责让，且言："何得不先承禀，遽即帝位？"[2]

对于契丹对后晋皇帝石重贵在对契丹的国书中称"孙"不称"臣"的责备，景延广却毫不屈服，他回复道：

---

① 薛居正等：《旧五代史》，卷八十九，《桑维翰》，中华书局，1976年，第1166页。

② 司马光：《资治通鉴》，卷二百八十三，《后晋纪四》，中华书局，1956年，弟9242—9243页。

先帝则北朝所立，今上则中国自策，为邻为孙则可，无臣之理！①

使者提醒他：如果这样傲慢，双方可能刀兵相见，景延广也是满不在乎，他以嘲弄的口吻回复说：

晋朝有十万口横磨剑，翁若要战则早来。他日不禁孙子，则取笑天下，当成后悔矣。②

契丹使者认为，口传这些重要的信息不太恰当。他假称害怕忘记景延广的原话，希望对方能够写下来。景不假思索，命令书吏详细记录并交给使者。使者带来的回复彻底激怒了耶律德光，他决定进攻后晋，实现先前耶律羽之"混一天下"的战略构想。

《旧五代史》评价景延广说：

昧经国之远图，肆狂言于强敌，卒使邦家荡覆，宇县丘墟，《书》所谓"唯口起羞"者，其斯人之谓欤！③

景延广代表着后晋朝廷内涌动的暗流和倾向，它更符合传统的观念：在华夷并存的世界，华是中心，为首，为上位；而夷是边缘，是足，是下位。在这些官员看来，石敬瑭在弱小时为得到契丹的帮助而委曲求全，既是务实也是灵活，可以获得某种程度的理解甚至赞同，但是，时过境迁，对契丹的态度和策略是应该改变而且可以改变。双方决裂是早晚的事情。

---

① 薛居正等：《旧五代史》，卷八十八，《景延广》，中华书局，1976 年，第 1144 页。

② 薛居正等：《旧五代史》，卷八十八，《景延广》，中华书局，1976 年，第 1144 页。

③ 薛居正等：《旧五代史》，卷八十八，《景延广》，中华书局，1976 年，第 1158 页。

## 杨光远的叛乱与契丹起兵

后晋与契丹并没有立刻开战，双方仍旧有使者往来。直到九四三年，后晋发生了杨光远叛乱事件。

杨光远是在晋安寨杀害张敬达而投降于石敬瑭的后唐将领。石敬瑭优待他，还将女儿长安公主许配给他的儿子杨承祚。五代时期的武将大多恣意妄为，杨光远也同样如此。帮助石敬瑭夺取天下的桑维翰嫌恶杨光远。两人互相攻讦。石敬瑭不得已将桑维翰贬黜到相州，而同时也将杨光远调任西京，但是剥夺了他的兵权。杨光远开始对石敬瑭产生怨望之情。九四○年的时候，杨光远被石敬瑭任命为东平王，管理青州一带。皇帝石重贵继位后，因为军队战马少，下诏天下括马。石敬瑭在世的时候曾经授予杨光远三百匹战马，景延广借着诏命夺取了这些马匹。杨光远认为这是朝廷怀疑自己有不臣之心的证据。九四三年十一月，杨光远占据青州谋叛并联络契丹。

> 光远益骄，密告契丹，以晋主负德违盟，境内大饥，公私困竭，乘此际攻之，一举可取。①

后晋正承受着严重自然灾害，而且朝廷不合时宜的横征暴敛加重了灾难的程度。资治通鉴记载说：

> 是岁，春夏旱，秋冬水，蝗大起，东自海壖，西距陇坻，南逾江、淮，北抵幽蓟，原野、山谷、城郭、庐舍皆满，竹木叶俱尽。重以官括民谷，使者督责严急，至封碓碨，不留其食，有坐匿谷抵死者。县令往往以督趣不办，纳印自劾去。民饿死者数十万口，流亡不可胜数。②

---

① 司马光：《资治通鉴》，卷二百八十三，《后晋纪四》，中华书局，1956年，第9256页。

② 司马光：《资治通鉴》，卷二百八十三，《后晋纪四》，中华书局，1956年，第9257—9258页。

耶律德光收到杨光远的请求，投降契丹并被任命为幽州节度使的赵延寿（赵德钧的儿子）也力劝耶律德光出兵。耶律德光既已经决定进攻中原，同时也看透了赵延寿想当中原皇帝的心思，于是就再次玩起石敬瑭故事。

契丹主乃集山后及卢龙兵合五万人，使延寿将之，委延寿经略中国，曰："若得之，当立汝为帝。"又常指延寿谓晋人曰："此汝主也。"延寿信之，由是为契丹尽力，画取中国之策。[①]

另外，赵德钧的墓志中也提到赵延寿"志在霸秦"[②]，这证实赵延寿确实一直有当中原皇帝的想法。于是，他非常卖力。

九四四年正月，契丹数道并进进攻后晋。中路以赵延寿、赵延照为主将，进攻贝州，同时骚扰恒州、定州。西路一部军队进攻太原，东路则进攻山东沿海，援助杨光远。耶律德光则在后以大军继之。

在后晋与契丹关系恶化后，后晋朝廷认为贝州处于水陆要冲，于是在该地囤积了足够军队数年耗用的粮草，以防备契丹。贝州有个低级军官名叫邵珂，因为性情凶悖，受到上司的排斥。邵珂怨望朝廷，秘密派人逃亡到契丹，并将贝州积蓄的粮草很多、但是防守兵力微弱易于攻取的军机泄露出去。赵延寿率领契丹军队杀奔贝州。此时，新上任到贝州的军事长官吴峦是一介书生，没有亲信爪牙。邵珂骗取了吴峦的信任，负责防守贝州城南门。邵珂趁势引契丹自南门入，贝州城陷。后晋急忙派遣使者求和，但是，耶律德光回复道：已成之势，不可改也。[③] 耶律德光准备大干一番。

河东节度使刘知远在秀容（山西忻县）击败契丹西路军。败退的契丹军队取道鸦鸣谷向东退却，与已经攻陷贝州的军队合兵。

① 司马光：《资治通鉴》，卷二百八十三，《后晋纪四》，中华书局，1956 年，第 9256 页。

② 苏天钧：《北京南郊辽赵德钧墓》录《辽故卢龙军节度使太师中书令北平王赠齐王天水赵公夫人故魏国夫人种氏合附墓志铭》，《考古》，1962 年 05 期，第 250 页。

③ 薛居正等：《旧五代史》，卷八十二，《少帝纪二》，中华书局，1976 年，第 1086 页。

二十五日，后晋博州刺史周儒投降于契丹东路军。后晋朝廷紧急命令军队防守黄河的麻家口、马家口和杨刘渡口。当年庄宗李存勖就是从杨刘渡口突破，然后横军西进，攻克汴梁。在援军抵达之前，周儒引导契丹军队于马家口渡过黄河，他们进攻郓州，企图与杨光远会师。后晋的援军进至马家口，攻击郓州不利的契丹军队企图渡河撤退，但是晋军击之半济，契丹军队大败，损失数千人。此时，围困戚城（今河南濮阳北）契丹军队也因作战不利被迫撤退。后晋稳住了东部防线。

马家口和戚城接连失利，契丹主力部队佯装从元城退却，暗伏精兵于古顿丘，等待后晋军和桓定的军队会合，希望于野战中消灭后晋主力。后晋军队没有识破耶律德光诱敌之计，欲加追击。所幸天气挽救了后晋军队，霖雨不止，后晋的追击计划中辍。契丹军队设伏十多天，空等一场，人马饥疲。赵延寿向耶律德光献计：

晋军悉在河上，畏我锋锐，必不敢前，不如即其城下（澶州），四合攻之，夺其浮梁（澶州的德胜渡口），则天下定矣。[①]

耶律德光听从赵延寿的建议，三月一日，率领大军十余万人，进至澶州城北，并排列阵势。后晋军勇将高行周在戚城之南与契丹一翼接战，双方从早晨战至傍晚，互有伤亡。耶律德光率领的中军准备冲击后晋军，后晋皇帝石重贵也出阵待之。耶律德光见晋军兵锋甚盛，改攻晋军两翼，没有成功。双方交战死伤万计。黄昏时分，契丹军队引退。

耶律德光认为决战时机尚未成熟，于是撤军。退兵前，他兵分两路，一路出沧州、德州，一路出深州、冀州，大肆劫掠。之后，他留下赵延煦担任贝州留后。东路契丹军队则攻陷德州并加以防守。他想为再次举兵留下两个前置军事堡垒。

在耶律德光撤兵之前，后晋军队已经获得了这一重要情报。在三月三日，耶律德光帐下一名小校投奔后晋，并报告称：契丹已经传递军事文书

---

① 司马光等：《资治通鉴》，卷二百八十四，《后晋纪五》，中华书局，1956年，第9267页。

给本部，收军北去。后晋怀疑契丹有诈而不敢追击。撤退的契丹军队将所过之处焚掠殆尽。

不久，耶律德光规划的两个战略据点——贝州和德州先后被后晋军夺回。到年底的时候，杨光远发动的叛乱被彻底平定。耶律德光的第一次大规模军事进攻以失败告终。


## 九四四年的第二次战争

第一次战争失利，耶律德光并不甘心。九四四年十一月他再次征调诸道军队，十二月，在温榆河检阅军队后，挥师南下。契丹军队很快攻下桓州及其所属九个县城。

耶律德光的前锋逼近邢州。负责防守的杜重威遣使间道向朝廷告急。皇帝石重贵想亲征拒敌，但是恰好生病，无法成行，于是命令命天平节度使张从恩、邺都留守马全节、护国节度使安审琦会合诸道兵马进屯邢州，武宁节度使赵在礼驻屯邺都。

耶律德光率领主力部队驻扎在元氏（今河北元氏县）。皇帝石重贵意欲其军队暂避锋芒，于是命令张从恩等人率兵退却，这导致一场近似于溃败的撤军。幸运的是，耶律德光没有追击。

九四五年正月，皇帝石重贵再次下令赵在礼部还屯澶州，马全节部还邺都；又派遣右神武统军张彦泽驻屯黎阳，西京留守景延广率领滑州军队防守胡梁渡。耶律德光命令游军骚扰邢、洺、磁三州，杀掠殆尽，并波及邺都境内。十五日，双方在安阳河发生小规模接触战，各自引军退却。

皇帝石重贵病情好转，河北方面连连告急，而且前方也传来消息称：此次入侵的契丹兵众不多，应该趁着契丹兵解甲归田、散在部落之时，大举进攻，直取幽州。皇帝石重贵信以为真。他征兵于诸道并于二十五日下令亲征。

三月九日，杜重威等后晋军队汇集于定州，开始北上。契丹所属泰州（今河北省清苑县）刺史投降，十八日，后晋攻克满城，俘虏契丹军二千余人，接着攻克遂城（河北省徐水县）。此时，有从契丹赵延寿部投降的士兵带来重要情报，称：

契丹主还至虎北口，闻晋取泰州，复拥众南向，约八万余骑，计来夕当至，宜速为备。[①]

杜重威等感到恐惧，退保泰州，接着后退至阳城。双方发生激战，契丹军队作战不利，越过白沟退却。后晋军继续退却，契丹军队则去而复来。三月二十六日，后晋军队行至白团卫村，他们埋下鹿角构筑行寨。契丹军队则将后晋军的军寨团团围困，并派军队切断后晋军队的粮道。后晋军队处境困难：他们在军营中开挖水井。刚挖至水面，水井发生崩坍，士卒把棉布沾湿，然后拧出水分喝下去，全然不顾泥土。晚上，狂风大作，破屋折树；到天将明亮的时候，风力更猛。

耶律德光试图一战而成。他命令铁鹞军（重装骑兵）四面下马，拔去后晋军设置的鹿角，攻进寨内后与敌人短兵相接；他还命人顺风纵火扬尘以助强军势。晋军将领经过一番争论后，奋起反击。结果，契丹大败，势如崩山。下马步战的契丹铁鹞优势尽失，纷纷丢弃马匹和铠仗逃命。本来乘车的耶律德光见势不妙，急忙换乘一匹骆驼逃走了。后晋保守的主将杜重威没有乘胜追击，而是退保定州。四月份，耶律德光逃至幽州后，才得以收集散兵游勇。

契丹人马损失惨重，怨声四起。述律皇太后被迫开始发声。

述律太后谓契丹主曰："使汉人为胡主，可乎？"
曰："不可。"
太后曰："然则汝何故欲为汉主？"
曰："石氏负恩，不可容。"
太后曰："汝今虽得汉地，不能居也；万一蹉跌，悔何所及！"

---

[①] 司马光：《资治通鉴》，卷二百八十四，《后晋纪五》，中华书局，1956年，第9288页。

述律太后一面压制耶律德光，一面安抚群臣：

汉儿何得一向眠！自古但闻汉和蕃，未闻蕃和汉。汉儿果能回意，我亦何惜与和！①

这等于放出消息，同意与后晋和谈。

后晋因契丹的屡次进攻而疲于奔命，在桑维翰的不断劝导下，皇帝石重贵派遣使者到契丹，奉表称臣，卑辞谢过。但是，倔强的耶律德光回复说：后晋朝廷派遣景延广、桑维翰两人为使者，同时割让镇州、定州，才能谈和。后晋从耶律德光的回复中听出了愤怒，认为契丹没有和解的意思，于是作罢。根据耶律德光后来的说法，如果后晋再次派遣使者，他是准备和谈的。

## 九四六年的战争与后晋灭亡

九四六年，黄河以北发生饥荒，饿死的人口数以万计，饥民暴动在兖州、郓州、沧州和贝州一带蔓延。五月份，后晋驻扎在易州一个名唤孙方简的将领投靠契丹，他极力鼓动契丹趁机大举进攻后晋。九月份，耶律德光在渔阳西的枣林淀检阅了所征召的军队，第三次进攻后晋。在六月份的时候，因在边境市马而被契丹俘获的一名后晋军官逃归。他警告朝廷，孙方简劝契丹乘中原凶饥之机，引兵入寇，应早做准备。

尽管受到饥荒的困扰，后晋朝廷还是积极谋划北伐幽州，企图先发制人。不过，后晋的北伐是中了契丹诱敌之计。

七月，一位不具姓名的人员从契丹统治下的幽州来到汴梁，声称赵延寿有意投靠后晋。后晋枢密使李崧、冯玉居然相信了这一传言，他们立刻命天雄节度使杜重威秘密致书赵延寿，传达朝廷的希望并许以厚利。赵延寿确认

---

① 司马光：《资治通鉴》，卷二百八十四，《后晋纪五》，中华书局，1956年，第9293页。

了他想投靠后晋，理由是他因为不习惯北地风俗，想回到中原；同时，赵延寿提出希望后晋朝廷派遣大军接应，这样便于他举兵相应，以幽州南归。得到回信的后晋朝廷倍感兴奋，再次派人到幽州，与赵延寿约定日期。

仅仅利用赵延寿诱惑后晋尚嫌不足，耶律德光又命令瀛州刺史刘延祚写信给后晋乐寿监军王峦，恳请举城内附。而且声称：瀛州城中的契丹兵马不满千人，希望朝廷调发轻兵前来偷袭，自己充当内应，可以一举拿下瀛州。而且，刘延祚在信中告诉后晋，秋天的连绵大雨使瓦桥关以北积水无际，耶律德光远在上京，即使听闻关南有变，地远阻水，也无法施救。这实在是一个好机会。

果然，后晋朝廷信以为真，积极准备调发大兵配合赵延寿及刘延祚回归。十月十四日，后晋委任杜重威为统帅，开始北伐。

下敕榜曰："专发大军，往平黠虏。先取瀛、莫，安定关南；次复幽燕，荡平塞北。"又曰："有擒获虏主者，除上镇节度使，赏钱万缗，绢万匹，银万两。"①

十月二十六日，杜重威率领大军从广晋（河北大名）出发向北进军。此前，杜重威一再向朝廷申明：此次深入契丹境内作战，需要全力以赴。于是后晋朝廷将汴京禁卫军队悉数调发前线，京师空虚。

十一月，杜重威等兵至瀛州，而契丹将瀛州城门洞开，寂若无人，杜重威等不敢进城。接着他听说契丹将领高模翰早些时候率领瀛州城内士兵逃遁了，杜重威派遣二千骑兵追击，结果追兵反而大败而回。杜重威引兵向南退却。途中，他们劫掠了投降后晋的束城等县。

将后晋主力诱骗来的耶律德光率领大军从易州、定州方向进攻恒州。驻扎在武强县的后晋主力军队本打算从冀州、贝州方向继续撤退，避免决战。但是彰德节度使张彦泽却从恒州来到武强，劝说主师杜重威，声称可以在恒州击败契丹。杜重威听信张彦泽，率军奔恒州，但是，滹沱河上的中渡桥已

---

① 司马光：《资治通鉴》，卷二百八十五，《后晋纪六》，中华书局，1956年，第9312页。

经为契丹占据。后晋军队与战不利，退保中渡寨。耶律德光命令军队于三里之外团团围困中渡寨，还命令骑兵攻占中渡寨不远的军事据点栾城。

后晋军中一名叫李谷的将领向杜重威提出了突围策略：

> 今大军去恒州咫尺，烟火相望。若多以三股木置水中，积薪布土其上，桥可立成。密约城中举火相应，夜募壮士斫虏营而入，表里合势，虏必遁逃。①

杜重威不仅拒绝了这一建议，还干脆命令李谷南下到怀州、孟州督促军粮。

耶律德光派遣主力阻挡后晋杜重威的军队，另外抽调了百名骑兵和一些老弱羸兵，沿着太行山进军，攻击后晋的运粮道。他们俘获后晋平民，在他们的脸上刺上"奉敕不杀"的字样，然后将之放还。这引发了普遍的恐惧。后晋负责运送粮草的队伍遇到契丹军队，惊惧之下纷纷弃车溃奔。

后晋军中又有一名叫王清的将领向杜重威提出建议：

> 今大军去恒州五里，守此何为？营孤食尽，势将自溃。请以步卒二千为前锋，夺桥开道，公帅诸军继之。得入恒州，则无忧矣。②

杜重威终于同意了王清的攻击计划，同时派遣另一名将领宋彦筠与他同行。王清的攻势凌厉，契丹军队稍有退却。后晋诸将见势，请求杜重威以主力部队增援王清，杜重威却拒绝了。无援的宋彦筠部被契丹击败，宋彦筠泅水到达岸边才没成为俘虏。王清独自率领麾下士兵苦战，他屡次派人向杜重威请救，杜重威连一兵一卒也没派遣。王清对杜重威的用心产生了怀疑，他对属下说：

---

① 司马光：《资治通鉴》，卷二百八十五，《后晋纪六》，中华书局，1956年，第9316页。

② 司马光：《资治通鉴》，卷二百八十五，《后晋纪六》，中华书局，1956年，第9317—9318页。

上将握兵，坐观吾辈困急而不救，此必有异志。吾辈当以死报国耳！①

王清和他的士兵奋战不休，最后全军覆没。

十二月八日，中渡寨中士兵口粮食用殆尽，杜重威谋划投降契丹。他派遣心腹往见耶律德光，商量投降条件。耶律德光回复称：

赵延寿威望素浅，恐不能帝中国。汝果降者，当以汝为之。②

听到回信的杜重威大喜过望，下定决心投降。

（杜重威）伏甲召诸将，出降表示之，使署名。诸将骇愕，莫敢言者，但唯唯听命。威遣阁门使高勋费诣契丹，契丹主赐诏慰纳之。是日，威悉命军士出陈于外，军士皆踊跃，以为且战，威亲谕之曰："今食尽涂穷，当与汝曹共求生计。"因命释甲。军士皆恸哭，声振原野。威、守贞仍于众中扬言："主上失德，信任奸邪，猜忌于己。"闻者无不切齿。③

耶律德光派遣赵延寿身穿赭袍——代表皇帝身份的服色——到晋营慰抚士卒，并告诉他：这些士兵都是他的。另一方面，他又让杜重威身穿赭袍在后晋军中出现。司马光在《资治通鉴》中称，这是耶律德光故意戏弄赵延寿和杜重威两人。但是，在赵延寿和杜重威看来，却未必如此，既然耶律德光曾经册立过石敬瑭为中原的皇帝，他们为什么不能成为第二个石敬瑭呢？

中渡寨的后晋军队投降后，耶律德光派遣降将张彦泽领二千兵马，进取汴京。张彦泽倍道疾行，夜间抢渡黄河上的白马津，攻入京城，囚禁了皇帝石重贵。汴梁城的大门已经向耶律德光敞开。

---

① 司马光：《资治通鉴》，卷二百八十五，《后晋纪六》，中华书局，1956年，第9318页。

② 司马光：《资治通鉴》，卷二百八十五，《后晋纪六》，中华书局，1956年，第9318页。

③ 司马光：《资治通鉴》，卷二百八十五，《后晋纪六》，中华书局，1956年，第9318—9319页。

## 四、耶律德光称帝中原与撤退

### 耶律德光在汴京称帝

在进入汴京之前，赵延寿与耶律德光有一次对话。当时，耶律德光曾经想屠杀掉在中渡寨投降的后晋士兵：

> 赵延寿言于契丹主曰："皇帝亲冒矢石以取晋国，欲自有之乎，将为他人取之乎？"契丹主变色曰："朕举国南征，五年不解甲，仅能得之，岂为他人乎！"[1]

这表明耶律德光一开始就打算做中原的皇帝。他在中原的一切行动都是按照本意施行。

耶律德光选择九四七年春正月朔日进入汴梁。这一天既是正月的起始日，也是一年的起始日。按照中原的传统，皇帝通常在这一天接受大臣们

---

① 司马光：《资治通鉴》，卷二百八十六，《后汉纪一》，中华书局，1956年，第9331页。

的新年朝拜。

当耶律德光乘坐法驾抵达汴梁时，后晋文武百官身着素服纱帽，俯伏道路之侧迎接胜利者。耶律德光安慰了他们。

皇帝石重贵和李太后在封丘门外候拜胜利者，但是，耶律德光再次拒绝与他们见面，将他们囚禁在封禅寺中。

耶律德光进入城内，惶恐的百姓纷纷逃避，耶律德光不得不派人四处宣喻：

我亦人也，汝曹勿惧，会当使汝曹苏息，我无心南来，汉兵引我至此耳。[1]

作为安抚手段之一，耶律德光公开处死恶贯满盈的张彦泽。在耶律德光进入汴京之前，攻陷汴梁、大权在握的张彦泽大肆劫掠财富，随意杀害朝臣，其中包括桑维翰。后者与耶律德光的关系不错，而且忠于石氏，张彦泽可能担心以后受到桑维翰的打击报复。

耶律德光废黜了石重贵皇帝名位，将之改封为"负义侯"，命令三百士兵将他押送到上京，然后他住进后晋的宫廷。按照契丹风俗，在宫门口杀了一条狗；在庭中竖高杆，悬挂羊皮于其上，用作压胜。

耶律德光对后晋的群臣宣称：

自今不修甲兵，不市战马，轻赋省役，天下太平矣。[2]

耶律德光还改服中原的衣冠，后晋的百官也依照旧有的规矩礼节。他废除后晋的东京，降开封府为汴州，府尹仅仅担任防御使。他派遣使者，以皇帝诏书的形式赐予后晋的地方藩镇。后晋的藩镇也争相上表称臣。

不是所有的后晋封疆大吏都愿意俯首听命。泾州的石匡威不接受耶律

---

[1] 司马光：《资治通鉴》，卷二百八十六，《后汉纪一》，中华书局，1956 年，第 9328 页。

[2] 司马光：《资治通鉴》，卷二百八十六，《后汉纪一》，中华书局，1956 年，第 9330 页。

德光的命令，他是石敬瑭的侄子。雄武节度使何重建则斩杀契丹使者，率领自己统治的秦、成、阶三州，投降了蜀地的孟知祥；密州刺史皇甫晖，棣州刺史王建，帅众奔南唐；统治太原的刘知远则采取观望态度。

虽然有这些挫折，并不妨碍耶律德光实施他的称帝计划。他将后晋的官员集中在宫殿中，假意询问他们：

吾国广大，方数万里，有君长二十七人。今中国之俗异于吾国，吾欲择一人君之，如何？①

心知肚明的群臣回答道：

天无二日。夷、夏之心，皆愿推戴皇帝。②

如此往复三次，耶律德光才勉强同意的样子。这也是中原的传统：对渴求的名利推让三次后再接受，以博取淡泊名利的名誉，实则虚伪已极。

二月初一，耶律德光头戴通天冠，身穿绛纱袍，登上正殿，施设悬乐，廷内仪卫簇拥。百官向他朝贺。中原的官员都是中原的法服，契丹人都穿着契丹人的服装。耶律德光宣布建国号"大辽"，改元"大同"，大赦天下。


## 晋出帝

耶律德光称帝之前，将石重贵押送上京。但是，他似乎不想迁徙石重贵名义上的母亲，也就是石敬瑭的皇后李氏。（石重贵生母为安太妃，也被俘虏北上。）

---

① 司马光：《资治通鉴》，卷二百八十六，《后汉纪一》，中华书局，1956年，第9338页。

② 司马光：《资治通鉴》，卷二百八十六，《后汉纪一》，中华书局，1956年，第9338页。

帝使人谓太后曰："吾闻尔子重贵不从母教而至于此，可求自便，勿与俱行。"

太后答曰："重贵事妾甚谨，所失者，违先君之志，绝两国之欢；然重贵此去，幸蒙大惠，全生保家，母不随子，欲何所归？"[1]

考虑到两人并没有血缘关系，李太后的表现也许是五代乱世中最令人感动的场景。耶律德光给成为阶下囚的皇帝石重贵配备了少许服侍人员以保持皇室尊严，包括宫女五十名、宦官三十名、东西班五十名、医官一名、御厨七名、茶酒司三名、仪鸾司三名、六军军士二十人，还有三名大臣赵莹、冯玉、李彦韬，他们至少对晋辽的反目成仇承担部分责任。耶律德光派遣三百名士兵"护卫"这群特殊俘虏：确保隔绝俘虏们与外界的联系，防止他们逃跑。

俘虏们一路北行。

所经州县，皆故晋将吏，有所供馈，不得通。路傍父老，争持羊酒为献，卫兵推隔，不使见帝，皆涕泣而去。[2]

显然允许沿途州县对曾经的君主加以物资馈赠，但是，不允许他们见面。由于能够得到资助，俘虏们的饮食尚不成问题。但是抵达幽州之后，困难明显增多。

自幽州行十余日，过平州，出榆关，行砂碛中，饥不得食，遣宫女从官采木实野蔬而食。[3]

关于俘虏乏食，还有另外一种记录。

---

[1] 欧阳修：《新五代史》，卷十七，《晋家人传》，中华书局，1974年，第177页。

[2] 欧阳修：《新五代史》，卷十七，《晋家人传》，中华书局，1974年，第178页。

[3] 欧阳修：《新五代史》，卷十七，《晋家人传》，中华书局，1974年，第178页。

靖康之祸，大率与开运之事同。一时纪载，杂书极多。而最无忌惮者，莫若所谓《南烬纪闻》。其说谓出帝之事，欧公本之王淑之私史。淑本小吏，其家为出帝所杀，遁入契丹。洎出帝黄龙之迁，淑时为契丹诸司，于是文移郡县，故致其饥寒，以逞宿怨。且述其幽辱之事，书名《幽懿录》，比之周幽、卫懿。然考之五代新旧史，初无是说，安知非托子虚以欺世哉？其妄可见矣。[1]

　　名不见经传的王淑能否有如此大的能量，以致约束石重贵所经过的契丹州郡，实在值得怀疑。更合理的解释在于，当时的契丹军队尚未建立后勤供应体制，而且，将被俘虏的皇帝带出中原固然有其政治价值，但是一旦走出中原，石重贵便没有多少可利用的价值——正是在这一点上，他与后来被俘虏的宋徽宗、宋钦宗父子有本质不同。总之，他们的需求被忽略了，因此不得不采集野生食物，勉强度日。

　　又行走了七八日，抵达锦州。卫兵强迫石重贵跪拜辽太祖阿保机画像。石重贵感到不胜屈辱，愤而大呼，责怪卫士薛超，因为后者在都城陷落时阻止他的自杀企图。身体和精神上的压力使石重贵产生自杀念头。在他们抵达辽阳之后，同行的冯皇后密令随行宦官寻求毒药，希望与皇帝一起自杀，但没有成功。

　　此后关于俘虏们的记录不连续。可以确认的是耶律德光死后，述律派俘虏们到怀陵守陵。辽世宗囚禁述律后，石重贵得以回到辽阳，并拜见辽世宗。其间发生过两次侵犯帝室女眷事件。

　　有禅奴舍利者，契丹主之妻兄也，闻晋主有女未嫁，诣晋主求之，晋主辞以幼。后数日，帝遣骑取之，以赐禅奴舍利。[2]
　　顷之，太宗之子述律王遣骑取晋侯宠姬赵氏、聂氏去。[3]

---

② 叶隆礼：《契丹国志》，卷四，《世宗天授皇帝》，上海古籍出版社，1985年，第45—46页。

③ 叶隆礼：《契丹国志》，卷四，《世宗天授皇帝》，上海古籍出版社，1985年，第46页。

在李太后的请求下，石重贵得以获得一小片土地，耕种自养。不久，少帝的生母安太妃以及名义上的母亲李太后相继去世。直到周世宗柴荣时期：

自契丹亡归者，言见帝与皇后诸子皆无恙，后不知其所终。

有中国人自辽来者，言晋主及皇后、诸子尚无恙，其从者亡归及物故过半矣。①

史学家对俘虏们悲惨遭遇的记录戛然而止。近年来出土了石重贵的墓志，可以知道他享年六十一岁。

## 耶律德光治理中原政策的失败

或许在称帝之前，耶律德光的弟弟耶律李胡派人前来询问中原情况，耶律德光信心满满地回复道：

初以兵二十万降杜重威、张彦泽，下镇州。及入汴，视其官属具员者省之，当其才者任之，司属虽存，官吏废堕，犹雏飞之后，徒有空巢。久经离乱，一至于此。所在盗贼屯结，土工不息，馈饷非时，民不堪命。河东尚未归命，西路酋帅亦相党附。夙夜以思，制之之术，惟推心庶僚，和协军情，抚绥百姓三者而已。今所归顺凡七十六处，得户一百九万百一十八。非汴州炎热，水土难居，止得一年，太平可指掌而致。且改镇州为中京，以备巡幸。欲伐河东，姑俟别图。其概如此。②

耶律德光向李胡描述了汴梁经过兵灾之后的残破，以及部分地方势力

---

① 欧阳修：《新五代史》，卷十七，《晋家人传》，中华书局，1974 年，第 179 页。

② 脱脱等：《辽史》，卷四，《太宗纪下》，中华书局，1974 年，第 60 页。

的归附情况，面对河东刘知远的对抗形势，他提出了自己治理中原的三大政策：推心庶僚，和谐军情，抚绥百姓。不过，他一样也没有做到。

耶律德光一味任用自己人，而未推诚心于后晋的官僚阶层，导致双方矛盾激化。在中渡寨降杜重威之后，耶律德光兵指恒州、代州、易州。后晋义武节度使李殷、安国留后方太投降于契丹。耶律德光立刻任命孙方简为义武节度使、麻答为安国节度使、客省副使马崇祚权知恒州事。这些任命遭到了契丹翰林承旨、吏部尚书张砺的质疑，他指出：

> 今大辽已得天下，中国将相宜用中国人为之，不宜用北人及左右近习。苟政令乖失，则人心不服，虽得之，犹将失之。①

张砺建议耶律德光用后晋当地的官员治理中原，但是耶律德光拒绝听从张砺的建议。进入汴京之后，耶律德光又任命前燕京留守刘晞为西京留守，永康王兀欲的弟弟耶律留珪为义成节度使（孙方简也被踢了出去），族人耶律郎五为镇宁节度使，兀欲姊婿潘聿撚为横海节度使，赵延寿之子赵匡赞为护国节度使，汉将张彦超为雄武节度使，史佺为彰义节度使，客省副使刘晏僧为忠武节度使，前护国节度使侯益为凤翔节度使，权知凤翔府事焦继勋为保大节度使。

另一方面，耶律德光还把后晋的节度使——如杜重威、李守贞、安审琦、符彦卿等人当作人质，将他们扣留在京内而非让他们回到自己的藩镇。这使得以保全荣华富贵为人生目的的后晋官员心生不满。

耶律德光还面临契丹军队的给养和犒赏问题。赵延寿主张契丹军队适应中原兵制，从朝廷领取粮草补给。耶律德光拒绝赵延寿的建议，而采取了"打草谷"的野蛮掠夺方式。

> （耶律德光）纵胡骑四出，以牧马为名，分番剽掠，谓之"打草谷"。丁壮毙于锋刃，老弱委以沟壑，自东、西两畿及郑、滑、曹、濮，数百里

---

① 司马光：《资治通鉴》，卷二百八十五，《后晋纪六》，中华书局，1956年，第9319—9320页。

间，财畜殆尽。①

不恰当的官员任命、契丹"打草谷"行动，造成了严重的社会动荡。

及契丹入汴，纵胡骑打草谷。又多以其子弟及亲信左右为节度使、刺史，不通政事，华人之狡狯者多往依其麾下，教之妄作威福，掊敛货财，民不堪命。于是所在相聚为盗，多者数万人，少者不减千百，攻陷州县，杀掠吏民。②

更为严重的是，太原的刘知远称帝了。中原的藩镇力量重新找到联盟或效忠对象。耶律德光在中原的统治走到了尽头。

## 刘知远称帝与耶律德光的撤退

刘知远是辅佐石敬瑭登上帝位的有功之臣，担任着河东节度使的职务。当石敬瑭病重的时候，他曾经下诏书召刘知远进京，准备委任他为辅政大臣，不过，这道诏书被当时仍是齐王的石重贵扣留，因为他担心刘知远会不利于自己。扣留诏书之举使刘知远对石重贵心生不满。

石重贵登基后，两人嫌隙日深。当契丹进攻后晋的时候，皇帝石重贵两次命令刘知远会兵山东，刘知远都拖延不至。于是，朝廷的密谋大计，石重贵都不让刘知远参与了。刘知远自知皇帝故意疏远他，也就谨慎地保护自己。他的手下、蕃汉孔目官郭威（904—954 年）看出两人矛盾迟早爆发，于是劝刘知远：

河东山川险固，风俗尚武，士多战马，静则勤稼穑，动则习军旅，此

---

① 司马光：《资治通鉴》，卷二百八十六，《后汉纪一》，中华书局，1956 年，第 9335 页。

② 司马光：《资治通鉴》，卷二百八十六，《后汉纪一》，中华书局，1956 年，第 9342—9343 页。

霸王之资也，何忧乎！①

刘知远听从郭威的建议，将河东地区当作未来称帝的资本，更加不理
会朝廷。石重贵决定北伐的时候，刘知远认为其鲁莽灭裂，自取其咎，干
脆置身事外。中渡寨杜重威投降契丹，石重贵令刘知远入援汴京，刘知远
置若罔闻，因为后晋灭亡，他的机会就来了。

耶律德光入汴京后，刘知远便派来使者，因为他不想得罪契丹，但也
不想朝见耶律德光。他的上表中提到三件事情：

一、贺入汴；

二、以太原夷、夏杂居，戍兵所聚，未敢离镇；

三、以应有贡物，值契丹将刘九一军自土门西入屯于南川，城中忧
惧，俟召还此军，道路始通，可以入贡。②

耶律德光一眼看透刘知远是表面祝贺、实质疏离防备契丹。他仍旧力
图拉拢刘知远，降下诏书对刘知远加以称赞，并在诏书中刘知远的名字前
加上一个"儿"字，这等于将刘知远比作石敬瑭——像许诺赵延寿、杜重
威为将来中原的皇帝一样用意。

刘知远却不上当。他以献礼为名，再次派遣使者到汴京探查情况。耶
律德光干脆向刘知远的使者加以挑明：

汝不事南朝，又不事北朝，意欲何所俟邪？③

耶律德光的威胁产生了反作用。有人劝刘知远马上举兵反对契丹，进
取汴京。刘知远头脑冷静，他回复那些劝他起兵的属下：

---

① 司马光：《资治通鉴》，卷二百八十四，《后晋纪五》，中华书局，1956 年，第 9275 页。

② 司马光：《资治通鉴》，卷二百八十六，《后汉纪一》，中华书局，1956 年，第 9336 页。

③ 司马光：《资治通鉴》，卷二百八十六，《后汉纪一》，中华书局，1956 年，第 9336 页。

用兵有缓有急，当随时制宜。今契丹新降晋军十万，虎据京邑，未有他变，岂可轻动哉！且观其所利，止于货财，货财既足，必将北去。况冰雪已消，势难久留，宜待其去，然后取之，可以万全。 ①

郭威提议刘知远派人四处宣扬契丹贪残、丢失民心，必然不能久有中原，以催发各地军阀做出新的选择。

果然，在石晋灭亡、中原似乎无主的情况下，割据势力开始了精明的政治算计。荆南节度使高从诲明里派遣使者向耶律德光纳贡，暗中，他另派遣使者到刘知远那里，劝其称帝。

雄武节度使何重建投降蜀主孟知祥，使刘知远产生一些担心：如果他再不采取行动，可能会被各地势力认为他没有领导群雄的意图而改换门庭。他的属下也纷纷劝他赶快称帝，刘知远决定再撑一撑，以观望风向。

耶律德光迁徙石重贵到契丹，给刘知远提供了一块试金石来摸清自己的底牌。刘知远声言，自己要出兵井陉，迎归皇帝石重贵到晋阳。他命令把士兵们集合到球场，然后宣布出师的日期。

军士皆曰："今契丹陷京城，执天子，天下无主。主天下者，非我王而谁！宜先正位号，然后出师。"争呼万岁不已。知远曰："虏势尚强，吾军威未振，当且建功业。士卒何知！"命左右遏止之。②

下属们开始劝进，刘知远仍旧犹豫不决。郭威再次劝说他：

今远近之心，不谋而同，此天意也。王不乘此际取之，谦让不居，恐人心且移，移则反受其咎矣。③

---

① 司马光：《资治通鉴》，卷二百八十六，《后汉纪一》，中华书局，1956年，第9336页。

② 司马光：《资治通鉴》，卷二百八十六，《后汉纪一》，中华书局，1956年，第9340页。

③ 司马光：《资治通鉴》，卷二百八十六，《后汉纪一》，中华书局，1956年，第9340页。

郭威的言论切中要害，刘知远知道不能再等。耶律德光二月份称帝后没几天，刘知远也在晋阳称帝。

三月，饱受暴动、叛变折磨的耶律德光决定从中原退兵。他召集大臣，宣布：

> 天时向热，吾难久留，欲暂至上国省太后。当留亲信一人于此为节度使。[①]

耶律德光打算将后晋的所有官员带往契丹。有人劝他说，这样做会引起巨大混乱，不如分批次迁徙。于是，耶律德光命令，凡是现任有官职的人员随军北行。他留下自己的妻弟兼表兄弟萧翰镇守汴州。

耶律德光将搜刮的后晋铠仗装载在数十条船中，派一个叫武行德的人率领士兵护送，从汴河出发，沿着黄河北上。船行至河阴，武行德与将士相谋，杀契丹监军使，并占据河阳。正在黎阳渡口（黄河上另一渡口）的耶律德光听闻河阳兵乱，他对身边的臣下说：

> 我有三失，宜天下之叛我也！诸道括钱，一失也；令上国人打草谷，二失也；不早遣诸节度使还镇，三失也。[②]

行至高邑，耶律德光身体不适。向北行进到栾城，他就去世了。

---

① 司马光：《资治通鉴》，卷二百八十六，《后汉纪一》，中华书局，1956年，第9348页。

② 司马光：《资治通鉴》，卷二百八十六，《后汉纪一》，中华书局，1956年，第9354页。

## 五、耶律阮即位及契丹在中原据点的丧失

### 耶律阮夺权自立

耶律德光继承大统就曾经使契丹朝内血雨腥风，如今，他因病死亡，帝位再次空悬，契丹权贵不得不认真考量。他们有两个帝位候选人：太祖第三子耶律李胡和太宗耶律德光的嫡子耶律璟。耶律李胡本人残忍好杀，显然不是好的统治者。耶律璟尚未成年，掌握大权的述律太后会不会故技重施，将大臣再清洗一番？契丹贵族犹豫不定。这给了耶律阮机会。

耶律阮是耶律倍的长子。当耶律倍在与耶律德光的皇位之争中落败投奔后唐时，他和弟弟妹妹们被留在契丹。耶律德光并没有加害他们。后来，他随耶律德光一路南征，并被封为永康王。帝位空悬，契丹军中议论纷纷。耶律阮与亲信耶律安抟秘密计议。耶律安抟是耶律迭里的儿子。耶律迭里因为建议太后述律平采用中原的嫡长子制度，拥立耶律倍为君而受迫害致死。耶律安抟建议耶律阮在军中夺权称帝并亲自去联络掌握兵权的南院大王耶律吼、北院大王耶律洼。耶律洼担心，如果不禀明述律太后，径直拥立耶律阮会导致契丹内乱。耶律安抟质问他：

若白太后，必立李胡。且李胡残暴，行路共知，果嗣位，如社稷何？[①]

最后，耶律吼和耶律洼做出拥立耶律阮的决定。他们召集军队，耶律洼当众宣布：

大行上宾，神器无主。永康王，人皇王之嫡长，天人所属，当立；有不从者，以军法从事。[②]

在军队统帅的支持下，耶律阮军前继位，成为契丹第三代君主。称帝之后，他命令耶律德光庶出第三子耶律天德护送耶律德光的灵柩先行前往上京。自己则率领军队为后继，准备对付契丹内部的帝位反对者——他的祖母和叔父。

## 赵延寿的失败

在称帝之前，耶律阮成功消除了赵延寿的威胁。耶律德光为利用赵延寿，曾经答应扶立他为中原皇帝，一如石敬瑭故事。取得汴梁之后，耶律德光自立为帝，赵延寿对耶律德光的失信怀恨在心。他决定自己独立经营中原，夺取天下。耶律德光去世当天，他便率领军队进入恒州。

契丹撤退的部队相继来到恒州。起初，赵延寿考虑拒绝他们入城，但是又害怕失去契丹这样的大援，于是将他们放进恒州。

赵延寿企图利用耶律德光去世的机会做大。他对外宣称耶律德光有遗命，命令他全权负责中原的事务。对待耶律阮的态度也同其他普通契丹将军一样。耶律阮对赵延寿的做法虽然心中不满，口上却不说出来。

有人提醒赵延寿：契丹的将领们秘密计议已经好几天，必然会酝酿

---

① 脱脱等：《辽史》，卷七十七，《耶律安抟传》，中华书局，1974年，第1260页。

② 脱脱等：《辽史》，卷七十七，《耶律洼传》，中华书局，1974年，第1261页。

出大变故。恒州城内存有汉军近万人，不如先发制人。赵延寿决定，到五月的朔日这一天，接受文武百官的朝拜，也就是举行当皇帝的仪式。后晋不少的官员阻止他，认为契丹没有对他全权负责中原的宣言表态，前途未卜，最好不要轻举妄动。

五月，耶律阮召集了后晋重要大臣宴饮；又派人前往招呼赵延寿说，王妃从上京来到镇州，赵延寿要不要过来探望相见？因为耶律阮妻子与赵延寿的关系非常好，赵延寿也不加提防，欣然前往。耶律阮将中计的赵延寿软禁起来，宽宥了其他人。耶律阮称帝后率兵北归，将赵延寿带在身边。

耶律阮对赵延寿的处置也许反映出，他对耶律德光再图中原已经失败的事实尚未认识清楚，因而没有考虑是否需要扶植赵延寿，使之成为与刘知远对抗的一股势力。或者，他认为留守中原的部队能够控制局面而不再需要赵延寿了。


## 横渡议和

耶律德光的灵柩抵达上京。述律太后不安排人为耶律德光准备山陵后事，反而调集人马，命令耶律李胡讨伐耶律阮。

耶律李胡在泰德泉附近遭遇耶律阮的先锋——耶律安端、耶律刘哥的军队，而为后者所败。耶律阮的大军抵达潢水附近。耶律李胡被迫退军上京。

耶律李胡重整军队，将拥护耶律阮的臣僚家属全部抓起来，吩咐看守的人说：要是自己与耶律阮的战争不能获胜，就将人质全部杀掉。

双方在潢水两岸各摆阵势，大战一触即发。一时间，人情汹汹，大家都相互传言，如果开战则是父子兄弟互相残杀。

耶律阮想避免内战，试探性地向述律太后传递书信。述律太后命令近臣耶律屋质读念书信。耶律屋质趁机劝说述律太后：

李胡、永康王皆太祖子孙，神器非移他族，何不可之有？太后宜思长策，与永康王和议。①

在耶律屋质的调停下，双方同意会见。初一见面，双方怨言相交，和议陷入困境。为打破僵局，述律太后让耶律屋质想办法。耶律屋质拿出算筹，让双方自评是非曲直，然后晓之以理、动之以情，最终使述律太后与耶律阮和解。过程是这样的：

（耶律屋质）谓太后曰："昔人皇王（耶律倍）在，何故立嗣圣（耶律德光）？"

太后曰："立嗣圣者，太祖遗旨。"

又曰："大王（耶律阮）何故擅立，不禀尊亲？"

帝（耶律阮）曰："人皇王当立而不立，所以去之。"

屋质正色曰："人皇王舍父母之国而奔唐，子道当如是耶？大王见太后，不少逊谢，惟怨是寻。太后牵于偏爱，托先帝遗命，妄授神器。如此何敢望和？当速交战！"掷筹而退。

太后泣曰："向太祖遭诸弟乱，天下荼毒，疮痍未复，庸可再乎！"乃索筹一。

帝曰："父不为而子为，又谁咎也？"亦取筹而执。

左右感激，大恸。②

双方同意和议，不开战，但是帝位仍旧悬而未决。述律太后询问耶律屋质，耶律屋质建议同意大臣们推选耶律阮的结果。耶律李胡愤怒提出质疑。耶律屋质回答道：

礼有世嫡，不传诸弟。昔嗣圣之立，尚以为非，况公暴戾残忍，人多

---

① 脱脱等：《辽史》，卷七十七，《耶律屋质传》，中华书局，1974 年，第 1256 页。

② 脱脱等：《辽史》，卷七十七，《耶律屋质传》，中华书局，1974 年，第 1256—1257 页。

怨諦。万口一辞，愿立永康王，不可夺也。[1]

述律太后做出了最后的决定，承认耶律阮为契丹皇帝。横渡议和更明确了立耶律德光是出于述律太后的私心。


## 耶律德光在中原的诸据点

耶律德光在汴梁的时候，他积极招降后晋的地方军事长官，先后归顺的有七十六处。在撤兵之前，他特意委派官员镇守重要的军事据点，主要包括：萧翰镇守汴梁，刘晞镇守西京洛阳，麻答镇守桓州，耶律郎五镇守定州。（见图2-2）

称帝的刘知远得知耶律德光北遁，开始以太原为大本营进取中原。

帝集群臣庭议进取，诸将咸请出师井陉，攻取镇、魏，先定河北，则河南拱手自服。帝欲自石会趋上党，郭威曰："虏主虽死，党众犹盛，各据坚城。我出河北，兵少路迂，傍无应援，若群虏合势，共击我军，进则遮前，退则邀后，粮饷路绝，此危道也。上党山路险涩，粟少民残，无以供亿，亦不可由。近者陕、晋二镇，相继款附，引兵从之，万无一失，不出两旬，洛、汴定矣。"帝曰："卿言是也。"苏逢吉等曰："史弘肇大军已屯上党，群虏继遁，不若出天井，抵孟津为便。"司天奏："太岁在午，不利南行。宜由晋、绛抵陕。"帝从之。[2]

---

① 脱脱等：《辽史》，卷七十七，《耶律屋质传》，中华书局，1974年，第1256—1257页。

② 司马光：《资治通鉴》卷二百八十七，《后汉纪二》，中华书局，1956年，第9359页。

图 2-2　耶律德光撤兵后，中原据点及失守示意图

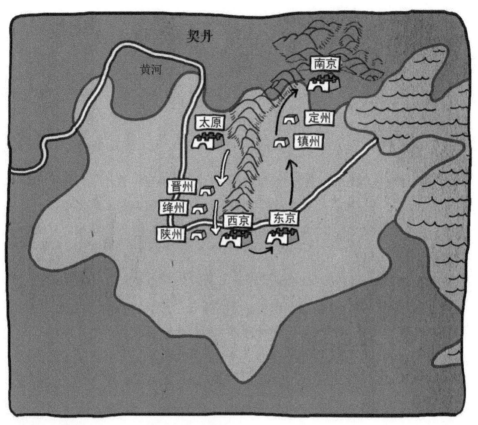

⇒ 后汉进军路线　↰ 契丹撤退路线

在刘知远军队抵达洛阳前，契丹西京留守刘晞受到起义军队的攻击已经逃跑了，洛阳实际上没有契丹人防守。

契丹的汴梁留守萧翰也听说刘知远拥兵南下，便想北归契丹，但是，他又担心中原无主，必然大乱，自己不能从容离开。于是，他假称受契丹耶律德光的命令，从洛阳将唐明宗的儿子许王李从益与王淑妃迎接到汴梁，立李从益为皇帝，留下幽州地区的汉兵千人守卫宫门。自己撤退至恒州。（耶律阮称帝后，没有追究萧翰的矫诏行为，而是让他与自己一起返回契丹。）刘知远的军队抵达汴梁之外，李从益就投降了。刘知远轻松拿下洛阳和汴梁。

契丹在恒州任命了麻荅镇守。麻荅为人贪猾残忍，经常夺取民间珍货和美貌妇女，还捕获村民，污蔑为盗贼，施加种种酷刑后加以杀害，企图用恐怖政策统治该地。由于害怕汉民逃亡，他命令守门士兵，对于在关门徘徊的汉民，格杀勿论。麻荅对于后晋的降兵也不信任，他常常裁兵，并克扣他们的军粮，这导致后晋降兵的不满。当麻荅派出骑兵攻打叛变契丹的洺州时，后晋降军约定击打佛寺钟为号角，偷袭防守空虚的契丹。适逢耶律阮派遣使者到恒州，召发后晋的重臣冯道、李崧、和凝等，参加契丹耶律德光于木叶山举行的葬礼。当天发生暴动，麻荅逃奔定州，与义武节度使邪律忠（郎五）会合。

契丹在定州的统治也不稳定。在耶律阮北归至定州的时候，派遣义武节度副使耶律忠为节度使，而迁徙先前任命的节度使孙方简为大同节度使。孙方简对此感到怨恚，他还惧怕契丹征其入朝，成为人质。于是，他屡次拖延，不接受大同节度使的任命，另外，他派遣三千人，保卫自己的老窝狼山山寨。定州的契丹耶律忠派遣军队攻打孙方简的狼山寨而不能获胜。双方关系破裂，孙方简投靠了刘知远。耶律忠听说恒州丢失，开始惧怕属下的中原人发生大规模叛变。于是他与麻荅就焚掠定州一番，弃城北去。麻荅等败军回到契丹，耶律阮责问他们失守中原。麻荅不仅不服，还辩解说，契丹朝廷征发汉官参加耶律德光的会葬而导致叛变。言下之意，罪不在己而在朝廷。耶律阮命人毒杀麻荅。

洛阳、汴梁、恒州、定州相继丢失，耶律德光进据中原的行动彻底失败。此时已经是九四八年的三月份。

# 第三章

# 北汉问题

　　耶律德光去世后，耶律阮军前即位并回师契丹，对抗敌人，契丹在中原的据点也都丢失。后汉刘知远的运气虽好，但是却很快驾崩。这一章讲述后汉内部的斗争如何产生了北汉问题，它又如何与燕云十六州问题纠缠在一起，而后周柴荣和北宋赵匡胤、赵光义兄弟采取了怎样不同的策略来解决它，结果又是怎样的大相径庭。

# 一、北汉问题的产生

## 郭威称帝与刘崇建立北汉

后汉皇帝刘知远享祚不永，九四八年正月驾崩。隐帝刘承佑即位，帝国最高权力掌握在四个重臣手中：枢密使、右仆射、同平章事杨邠总领军国机要政事，枢密使兼侍中郭威负责军事行动，归德节度使、侍卫亲军都指挥使兼中书令史弘肇负责宫廷宿卫，三司使、同平章事王章负责财赋。在四人的合作之下，帝国踉跄前行。随着年龄增长，刘承佑希望能够乾纲独断，亲政掌权。

九五〇年十一月，隐帝刘承佑杀死了在汴梁的杨邠和史弘肇，并令人搜捕两人的亲戚、党羽，包括郭威的亲属在内，全部处死。他还密令邺都行营马军都指挥使郭崇威、步军都指挥使曹威负责处死正在邺城主持军务的郭威。郭威得到消息，从驻扎的邺城起兵，杀向汴梁。双方在七里岗相遇。二十日，隐帝刘承佑的先锋骑兵冲锋失利，士气大跌，手下的将领纷纷向郭威输款。到晚上，隐帝刘承佑身边只剩下寥寥数十人。二十二日，企图入宫而被守备拒绝的刘承佑死于乱军之手。迎接的百官没有拥立郭威为帝的意思，郭威只好从刘知远的亲属中选择了其养子刘赟为帝。

郭威阴谋称帝。十一月月底的时候，邢州、镇州官员报称契丹内寇，朝廷任命郭威为统帅出兵。十二月二十日，郭威军队驻扎澶州，士兵们发动兵变，他们扯裂黄色的旗帜，将之披在郭威身上，拥其为帝。假装迫不得已的郭威再次率领军队向汴梁出发。禁卫军将领投降郭威，囚禁皇帝刘赟。九五一年正月，郭威称帝，建国号周，史称后周。

后汉负责镇守河东的刘崇是刘知远的弟弟、傀儡皇帝刘赟的生父。听闻郭威称帝，刘崇自己也称帝，并沿用"汉"国号，史称北汉。他控制的地盘不大：（北汉）所有者并、汾、忻、代、岚、宪、隆、蔚、沁、辽、麟、石十二州之地。[①]

## 北汉借兵契丹企图重演石敬瑭故事

辽世宗耶律阮关注着中原局势。郭威、刘崇先后称帝，辽世宗耶律阮对郭威方面派出使者，祝贺其称帝；对刘崇方面则是通过其子刘承钧投书试探。

从形势上，辽世宗可以判断出：刘崇与后周势如水火，没有调和的余地；假如契丹表现出不打算吞并北汉，则两者之间可以构建起某种依附关系。至于北汉到底依附契丹到何种程度是弹性的，这取决于刘崇对其政权受到后周多大威胁，由此产生的对其政权稳固性的主观判断，另一方面也取决于刘崇是否希望借力契丹有所作为。

果然，刘崇答复耶律阮：

本朝沦亡，绍袭帝位，欲循晋室故事，求援北朝。[②]

---

① 司马光：《资治通鉴》，卷二百九十，《后周纪一》，中华书局，1956年，第9453页。《契丹国志》卷四也记载后汉统治十二州，但是蔚州系石晋割地，应不在其管理范围。

② 司马光：《资治通鉴》，卷二百九十，《后周纪一》，中华书局，1956年，第9455页。

九五一年正月底，刘崇派兵进攻晋州失利。他干脆派遣使者前往契丹，乞兵为援。耶律阮接见了刘崇的使者，并派拽剌梅里为使者前往河东谈判。耶律阮声称郭威派遣使者田敏前来，约定后周每年向他输钱十万缗（一缗等于一千文）求和。急于获得契丹军队援助的刘崇答应提供更为优厚的物资奉献，并在书信中自称"侄皇帝致书于叔天授皇帝"，请求耶律阮对他行册封礼。六月份，契丹耶律阮派遣燕王耶律述轧等人，前往河东册命北汉刘崇为"大汉神武皇帝"、王妃为皇后。七月，刘崇再次派遣使者前往契丹请兵。

耶律阮想配合刘崇的请兵，重演石敬瑭故事。他召集诸部酋长在九十九泉计议。从耶律德光登基以来，数年之间，兵戈不止，草原诸部落不得休息。契丹贵族们都没有南下战争的意愿。耶律阮却不顾群情，执意南征。癸亥，行至新州之西火神淀，燕王述轧及伟王之子太宁王沤僧作乱，弑契丹主而立述轧。耶律德光的儿子齐王述律逃入南山，诸部奉述律为主，攻打述轧、沤僧。平定叛乱的耶律璟（述律）称帝，是为辽穆宗。他从火神淀进入幽州，然后遣使通告北汉。刘崇派遣枢密直学士王得中出使契丹，祝贺耶律璟即位，再次请兵攻击晋州。

## 晋州之战

辽穆宗耶律璟答应北汉刘崇的请求，派遣萧禹厥率领奚、契丹兵马五万援攻晋州。刘崇则自将二万人马从阴地关（山西灵石县西南）进攻晋州。他在晋州城北扎营后，三面置寨，昼夜围攻，小股袭击部队一度进至绛州。晋州城内驻军坚守待援。十一月，皇帝郭威派遣王峻为行营都部署，带领军队救援晋州。

王峻将大军驻扎在陕州，不向前进发。王峻认为，晋州的城池坚固，北汉和契丹的军队不容易攻克它。而刘崇的军队进攻势头正猛，不能立刻与他对阵接战。他等待敌人屯兵于坚城之下、气衰力竭的时机。

刘崇和契丹军队围攻晋州五十多天，不能攻克。而且，天降大雪，乡民为了自保多聚集于山寨中，军队无法从四处掳掠中获得食物和草料给养。他们不得不考虑退兵。王峻的军队开始行动并逼近晋州。刘崇和契丹人马立刻烧营夜遁。王峻顺利进入晋州。在众将的请求下，他派遣骑兵追击敌人。后周军队在霍邑追上刘崇和契丹军队并给他们造成严重损失。

晋州大败严重挫伤刘崇与郭威争夺天下的野心，他暂时转向自保。契丹士马也丧失了十分之三强，统帅萧禹厥耻于无功，将一名将领钉悬于市场上处死。

## 高平之战

九五四年正月，后周皇帝郭威病故，其养子柴荣继位。北汉刘崇听闻郭威晏驾，非常高兴，谋划大举出兵，攻打后周。他派遣使者请兵于契丹。二月，辽穆宗耶律璟派遣武定节度使、政事令杨衮率领一万余名骑兵抵达晋阳。北汉刘崇亲自率领三万兵马，与契丹军队从团柏南下进攻潞州。北汉的军队驻屯梁侯驿，后周将领李筠派遣穆令均将步骑二千人马迎战，不利，李筠退军上党，婴城自守。北汉军队乘胜进至潞州。

皇帝柴荣听到北汉刘崇起兵的消息，决定以战立威。他说：

> 刘崇幸我大丧，闻我新立，自谓良便，必发狂谋，谓天下可取，谓神器可图，此际必来，断无疑耳！[1]

三月三日，皇帝柴荣颁布命令，一部分军队从磁州的固镇出发到北汉军后方，威胁北汉军队的归途；一部分军队从晋州东出发，邀击北汉军；中央的马军都指挥使樊爱能、步军都指挥使何徽等人率领军队先奔潞州。

三月十八日，柴荣的御营抵达潞州东北。北汉刘崇不知道皇帝柴荣

---

① 薛居正等：《旧五代史》，卷一百一十四，《周书世宗纪一》，中华书局，1976年，第1511页。

亲自领兵，他的军队经过潞州而没有进攻，而是引兵南下。晚上，北汉军队驻扎于高平之南。十九日，后周军队前锋与北汉军队交战，北汉军队退却。皇帝柴荣担心北汉军队逃脱，催促各路军队迅速进军。刘崇的军队面朝北方，排兵布阵：中军陈于巴公原，悍将张元徽列阵东面，为右翼；契丹杨衮军队列阵西面，为左翼。柴荣也针锋相对并亲自督战。北汉刘崇见后周军队并不多，后悔招来契丹军队，他对手下的将领说：

吾自用汉军可破也，何必契丹！今日不惟克周，亦可使契丹心服。[1]

契丹将领杨衮观察后周军队，建议刘崇不要轻举妄动。刘崇拒绝了他，这导致杨衮的不满。战场上的风向从北转南时，刘崇命令右翼军队先进。于是张元徽率领千余骑兵攻击后周的左军。合战未几，后周将领樊爱能、何徽率领骑兵先遁，后周左军溃败。步兵中千余人解甲高呼万岁，临阵投降于北汉。后周形势危急，皇帝柴荣率领亲军督战。宿卫将领赵匡胤与另一名将军张永德各领二千人马，分为左右两队向北汉军队发动猛攻。殿前右番行首马全义也率领数百骑兵充当陷阵勇士。

刘崇得知皇帝柴荣亲自临陈，便褒赏勇将张元徽，让他乘胜进兵。张元徽向前冲锋的时候，战马突然倒地，为后周兵丁所杀，北汉军攻势受阻。战场上的南风越刮越大，上风口的后周军队人人争先，北汉的军队大败。左翼的契丹杨衮畏惧后周军队的强大，不敢援救，而且他也忌恨北汉刘崇的傲慢态度，于是全军而退。傍晚，后周军队再次击败临涧布阵的北汉军队，刘崇乘坐着契丹先前所赠送的黄毛良马，率领数百名骑兵，昼夜骤驰，逃回晋阳。

高平之战后，皇帝柴荣赏功罚过：提拔勇猛作战的赵匡胤、张永德等，诛杀樊爱能、何徽及他们的下属官员七十余人。

---

[1] 司马光：《资治通鉴》，卷二百九十一，《后周纪二》，中华书局，1956年，第9504页。

## 周世宗柴荣围困晋阳之战

取得高平之战胜利后，柴荣命令军队追击刘崇。他本意是到晋阳城下炫耀一番。当后周的军队进入北汉的地盘后，河东道的百姓主动向他们提供粮食，哭诉刘崇的赋税太沉重，并表示愿意提供军需，帮助攻打晋阳。这使皇帝柴荣产生一举消灭北汉的念头。他派遣使者询问领军诸将的意见，将军们认为军队的粮食供应尚不充足，请求皇帝暂时班师，以后再进行征伐。皇帝柴荣坚持己见，命令军队围攻晋阳。

数十万的后周军队蚁聚晋阳城下，不守军纪的士兵难免抢夺周边平民的财物，导致河东百姓对后周军队的态度发生转变，纷纷聚集到山谷中防守自保。军粮不足严重困扰着皇帝柴荣。

刘崇收拢散卒，加强晋阳城的防守。杨衮则率领契丹军队驻扎在晋阳之北的代州，与晋阳成犄角之势。刘崇还派遣使者到契丹，请求增兵救援。辽穆宗耶律璟应允了他，并派遣名将高模翰领兵援助。

北汉的宪州、岚州、沁州、忻州投降了后周柴荣。契丹杨衮怀疑北汉代州军事长官郑处谦也暗通后周，于是策划以商量事情为名，赚郑处谦到他的军营，然后杀掉。郑识破杨衮的阴谋。他没有前往杨衮的军中，反而杀掉杨衮派到代州城把守城门的骑兵，然后紧闭代州城门，对抗杨衮。杨衮放弃了刘崇，奔回契丹。耶律璟对杨衮的毫无建树非常生气，将他囚禁起来。

代州的郑处谦投降后周。不久，郑处谦的手下桑珪、解文遇杀掉了郑，诬称郑潜通契丹，同时将北汉刘崇派往契丹求援返回的使者送到皇帝柴荣那里。柴荣询问使者契丹援军什么时候抵达，使者撒谎说：他只负责送杨衮，不知道其他的事情。契丹仍有数千骑兵驻扎在忻州和代州之间，皇帝柴荣派遣步骑万余人攻击他们。契丹派遣少量骑兵引诱后周军队，后周军队上当，他们追击契丹而中伏，死伤甚众。

绵绵不停的雨水使向前线的后周运粮工作困难倍增，而且攻城的士兵们也非常疲乏。后周皇帝柴荣更担心契丹的援军。考虑到实际情况，他决定撤兵。在撤退过程中，后周军队成功击退北汉刘崇的追兵，但也不得不焚烧掉囤积的军用物资。先前投降的北汉地方州县官员，纷纷弃城逃走。北汉转危为安。

后周军队退走之后不久，刘崇病故，其子刘承钧继位。辽穆宗耶律璟派遣使者册立刘承钧为皇帝。刘承钧每次上表辽穆宗耶律璟都自称"男"，耶律璟向他颁布诏书，称呼他为"儿皇帝"。北汉政权成为契丹庇护的附庸。

北汉背靠契丹，能够直接得到契丹的帮助。解决北汉，涉及南方割据政权、北汉、燕云十六州、契丹和战等问题的战略顺序：是先南后北，还是先北后南？在北方，是先北汉，还是先解决与契丹的十六州问题？即便是先北汉，如何处理与北汉的靠山契丹的关系等，这些问题纠结在一起，困扰着中原政权。

## 二、后周世宗柴荣的战略

### 王朴的《平边策》

战场上打击了刘崇之后，后周形势稳定下来。皇帝柴荣开始思考统一天下的问题，他向群臣征集统一天下的战略构想，说：

自唐、晋以来，吴、蜀、幽、并皆阻声教，未能混一，宣命近臣著《为君难为臣不易论》及《开边策》各一篇，朕将览焉。[1]

唐末以来政权频繁更迭，武夫当国，朝臣多偷安守常。他们的上表绝大部分没有什么可取之处。只有比部郎中（刑部从五品的低级官员）王朴的表章引起皇帝柴荣的注意。王朴提出：

中国之失吴、蜀、幽、并，皆由失道。今必先观所以失之之原，然后

---

[1]　司马光：《资治通鉴》，卷二百九十二，《后周纪三》，中华书局，1956年，第9525页。

知所以取之之术。其始失之也，莫不以君暗臣邪，兵骄民困，奸党内炽，武夫外横，因小致大，积微成著。今欲取之，莫若反其所为而已。夫进贤退不肖，所以收其才也；恩隐诚信，所以结其心也；赏功罚罪，所以尽其力也；去奢节用，所以丰其财也；时使薄敛，所以阜其民也。俟群才既集，政事既治，财用既充，士民既附，然后举而用之，功无不成矣！彼之人观我有必取之势，则知其情状者愿为间谍，知其山川者愿为乡导，民心既归，天意必从矣。凡攻取之道，必先其易者。唐与吾接境几二千里，其势易扰也。扰之当以无备之处为始，备东则扰西，备西则扰东，彼必奔走而救之。奔走之间，可以知其虚实强弱，然后避实击虚，避强击弱。未须大举，且以轻兵扰之。南人懦怯，闻小有警，必悉师以救之。师数动则民疲而财竭，不悉师则我可以乘虚取之。如此，江北诸州将悉为我有。既得江北，则用彼之民，行我之法，江南亦易取也。得江南则岭南、巴蜀可传檄而定。南方既定，则燕地必望风内附。若其不至，移兵攻之，席卷可平矣。惟河东必死之寇，不可以恩信诱，当以强兵制之。然彼自高平之败，力竭气沮，必未能为边患。宜且以为后图，俟天下既平，然后伺间一举可擒也。今士卒精练，甲兵有备，群下畏法，诸将效力，期年之后可以出师，宜自夏秋蓄积实边矣。[①]

王朴的构想可以归纳为：先内后外，先易后难，先南后北。他主张，先集中精力理顺内部关系，使得自己内部人才聚集、财富聚集、兵力聚集起来，然后再处理外部事务；根据难易程度，先解决南方，解决南方先从江北开始；在幽州与北汉的平定难度排列次序上，王朴认为燕地比北汉容易些。他还提出，在平定江南的形势下，燕地州县会像之前的卢文进、张崇希一样，望风内附于后周；假如他们不这样，后周就可以采取军事行动，一举荡平。北汉是后周的死对头，不存在和平解决的可能性，应该最后再进行军事打击。

---

① 司马光：《资治通鉴》，卷二百九十二，《后周纪三》，中华书局，1956年，第9525—9526页。

## 柴荣对南方的行动

皇帝柴荣采纳王朴的部分建议。

在耶律德光覆灭后晋，刘知远称帝的时候，部分州县投降了割据四川的后蜀国，这使关中地区处于后蜀的威胁之下。在王朴献策之前，有秦州（今甘肃天水）人到汴梁向皇帝柴荣提供情报，备述秦州等地虚实，劝其重新夺回关中的战略要地。皇帝柴荣考虑到如果关中摇动，汴洛必然不安，于是在南下前，需要先夺回秦州等地。九五五年五月，后周派遣军队出散关攻击秦州，后蜀国主孟昶也派遣军队抵抗，还派遣使者到北汉和南唐，联络他们同时出兵制约后周。七月份，双方战事胶着，后周的朝廷内一度出现退兵的议论。皇帝柴荣派遣赵匡胤赴前线视察。赵匡胤还言秦州、凤州可以攻陷。皇帝柴荣听从赵匡胤的建议，终于在当年十一月夺取了秦州、凤州、成州和阶州。后周在西线取得主动权。后蜀孟昶向后周皇帝柴荣求和而未得应允，采取守势：屯兵剑阁和白帝以防备后周的进攻。

九五五年十一月，皇帝柴荣以李谷为淮南道前军行营都部署兼知庐、寿等行府事，以忠武节度使王彦超为副将，督率侍卫马军都指挥使韩令坤等十二将伐唐，目标是夺取淮河以南长江以北。江南的割据政权吴越国和楚国也派遣使者前来，表示愿意帮助后周攻打后唐。至九五八年，经过皇帝柴荣三次御驾亲征，淮南江北悉平，得州十四、县六十。南唐去帝号，称南唐国主，并将都城从江宁（南京）迁往洪州（南昌）。

## 夺取三州

完成王朴所说的"江北诸州将悉为我有"的战略规划目标后，皇帝柴荣没有继续南进，而是转向北方。他没有进攻北汉，而是直接进攻契丹。

九五九年二月，柴荣下诏称北鄙（幽州）未复，将巡幸沧州。命令义武节度使孙行友防守西山路，阻断北汉军队向河北地区的出路，命令侍卫亲军都虞侯韩通等将水陆军先发，自己率领大军继发。

四月，韩通奏报称从沧州治水道入契丹境内，在乾宁军南筑木栅，补修坏掉防备设施。十六日，皇帝柴荣抵达沧州，即日帅步骑数万发沧州，直趋契丹幽州地界。十七日，皇帝柴荣抵达乾宁军（今河北省青县），契丹宁州刺史王洪投降。二十日，后周大治水军，皇帝柴荣分命诸将水陆俱下，以韩通为陆路都部署，赵匡胤为水路都部署。二十二日，皇帝柴荣沿流而北，至独流口（今静海县），溯流而西。二十六日，至益津关（今河北省霸县东），契丹守将终廷晖投降。从益津关的水路渐窄浅，不能浮动巨舰，皇帝柴荣舍舟上岸。赵匡胤的部队先至瓦桥关（今河北省雄县南），契丹守将姚内斌投降，皇帝柴荣进入瓦桥关。二十九日，契丹莫州刺史刘楚信投降。五月一日，侍卫亲军都挥使李重进等引兵继至，契丹瀛州刺史高彦晖投降。

　　五月二日，皇帝柴荣在行宫宴会群臣，议取幽州。诸将反对进攻幽州，他们提出：

　　陛下离京四十二日，兵不血刃，取燕南之地，此不世之功也，今虏骑皆聚幽州之北，未宜深入。[1]

　　皇帝柴荣再次坚持己见。他催促先锋都指挥使刘重进先发，占据固安，自己则进至安阳水，命令筑桥，晚上，筑桥未成，皇帝柴荣返回瓦桥关。也就在这一天，他感觉身体不适，下命停止修桥。

　　五月四日，孙行友攻拔易州，擒获契丹刺史李在钦。皇帝柴荣重新分割了行政区划，以瓦桥关为雄州，管辖容城、归义二县。以益津关为霸州，管辖文安、大城二县。征发滨州、棣州民夫数千人筑霸州城。

　　五月八日，病情加重的皇帝柴荣不得不从雄州南还，三十日抵达汴梁。由于受到"点检为天子"谶纬谣言的影响，回到汴梁后，皇帝柴荣提升赵匡胤为殿前都点检，让他代替张永德。张是后周太祖郭威的女婿。事后证明，这一任命是不明智的。六月十九日，后周皇帝柴荣驾崩。

---

① 司马光：《资治通鉴》，卷二百九十四，《后周纪五》，中华书局，1956年，第9597页。

史料中没有记录皇帝柴荣进攻契丹时的战役目的和战略构想。我们只能假设，皇帝柴荣也许认为，进攻北汉会受到契丹的掣肘，不如先打击契丹，占领幽州等战略要地，势单力孤的北汉也就会成为囊中之物。

对于皇帝柴荣没有严格按照王朴的战略规划而与契丹争夺幽州的决定，有些史学家提出了不同意见：

其北取三关，兵不血刃，而史家犹讥其轻社稷之重，而侥幸一胜于仓卒。①

欧阳修不同意他们的意见，他认为：

（这一意见）殊不知其料强弱、较彼我，而乘述律之殆，得不可失之机，此非明于决胜者，孰能至哉？诚非史氏之所及也！②

## 辽穆宗耶律璟对柴荣军事行动的态度

欧阳修所提到的"述律之殆"是指辽穆宗耶律璟的殆政。资治通鉴则描述辽穆宗：

契丹主年少，好游戏，不亲国事，每夜酣饮，达旦乃寐，日中方起，国人谓之睡王。③

这种评价并不允当。就对内治理而言，辽穆宗耶律璟更像是任用贤

---

① 欧阳修：《新五代史》，卷十二，《周本纪二》，中华书局，1974 年，第 126 页。

② 欧阳修：《新五代史》，卷十二，《周本纪二》，中华书局，1974 年，第 126 页。

③ 司马光：《资治通鉴》，卷二百九十，《后周纪一》，中华书局，1956 年，第 9463 页。

臣、无为而治。因为在他统治时期，耶律挞烈担任南院大王、耶律屋质担任北院大王，二人俱有政绩，朝廷内甚至将他们称誉为"富民大王"。在处理北汉、后周以及南方割据政权的关系方面，辽穆宗耶律璟也从未撒手不理而任由事态发展至危害契丹的程度。例如：九五一年，辽世宗耶律阮遇刺身亡，卜登帝位的辽穆宗耶律璟继续执行援助北汉的允诺，派遣五万人马助攻后周晋州；九五二年，后周高平之战胜利后，围攻晋阳，北汉向契丹求援，他命中台省右相高模翰率军救援；九五七年，皇帝柴荣亲征南唐的时候，耶律璟派遣其大同节度使、侍中崔勋将兵来会北汉，南侵潞州，至其城下而还。九五八年，辽穆宗耶律璟继续借着后周南伐，命令南京留守萧思温深入后周，只是由于萧思温的怯懦，攻拔缘边数城就返回了。九五九年，当皇帝柴荣举兵北伐的时候，南京留守萧思温毫无应对办法，他的消极可能导致二州不战而降。而接到萧思温御驾亲征的请求后，辽穆宗于五月份抵达幽州，若非此前皇帝柴荣因病返回大梁，历史不知如何走向。

辽穆宗似乎并没有收复州关的打算。《新五代史·四夷附录》的说法：

周师下三关、瀛、莫，兵不血刃。述律（辽穆宗耶律璟）闻之，谓其国人曰："此本汉地，今以还汉，又何惜耶？"①

一些史学家据此认为，辽穆宗耶律璟根本不在意原属汉地领土的得失。这种说法并不可信。因为，这无法解释，辽穆宗耶律璟接受萧思温的请求，亲至幽州备战后周柴荣。

辽穆宗耶律璟没有收复二州三关的原因，可以从两方面考虑：在他的统治下连续不断地发生谋逆事件。九五二年正月，发生了太尉忽古质谋逆，七月份，发生政事令娄国、林牙敌烈、侍中神都、郎君海里等人的谋逆；九五三年十月，发生耶律宛、郎君嵇干、敌烈的谋反；九五九年十二月，发生王子敌烈、前宣徽使海思及萧达干等的谋反；九六〇年七月，发

---

① 欧阳修：《新五代史》，卷七十三，《四夷附录》，中华书局，1974 年，第 904 页。

生政事令耶律寿远、太保楚阿不等的谋反；十月，耶律李胡的儿子耶律喜隐谋反。这迫使他更注意内部而非外部。而且，体弱多病的辽穆宗耶律璟不像辽太祖阿保机、辽太宗耶律德光那么精力充沛且野心勃勃，他比较保守，总是力图把军事冲突限制在一定范围以内。他仅在北汉求救时加以援手，而不怂恿、鼓励北汉扩张。他可能不愿意因为失去一片土地而与后周大动干戈。

# 三、宋太祖赵匡胤的策略

## 宋太祖陈桥兵变篡权与北汉的干涉

　　九五九年六月，周世宗柴荣崩，七岁的柴宗训即位，是为周恭帝。皇帝柴荣逝世前，曾经遗命由昔日幕僚王著为宰相，但是赵匡胤隐匿了这一命令。不仅如此，在其去世后的半年内，禁军的两大系统的重要职位几乎全部落入赵匡胤和他的亲信手中。九六〇年正月，从镇州方向忽然传来契丹联合北汉入侵的消息。朝内主政的大臣委派赵匡胤为统帅出征，当军队行至陈桥驿（今河南封丘东南陈桥镇）的时候，发生了兵变，赵匡胤黄袍加身，被拥立为皇帝，然后进军汴梁，夺取政权，建立宋朝。

　　昭义军节度使李筠和驻扎扬州的李重进忠于后周，不承认赵匡胤的统治。昭义军节度使李筠决定反抗赵匡胤的时候，他积极联络紧靠着的北汉政权，并要求北汉国不借力契丹。北汉国主刘承钧答应了李筠，举倾国之兵力加以援助。但是，北汉军队尚未抵达潞州，北宋赵匡胤的部队就攻陷了它，李筠纵火自焚。

## 赵匡胤对北汉的考虑

北汉出兵帮助李筠无疑刺激了宋太祖赵匡胤。平定李筠后，宋军重新占领潞州和泽州，赵匡胤企图消灭北汉。他询问经验丰富的将领张永德的意见，张永德回复他说：

> 太原兵少而悍，加以契丹为援，未可仓卒取也。臣愚以为每岁多设游兵，扰其田事，仍发间使谍契丹，先绝其援，然后可图。[①]

张永德的建议是：离间契丹和北汉的同盟关系，在不断骚扰疲敌之后，拿下北汉。赵匡胤又询问亲信赵普。后者参与策划了陈桥兵变，后被提升为枢密使、检校太保，成为帝国决策者之一。按照《宋史》记载，赵匡胤在一个大雪纷飞的夜晚突然造访赵普。

> （赵匡胤）与普计下太原。普曰："太原当西、北二面，太原既下，则我独当之，不如姑俟削平诸国，则弹丸黑子之地，将安逃乎？"帝（赵匡胤）笑曰："吾意正如此，特试卿尔。"[②]

赵普的设想因素是先南后北，最后解决北汉问题。刚刚建立的北宋政权实力并不雄厚。九六一年十月，北宋对统治区域的州县户口进行了一次以县为单位的大统计。县分五个等级，其中四千户以上为望县、三千户以上为紧县、两千户以上为上县、一千户以上为中县，不满一千户为下县。统计结果：望县只要五十个，二十八万一千六百七十户；紧县六十七个，二十二万八千六百九十三户；上县八十九个，二十一万八千二百八十户；中县一百一十五个，十七万九千零三十户；下县一百一十个，五万九千七百七十户，合计九十六万七千四百四十三户。尽管战争的胜负

---

① 李焘：《续资治通鉴长编》，卷一，《太祖建隆元年》，中华书局，1995年，第21页。

② 脱脱等：《宋史》，卷二百五十六，《赵普传》，中华书局，1977年，第8932页。

与人口、物资的数量之间不是绝对的正比关系，但是，人口和物资越多在战争中越有胜利的可能，而补充人口和扩大地盘最好从兼并弱小势力开始。这一点也是王朴阐述过的。

赵匡胤综合了两种设想：先南后北。但是，他在北方也部署防御战线：命赵赞屯延州，董遵诲守环州，王彦升守原州，冯继业镇灵武，以备西戎。李汉超屯关南，马仁瑀守瀛州，韩令坤镇常山，贺惟忠守易州，何继筠领棣州，以拒契丹。以郭进控西山，武守琪戍晋州，李谦溥守隰州，李继勋镇昭义，以御太原。备边将领所在州县的赋税也允许留在地方，供他们支配使用。将领们将这些财物用于招募勇士，编练部队。他们还得到朝廷允许，对于来犯之敌可以自由行动。为了防止这些将领尾大不掉，将领的家属留在京城，朝廷虽予以优待，但是实际上据为人质。

## 赵匡胤在南方取得的初步成功

九六二年的九月，宋太祖赵匡胤开始削平南部割据政权。

他首先利用割据湖南的武平军节度使周保权因为内乱向宋求援的机会，假途灭虢，袭占荆渚，迫使割据湖北西部、重庆东部一带的南平国主高继冲投降，宋得三州十七县。接着，宋军水路并进。九六三年的三月，占据朗州，俘虏武平军节度使周保权，平定湖南，宋得十四州、二十六县，九万七千二百八十八户。

九六四年十一月，赵匡胤又分兵两路进攻蜀国：北路以忠武节度使王全斌为西川行营前军兵马都部署，侍卫步军都指挥使崔彦进为副都部署，率步骑三万出凤州（陕西凤县），沿嘉陵江南下；东路以侍卫马军都指挥使刘廷让为副都部署，率步骑两万出归州（湖北秭归），溯长江西进。次年正月十三，宋军经过六十六天的行军与战斗就迫使蜀国孟昶投降。宋得四十六州、二百四十县、五十九万四千二十九户。在大军出发之前，宋太祖赵匡胤对主将王全斌说：凡克城寨，只充公器甲、刍粮，钱帛则可以分给战士，而他所要求的是土地。这一命令导致王全斌等人纵容士兵们劫掠的行为，于是蜀人复叛。经过约两年的时间，叛乱才平定下来。

## 北汉的内乱

北宋对北汉的压力一减轻，它与契丹的关系就恶化了。九六三年，北汉宿卫官员王隐、刘诏、赵峦等谋叛，事情败露遭到诛杀。但是，他们的供词涉及到担任枢密使的段常。刘承钧先是将段常贬为汾州刺史，由于宠姬郭氏的谗言，不久处死了段常，而接替段常职位的是一个叫作郭无为的人。根据郭无为后来的表现看，他是个投机分子。

北汉的这一变乱引来契丹不满，辽穆宗耶律璟派遣使者前来责备，大意是：

尔先人穷来归我，我先兄天授皇帝待以骨肉。洎余继统，益修前好。尔父即世，我用命尔即位枢前，丹青之约，我无所负。尔父据有汾州七年，止称乾佑，尔不遵先志，辄肆改更。李筠包藏祸心，舍大就小，无所顾虑，姑为觊觎，轩然举兵，曾不我告。段常尔父故吏，本无大恶，一旦诬害，诛及妻子，妇言是听，非尔而谁？我务敦大义，曲容瑕垢，父子之道，所不忍渝。尔宜率德改行，无自贻伊戚也。[1]

契丹责让刘承钧的主要是三件事情：

刘崇称帝时，沿用后汉的乾佑年号，刘承钧继位后，在九五七年，改年号为天会；

李筠对抗宋太祖赵匡胤的时候，刘承钧出兵援助而没有通知契丹；

听信妇人的诋毁，诛杀大臣段常。

这三件事情的共同之处在于：刘承钧擅自做主加以处分，而未通知契丹。这是在挑战契丹的权威。受到责让的刘承钧非常恐慌，他几次派遣使

---

[1] 李焘：《续资治通鉴长编》，卷四，《太祖乾德元年》，中华书局，1995年，第114页。

者携带礼物前往契丹，试图缓解两者关系，契丹收下他的礼物，却扣留他的使者不遣返。北汉权要趁机举荐与他们不睦的官员充任使者。北汉党争不断，朝政日非。

九六八年七月，刘承钧病故。他的养子刘继恩继位。九月，刘继恩在一场宴会后被人杀死。虽然没有证据表明幕后指使人是郭无为，但是人们都这样怀疑。郭无为拥立刘承钧的另一个养子刘继元。

## 宋太祖第一次进攻北汉

赵匡胤决定趁北汉内乱展开进攻。九六八年八月，他命客省使卢怀忠等二十二人领兵驻屯靠近北汉的潞州，紧接着任命李继勋为河东行营前军都部署，党进为副将，曹彬为都监；何继筠为先锋部署，康延昭为都监；赵赞为汾州路部署，司超为副将，李谦溥为都监；准备从潞州和晋州分两路进攻。九月份，刘继元始立，宋师已入河东地界，他急忙遣使上表契丹，请兵为援；派遣刘继业（也就是杨业）、冯进珂领军扼守团柏谷口，以马峰为枢密使、监军。北汉的军队在铜涡河与宋军相遇，宋将何继筠用先锋兵力击败北汉军队，夺取汾河桥，直抵太原城下。刘继元派遣郭守斌领侍卫亲军出战，又被打败，退入城中。宋太祖赵匡胤派遣使者到太原，劝说北汉主刘继元投降，并许诺封他为平卢节度使。同时还答应授予郭无为、马峰等为藩镇。郭无为受到诱惑，他劝说刘继元投降，未获应允，于是开始心怀二心。

十一月，契丹派遣南院大王塔尔统兵救援北汉，李继勋等久攻太原不下，于是退归。北汉军队趁机反击，在宋的晋、绛二州境内大肆劫掠。

## 宋太祖第二次进攻北汉

九六九年正月，赵匡胤派遣李莹等十八人分往诸州，调发军储，为即将攻击太原的军事行动做准备，又派遣使者四十九人征发诸道兵马，驻屯潞、晋、磁等州。二月八日，命曹彬、党进等领兵先赴太原。十一日，下令亲征，任命弟弟赵光义为东京留守，枢密副使沈义伦为大内部署；李继勋为河东行营前军都部署，赵赞为马步军都虞侯，先赴太原。十七日，宋太祖赵匡胤从汴京出发。车驾行至王桥顿，彰德节度使韩重赟前来朝见，赵匡胤告诉他：

> 契丹知我是行，必率众来援。彼意镇、定无备，将由此路入。卿可为朕领兵倍道兼行，出其不意破之。[①]

于是任命韩重赟为北面都部署，祁廷义为副将，防守镇、定。

北汉刘继业、冯进珂驻守团柏谷口，他们的巡逻分队投降了进军中的宋师。刘继业、冯进珂判断寡不敌众，于是领兵奔还晋阳。北汉主刘继元震怒，夺去他们的兵权。宋将李继勋等围困晋阳城。此时，契丹派来册封北汉主为皇帝的使者韩知璠抵达晋阳，北汉主刘继元在夜间打开北门，放使者进城。

三月二十一日，宋太祖赵匡胤抵达晋阳，命令征发太原附近州县民夫，构筑长城围困晋阳。宋太祖赵匡胤听从陈承昭的建议，堤壅汾水，然后决水灌城。命李建勋军于城南，赵赞军于西，曹彬军于北，党进军于东，为四寨以逼迫晋阳城。北汉企图攻破合围之势，先后攻打西寨和东寨，但都失败了。

契丹援军分道而来救援北汉。其中一路契丹兵马进攻石岭关，一路从定州南下。宋将何继筠负责防守石岭关，驻屯于阳曲。赵匡胤听闻契丹分道来援北汉，立刻传召何继筠，当面授以方略，并调拨数千精锐骑兵，前往拒敌。何继筠的宋兵与契丹援军大战于阳曲县北，大败契丹，擒获契丹武州刺史王彦符，斩首千余级，获生口百余人，马七百余匹。宋太祖赵匡胤命人将俘获的铠甲、斩获的首级夸示晋阳城下，城中人士气大挫。

---

① 李焘：《续资治通鉴长编》，卷十，《太祖开宝二年》，中华书局，1995 年，第 217 页。

契丹趣向定州的援军，在嘉山（河北定县西四十里）与宋将韩重赟相遇。契丹没有想到宋军早有防备，望见宋军旗帜后，倍感震惊之余，意图退却。韩重赟挥军急击，大破其众。

五月份，宋军引汾水入新堤，灌晋阳城，接着乘舟攻城。北汉军队极力拒守，宋军不利。六月，宋军攻打太原的势头更加凶猛。北汉城内的郭无为谋划出逃，因而自告奋勇请兵夜击宋师。北汉主刘继元相信了他，特意挑选精甲千人，命刘继业、郭守斌担任郭的副将。但是，当他们出城后，风雨交加，刘继业被马匹伤到脚，先行率领本部兵马入城，郭守斌则迷失道路，郭无为的出逃计划失败，只得和手下几十个士兵返回。

宋军引水灌城，灌城河水一度漫过瓮城，穿过两重外城进入太原城中，城中大为惊扰。经过一番争夺，北汉得以填塞水口。北汉主刘继元发觉了郭无为的叛变行为，处死了他，然后全力守城。

契丹北院大王耶律屋质从白马岭（山西盂县白马山）突入，夜间抵达晋阳城下，鸣鼓举火，北汉守军士气大振。宋军驻屯甘草地中，暑雨多热，不少士兵患上腹病。此消彼长，宋太祖赵匡胤不得不命令班师。北宋委弃在晋阳城下军资包括粟三十万，茶、绢各数万。北汉在宋的围困之下丧败罄竭，依赖这些物资渡过难关。

灌城之水退后，晋阳城墙很多地方都塌陷下去。当时在太原的契丹使臣韩知璠看到这种情况，说：

> 王师（宋人自夸，应为宋师）之引水浸城也，知其一而不知其二，若先浸而后涸，则并人无噍类矣。[1]

宋太祖赵匡胤两次进攻北汉就这样以失败告终，他不得不重新回到统一南方的战略上来。为了强化防守，九六九年七月，宋太祖赵匡胤命镇、深、赵、邢、洺五州，各城其管内县镇军寨。

---

[1]　李焘：《续资治通鉴长编》，卷十，《太祖开宝二年》，中华书局，1995年，第228页。

## 辽穆宗的意外死亡

辽穆宗耶律璟的身体似乎有疾病。《契丹国志》记载称：

> 帝体气卑弱，恶见妇人。居藩时，述律太后欲为纳妃，帝辞以疾；即位后，嫔御满前，并不一顾。朝臣有言椒房虚位者，皆拒而不纳。左右近侍、房帷供奉率皆阉人。[1]

在他执政初年，辽穆宗耶律璟似乎还积极治疗。一名叫肖古的女巫医向辽穆宗耶律璟奉上延年药方，并声称需要用男子的胆脏来和成药物。辽穆宗耶律璟听信了她。数年之内，很多人死于这一血腥的药方。到九五七年的时候，辽穆宗耶律璟对肖古的治疗方法失去信心，于是射杀了肖古。

也许是治疗无望的悲观影响了辽穆宗耶律璟。他更加嗜酒，而且经常残害身边侍从。

九六〇年八月，他用镇压茵席的石狻猊击杀近侍古哥。

九六三年正月，杀兽人海里；三月，杀鹿人弥里吉；六月，杀獐人霞马；十一月，杀彘人曷主。

九六四年二月，支解鹿人没答、海里等七人；十一月，杀近侍小六于禁中。

九六五年三月，近侍东儿进匕箸不时，手刃刺之。十二月，因为近侍喜哥私自回家，杀死了他的妻子。之后，又杀近侍随鲁。

九六六年正月，杀近侍白海及家仆衫福、押剌葛、枢密使门吏老古、挞马失鲁；九月，杀狼人裹里。

九六七年之后，辽穆宗耶律璟几乎发展到杀人为乐的地步。四月，杀鹰人敌鲁。五月，杀鹿人札葛。六月，支解雉人寿哥、念古，杀鹿人四十四人。十月，杀酒人粹你。十一月，杀近侍廷寿。豕人阿不札、曷鲁、术里者、涅里括。十二月，手杀饔人海里。

---

[1] 叶隆礼：《契丹国志》，卷五，《穆宗天顺皇帝》，上海古籍出版社，1985年，第54页。

九六八年三月，杀鹘人胡特鲁、近侍化葛及监囚海里，仍锉海里之尸。四月，杀巂人抄里只。五月，杀鹿人颇德、腊哥、陶瑰、札不哥、苏古涅、雏保、弥古特、敌答等。六月，杀巂人屯奴。九月，杀详稳八剌、拽剌痕笃等四人。十二月，杀酒人搭烈葛。

九六九年正月，辽穆宗从立春开始一直宴饮到月终，而不处理政务。到二月的时候，北汉刘继元嗣立，遣使乞封册。辽穆宗耶律璟派遣韩知范册封刘继元为皇帝。

辽穆宗残害身边服侍人员导致人人自危，二月份，近侍小哥、盥人花哥、庖人辛古等六人，趁着辽穆宗耶律璟酒醉之后，杀掉了他。

辽穆宗耶律璟没有子嗣，他的侄子耶律贤继位，是为辽景宗。


## 雄州和议

辽景宗登基后，宋与契丹之间没有发生大的冲突。

根据《续资治通鉴长编》的记载，九六九年十月，契丹以六万骑兵至定州，宋太祖急命田钦祚领兵三千抵御。

钦祚与敌战满城，敌骑少却，乘胜至遂城。钦祚马中流矢而踣，骑士王超以马授钦祚，军复振。自旦至晡，杀伤甚众，夜入保遂城。契丹围之数日，钦祚度城中粮少，整兵开南门突围一角出，是夕至保塞，军中不亡一矢。北边传言"三千打六万"。[1]

这一战斗过程模糊不清，很明显，田的少量兵力陷入契丹重围之中。所谓三千打六万，本身就是神话。

发生几起契丹叛逃事件：契丹右千牛卫将军王甲以丰州投降于宋。契丹舍利、于鲁等十六族归附。这都没有影响双方相对和平的局面。

---

① 李焘：《续资治通鉴长编》，卷十一，《太祖开宝三年》，中华书局，1995年，第252页。

九七四年，双方甚至达成和议。《辽史耶律合住》记载：

> 宋数遣人结欢，冀达和意，（耶律）合住表闻其事，帝许议和。[1]

按照这种说法，宋人是和议的首倡者。耶律合住在得到宋人请求后向朝廷提出报告，之后，辽景宗同意议和。

> 十一月，其涿州刺史耶律琮以书遗知雄州孙全兴曰："琮受君恩，猥当边任，臣无交于境外，言则非宜，事有利于国家，专之亦可。窃思南北两地，古今所同，曷尝不世载欢盟，时通赍币往者晋氏后主政出多门，惑彼强臣，忘我大义，干戈以之日用，生灵于是罹灾。今兹两朝本无纤隙，若或交驰一介之使，显布二君之心，用息疲民，重修旧好，长为与国，不亦休哉！琮以甚微，敢干斯义，远希通悟，洞垂鉴详。"太祖命全兴以书答焉。[2]

按照这种说法，契丹是和议的首倡者。现代学者倾向于是契丹边将耶律琮先发起和议，然后得到了双方朝廷的支持。

雄州和议没有具体的文本和条款，而是达成某种维持现状、互不侵犯的共识。双方也没有对北汉问题进行任何讨论。雄州和议之后，在双方开始互派使者，并为澶渊之盟后宋辽交聘程序和礼节开创了一系列先例。虽然，北宋缘边州县将领仍旧入境掠民，契丹也没有直接诉诸惩罚性或报复性的战争，而是与地方守将再次约和。

雄州和议是一种临时性安排。北宋对北汉势在必得，一旦它发动对北汉的攻击，两者关系究竟如何完全看契丹的态度：它可以隔岸观火；也可以小打，将战争控制为局部；最坏的情况是大打出手，双方彻底决裂，发生大规模的战争。

---

[1] 脱脱等：《辽史》，卷八十六，《耶律合住传》，中华书局，1974年，第1323页。

[2] 李攸：《宋朝事实》，卷二十，《经略幽燕》，商务印书馆，1935年，第317页。

雄州和议仅仅也只是对燕云十六州问题的搁置而非解决。封桩库的设置从侧面反映出宋太祖对燕云十六州的构想。

太祖别置封桩库，尝密谓近臣曰："石晋苟利于己，割幽燕以赂契丹，使一方之人独限外境，朕甚悯之。欲俟斯库所蓄满三五十万，即遣使与契丹约，苟能归我土地民庶，则当尽此金帛充其赎直。如曰不可，朕将散滞财、募勇士，俾图攻取耳。"[①]

从这里可以看出，宋太祖设想通过赎买换回幽燕地区。但是，他并未对赎买抱很大的信心。封桩库的另一目的是为战争解决幽燕问题提供物资支持。毕竟战争是一项耗费财物的行为。从秦代重赏战功以后，形成了重赏之下必有勇夫的观念，赵匡胤积累财富，也有未雨绸缪的打算。

## 赵匡胤平南汉

回到先南后北路线上的赵匡胤决定先攻击割据湖南、广西、广东一带的南汉。为了师出有名，他让南唐国主李煜写信给南汉国主刘鋹，让他归还南楚内乱时期南汉趁机攻占的连州、桂州、贺州等十四州地盘。南汉国主刘鋹拒绝了他的要求。不仅如此，九七〇年，刘鋹还派兵攻击北宋道州，宋太祖命南唐国主李煜再次写信劝喻南汉国主刘鋹投降。南汉主刘鋹得书大怒。他囚禁了南唐使者，回复了一封充满侮辱性的书信。

九月初一，宋太祖赵匡胤以潘美为贺州道行营兵马都部署，尹崇珂为副将，王继勋为行营马军都监，进讨南汉。南汉富有经验的将领多死于内部谗言；王室成员也因为历次王位的争夺死亡殆尽，兵权掌握在几个宦官手中；而且，楼舰器甲等军械也都腐败不治。宋师于十五日进围贺州，二十二日，击败南汉国主刘鋹派来的援军，并攻克贺州。攻克贺州后，潘

---

① 李焘：《续资治通鉴长编》，卷十九，《太宗太平兴国三年》，中华书局，1995年，第436页。

美声东击西，扬言要顺流直下进攻广州，实则攻击广西的昭州。南汉国主中计，重兵防守贺川口（广东封川县）。南汉昭州刺史田行稠、桂州刺史李承进接连弃城逃遁，宋军遂取昭州、桂州，然后又攻克连州。

十二月，宋军从连州进攻韶州，南汉都统李承渥领兵十余万，阵于莲华峰山下。宋师以劲弩击败南汉的大象兵，进而大败李承渥。南汉国主再次拒绝北宋的招降，他任命郭崇岳为招讨使，统兵六万屯马径（广东南海县），抵御宋师。宋师抵达泷头，南汉国主遣使请和。潘美向他转达宋太祖赵匡胤不接受求和的旨意。

次年二月四日，宋军攻破马径，南汉一些官员纵火焚烧府库、官殿，一夕皆尽。五日，南汉国主素服出降。宋得六十州，二百四十县，十七万二百六十三户。


## 赵匡胤平南唐

解决掉南汉之后，赵匡胤将目标指向南唐。九七四年九月，赵匡胤以李煜拒命不朝为辞，发兵十余万，三路并进，攻击南唐：东路以吴越国王为昇州东南面行营招抚使，率数万兵从杭州北上策应，并遣丁德裕监军；中路曹彬与潘美率水陆军十万由江陵（今湖北江陵）沿长江东进；西路派遣王明率部牵制湖口唐军。南唐后主李煜过于依赖长江天险，没有在宋军渡江时反击。十月，宋军顺利渡过长江。经过采石、秦淮河、皖口三次战役，南唐在长江中游的精锐尽失。

九七五年三月，宋军攻至金陵城下。六月，吴越军队攻陷金陵东面的润州。南唐都城金陵陷入合围之中，后主急召外地军队救援金陵。十月，由江西赶往金陵的十五万水军在湖口一战几乎全军覆没。后主执意守城到底。十一月十二日，曹彬大军开始三面攻城，二十七日，城破，李煜奉表投降。南唐遂亡。宋得十九州，三军、一百八县，六十五万五千六十五户。

九七六年二月，群臣奉表祝贺平定南唐，并请给宋太祖加“一统太平”的尊号，赵匡胤拒绝了他们。他答复称：

燕、晋未复，遽可谓一统太平乎？[①]

在他的心中，北汉和幽云十六州属于他所认知的"天下"的一部分。南唐既定，北方的问题再次提上日程。

## 宋太祖最后一次攻击北汉

宋太祖赵匡胤平定南唐之后，在长江以南尚有吴越国钱弘俶占有十三个州，但是从吴越立国开始，它就秉承善事中国，勿以易姓废事大之礼的传统，对中原走马灯般兴替的皇帝保持恭顺态度。江南割据政权相继败亡，吴越国主钱弘俶前往汴梁朝拜宋太祖赵匡胤：这是彻底臣服于中原王朝的象征性行为。

九七六年八月，宋太祖赵匡胤命令进攻北汉。他以党进为河东道行营马步军都部署，潘美为都监，杨光义为都虞侯。另外，辅以五道进军：郝崇信与王政忠出汾州，阎彦进与齐超出沁州，孙晏宣与安守忠出辽州，齐延琛与穆彦璋出石州，侯美与郭进出忻、代。

九月，党进率兵抵北汉城下，列寨于河汾之南，在太原之北击败北汉军队。攻击忻、代方向的郭进，俘虏北汉山后诸州民三万七千余口，并攻克了寿阳县，进攻辽州的安守忠焚北汉四十余寨。

十月十九日，宋太祖赵匡胤召其弟赵光义饮酒；隔日清晨，赵匡胤莫名其妙地驾崩，征伐北汉的战争中止。

---

① 李焘：《续资治通鉴长编》，卷十七，《太祖开宝九年》，中华书局，1995年，第364页。

# 四、宋太宗赵光义消灭北汉

## 宋太宗继位

继承赵匡胤帝位的是赵光义，而非太祖的儿子赵德昭。赵光义如何继承帝位有两种主要说法。

一种说法是赵光义按照"金匮之盟"的约定，合法继承了帝位。因为，他们的母亲临去世的时候，考虑到五代时期主少国疑的情况往往导致权臣篡位，于是吩咐宋太祖赵匡胤将来逝世后传位给弟弟赵光义，并令赵普写下遗命藏于金匮之中，这份遗嘱被称为"金匮之盟"。这种说法受到广泛质疑。

另一种说法是"烛影斧声"。十月十九日当天，宋太祖赵匡胤招呼赵光义酌酒对饮。宦官、宫妾都不在场，烛影之下，赵光义时或避席，像不胜酒力的样子。饮酒之余，宋太祖赵匡胤用斧头戳殿前积雪，并对赵光义说："好做，好做！"然后就寝，赵光义留宿宫中。五鼓时分，宋太祖驾崩。这就是传闻甚广的"烛影斧声"，暗示赵光义谋杀了宋太祖赵匡胤。

还有一种说法，赵匡胤去世的时候，赵光义并不在现场。

不论怎样，继位后的宋太宗赵光义需要用实际的功业证明自己是帝国合适的继承人。

## 平定北汉前的安排和商议

宋太宗赵光义征伐北汉的战争爆发于九七九年，但是，策划战争要早得多。

宋太祖赵匡胤去世后，契丹遣鸿胪少卿耶律敞等来助葬。九七七年五月，宋太宗赵光义，命辛仲甫出使契丹作为回报。辛仲甫抵达边境，听说朝廷议论兴师讨伐北汉。辛仲甫知道北汉能够残存，实质上依赖契丹的援助。他担心一旦双方开战，作为使者的他很可能成为牺牲品。于是，他迟留境上，不敢前进。宋太宗赵光义命令他继续前行。这年冬天，宋太宗赵光义又命令晋、潞、邢、洺、镇、冀等州修治戎器和攻城之具，以及转漕军需物质。得知消息的北汉向契丹借粮和军马。

九七八年五月，迫于宋太宗赵光义的压力，吴越国纳土归顺，宋得到十三州，八十六县，五十五万六百八户。当年，出使到北宋的耶律虎古觉察宋兵在积极备战，他提醒辽景宗宋将攻打河东，但是没有引起契丹的重视。

九七九年正月，宋太宗赵光义和大臣商议征讨河东。他先询问大将曹彬。

召枢密使曹彬问曰："周世宗及我太祖皆亲征太原，以当时兵力而不能克，何也？岂城壁坚完不可近乎？"彬对曰："世宗时，史超败于石岭关，人情震恐，故师还。太祖顿兵甘草地中，军人多被腹疾，因是中止，非城垒不可近也。"上曰："我今举兵，卿以为何如？"彬曰："国家兵甲精锐，人心忻戴，若行吊伐，如摧枯拉朽耳，何有不可哉。"①

---

① 李焘：《续资治通鉴长编》，卷二十，《太宗太平天国四年》，中华书局，1995年，第442页。

但是，宰相薛居正反对：

昔世宗起兵，太原倚北戎之援，坚壁不战，以致师老而归。及太祖破敌于雁门关南，尽驱其人民分布河、洛之间，虽巢穴尚存，而危困已甚。得之不足以辟土，舍之不足以为患，愿陛下熟虑之。[1]

宋太宗已经同意曹彬的看法，决意北伐。他回复薛居正说：

今者事同而势异，彼弱而我强。昔先帝破此敌，徙其人而空其地者，正为今日事也。朕计决矣，卿等勿复言。[2]

## 平定北汉

正月十日，宋太宗赵光义预为安排了出兵和攻城方案，以潘美为北路都招讨制置使。崔彦进攻其城东面，李汉琼城南面，曹翰城西面，刘遇城北面。郝守浚充西面壕寨都监，米信、田重进充行营马步军都指挥使，郭守文、梁向为监军。此外，宋太宗赵光义两次下诏发放军粮，先命邢、贝、洺、泽等州军储赴太原，后又命令齐、汝、蔡等州军粮赴太原。

辽景宗得知宋太宗出兵，他派遣使者前来，过问北宋兴师讨伐北汉刘继元的事情。宋太宗赵光义回复道：

河东逆命，所当问罪。若北朝不援，和约如旧；不然则战。[3]

---

① 李焘：《续资治通鉴长编》，卷二十，《太宗太平天国四年》，中华书局，1995年，第442页。

② 李焘：《续资治通鉴长编》，卷二十，《太宗太平天国四年》，中华书局，1995年，第443页。

③ 脱脱等：《辽史》，卷九，《景宗下》，中华书局，1974年，第101页。

二月十八日，北汉求援使者抵达契丹。辽景宗命令宰相耶律沙为都统，冀王耶律敌烈为监军前往救援；随后又命令南院大王耶律斜轸率领所部援助，枢密副使耶律抹只监军。

图 3-1　攻灭北汉示意图

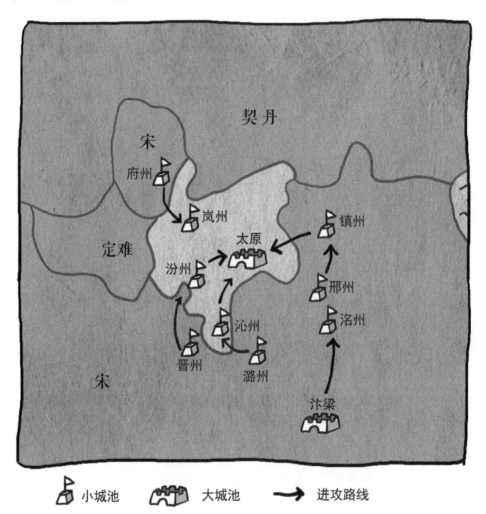

　　二月十五日，宋太宗赵光义车驾离开京师，三月一日，经过澶州、邢州抵达镇州。他命令尹勋助攻隆州（山西岢岚县）；命齐延琛、侯美分兵攻孟县；侯继隆攻沁州；王僎攻汾州；王贵攻沁州；府州尹宪分兵攻岚

州。北汉国主无兵支援受到攻击的州县，只能坐看其亡而无如之何。

三月十日，辽景宗增派大同军节度使以本部兵马入援北汉。十六日，耶律沙率领的援军一部进至白马岭。宋太祖时期，契丹援军曾经突破白马岭援助过北汉。这一次，他们与宋将郭进相遇。耶律沙主张等待耶律斜轸兵马抵达后，合兵一处然后进攻。但是，冀王敌烈和监军抹只主张马上进攻。耶律沙无奈同意进攻，结果契丹渡河的时候遭到宋将郭进的袭击，契丹军大败。冀王敌烈、节度使都敏等人阵亡。幸好，耶律斜轸的军队抵达战场，用弓箭阻止了宋军的进一步追击。

契丹援军败退，北汉国主刘继元重新派遣使者，携带蜡书向契丹告急，使者却在石岭关被宋将郭进捕获，并在太原城下斩首。为防备契丹再援北汉，宋太宗赵光义命王侁、刘文裕率部分守石岭关。北汉与契丹声问不通，士气低落。北汉试图偷袭宋军，结果被米信击败。

四月，北汉的岚州、岢岚军、隆州等相继被宋兵攻占。北汉国主刘继元固守孤城太原。四月二十三日清晨，宋太宗亲到城西，督诸将攻城。猛将荆嗣、李汉琼等人率众先登，先后受伤，攻城不克。在攻城战中，宋军的弓箭力量展现出压制性优势。

五月一日，宋太宗赵光义又到城西南角，夜间亲督诸将攻城，平明时分，攻陷羊马城。三日，宋太宗赵光义到城南督战。宋军攻势甚猛，宋太宗赵光义却担心，如果一举攻克太原，陷城士兵会屠城，于是命令暂时撤退。在大臣的劝说下，北汉国主刘继元于次日投降。宋得十州，一军，四十一县，三万五千二百二十户，三万兵。


## 后周与北宋的战略简单比较

比较周世宗柴荣和宋太祖、宋太宗兄弟二人的战争次序，可以看出两者既有相似也有不同。

周世宗继位之初，北汉的主动攻击导致周世宗御驾亲征，并借着高平之战的胜利进围太原。由于契丹的援助和军需供应不足，后周退兵。在得到王朴的建议后，周世宗柴荣部分地采用"先南"战略。他首先攻占南唐和后蜀的重要据点，但是，获得战略主动之后立刻收手，转而进攻契丹。周世宗柴荣打击契丹，实质在于斩断北汉的立国根本。按照周世宗的逻辑，解决契丹问题后，北汉问题也就迎刃而解。所以周世宗柴荣的"先南后北"中的"北"对象是契丹，通过解决契丹解决北汉。

宋太祖一开始就意识到解决北汉非常困难。他采取的策略实质是张永德和赵普的混合，先南方而后北汉，其间尽量与契丹保持基本和平。所以，尽管历次征伐北汉都受到契丹的阻挠，但是，宋太祖并未发起与契丹的全面战争，双方甚至形成了和议局面。而北宋在相继扫荡南方割据政权，实力大增的情况下，在宋太宗时期一举拿下北汉。从这一角度讲，宋太祖和宋太宗是成功的。而对于燕云十六州的问题，宋太祖是将之放在末位，虽然不断积累财富和物资，但是对赎买及和平获取该地抱有一定幻想，缺乏诉诸战争的决心。这可能不是本意。但是，客观上，他将问题留给了后代去解决。然而，后代一代不如一代，十六州成为北宋王朝的一大心病。这种结果既出乎意料之外，却又在情理之中。

历史的吊诡之处在于：周世宗柴荣北伐契丹拿下三州三关，但是，由于个人健康问题导致退兵，而契丹辽穆宗则容忍了这一现状，所以周世宗"得其时"，保持了战胜契丹的历史纪录；而宋太祖和宋太宗虽然利用与契丹的短暂和平削平南方割据政权，进而消灭了北汉，就局部来讲，北宋的策略是成功的，但是，在随后与契丹的战争中，却背负上失败的耻辱和包袱。宋太祖和宋太宗可以说"得其时"——削平割据政权，也"失其时"——失去了契丹政局混乱的时机。正是这些原因，后世对两方的评价简直是天壤之别，也引发很多争论。相信这种争论仍将继续。尽管历史不能假设，人们却难免假设、需要假设。

第四章

二十五年战争

　　宋太宗赵光义成功消灭北汉政权，他企图一举夺回燕云十六州，从而导致宋与契丹之间长达二十五年的战争。这场战争断断续续，其中两次是北宋主动北伐，其他时间则是契丹南下，其间，双方的君主也发生了换代更迭。最终辽圣宗和宋真宗达成澶渊之盟，燕云十六州的地位也固定下来。这一章将要展现这段历史。

## 一、宋太宗第一次北伐与契丹三次南征
（979—982 年）

### 急袭幽州

在契丹派出的援军遭遇局部失败之后长达两个月的时间内，辽景宗没有采取更为积极的军事行动，而是坐视北汉灭亡。宋太宗成功平定北汉，如果他就此停止，那么，我们可以推测，北宋与契丹可能继续维持大体的和平。但是，九七八年六月，宋太宗御驾亲征进攻幽州，这一军事行动似乎超出了辽景宗的估计。围绕燕山地区战略要地，双方爆发战争。

宋太宗平定北汉后立刻北征幽州。一种说法是，宋太宗本人是北伐始作俑者：

富郑公（即富弼）尝为余言："永熙（宋太宗陵寝）讨河东刘氏，既下并州，欲领师乘胜复收蓟门，始咨于众。参知政事赵昌言对曰：'自此取幽州，犹热熬翻饼耳！'殿前都指挥使呼延赞争曰：'书生之言，不足尽

信；此饼难翻。'永熙竟趋幽燕，倦甲而还，卒如赞言。"①

　　另一种说法是，宋太宗受到崔翰的怂恿：

　　太原将平，刘继元降王随銮舆将凯旋，而三军希赏，诸将遽有平燕之请，未敢闻上。崔翰者，晋朝之名将也，奏曰：当峻坂走丸之势，所至必顺，此若不取，后恐噬脐。上然之，改銮北伐。②

　　第二种说法中提到，由于贪图军功赏赐，将领们纷纷请求北上攻击幽州。这与其他记载相矛盾。

　　初攻围太原累月，馈饷且尽，军士乏食，会刘继元降，人人有希赏意，而上将遂伐契丹、取幽蓟，诸将皆不愿行，然无敢言者。③

　　尽管军中消极情绪非常严重，但是，赵光义仍在六月十三日从镇州向北出发。部分扈从军队未能按时抵达。赵光义打算军法处置迟到者，马步军都军头赵延溥提醒他：如果对违时将士加以惩罚，会影响军队的忠诚。事情最终不了了之。
　　宋军的进军速度相当神速。六月二十日，东西班指挥使孔守正说降契丹岐沟关守将刘禹；二十一日，涿州判官刘原德以城降。二十二日，宋军抵达盐沟顿（今北京良乡南）。（见图 4-1）

---

① 李焘：《续资治通鉴长编》，卷二十，《太宗太平天国四年》，中华书局，1995 年，第 454 页。李焘转引王得臣《麈史》。

② 文莹：《玉壶野史》，卷七。

③ 李焘：《续资治通鉴长编》，卷二十，《太宗太平天国四年》，中华书局，1995 年，第 453—454 页。

图 4-1 宋军进攻路线图（三交即太原边一座城）

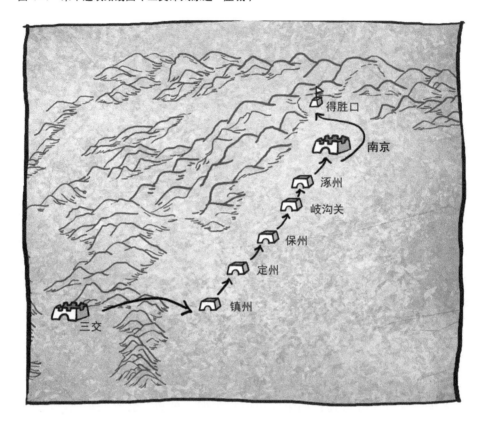

## 幽州围城战

契丹在南京（幽州）的防守力量分三个部分。一部分兵力是援助北汉被击败后退回来的军队，驻扎在居庸关得胜口一带，统领是耶律斜轸；另一部分兵力是从北方调集来以布防南京的军队，驻屯在城北，军队统帅是北院大王耶律希底、乙室王撒哈；最后一部分是南京城内的少量戍军，由权南京留守韩德让和权南京马步军都指挥使耶律学古指挥。

六月二十三日，宋军搜索部队在沙河遭遇耶律希底的部队，立刻展开攻击。他们打败了耶律希底，迫使后者退守清河北。但是，追击的宋军却被耶律斜轸所迷惑而中计：耶律斜轸派人从耶律奚底那里借来该军的青帜旗，使宋军误认耶律斜轸部是刚刚被击败的耶律奚底部，当宋军争先赶赴得胜口的时候，耶律斜轸从宋军的背后发动攻击从而击败了他们。

接触性小战斗胜负不足以改变战场形势。六月二十五日，宋军主力按宋太宗赵光义的部署开始攻城，其中：定国军节度使宋偓进攻南面；河阳节度使崔彦进攻北面；彰信军节度使刘遇攻打东面；定武军节度使孟元翁攻打西面。桂州观察使曹翰与洮州观察使米信率领部分军队驻扎在城的东南方，担任预备队。宋军围城三周，穴地而进，声势甚大。城内的契丹将领韩德让和耶律学古一方面随方就圆，昼夜不懈地苦守，一方面千方百计安定城内民心。耶律学古甚至亲领兵士与一度攻入城内的三百宋兵激战。城下激战的时候，苦于力量不足，耶律斜轸和耶律奚底的军队也只能在幽州之外，声援城内。（见图 4-2）

图 4-2　契丹在南京防守部队与宋军进攻的部署示意图

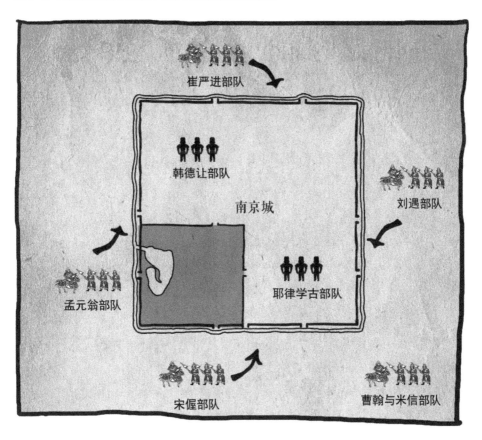

## 高梁河之战

六月三十日，南京被围的消息传到北方。辽景宗忙命南院大王耶律沙统兵救援，惕隐[①]耶律休哥主动请缨。作为对耶律奚底战场失败的惩罚，辽景宗命耶律休哥接掌后者率领的军队。此外，调拨精锐部队之一的五院军归耶律休哥指挥。七月六日，耶律沙和耶律休哥率领的契丹援军相继抵达幽州。双方在高梁河展开激战。

辽史对战役过程的记载简练、明确。《景宗本纪》称：

七月癸未，（耶律）沙等及宋兵战于高梁河，少却。休哥、斜轸横击，大败之。宋主仅以身免，至涿州，窃乘辇车遁去。甲申，击宋余军，所杀甚众。[②]

《耶律休哥传》记载：

遇大敌于高梁河，与耶律斜轸分左右翼击败之，追杀三十余里，斩首万余级。休哥被三创。明旦，宋主遁去。休哥以创不能骑，轻车追至涿州，不及而还。[③]

宋人对战败过程的记录隐晦不明。《续资治通鉴长编》称：

上以幽州城逾旬未下，士卒疲顿，转输回远，复恐契丹来救，遂下诏班师。[④]

---

① 契丹官名，《辽史·百官志一》："大惕隐司，太祖置，掌皇族之政教……惕隐，亦曰梯里已。"

② 脱脱等：《辽史》，卷九，《景宗下》，中华书局，1974 年，第 102 页。

③ 脱脱等：《辽史》，卷八十三，《耶律休哥传》，中华书局，1974 年，第 1299 页。

④ 李焘：《续资治通鉴长编》，卷二十，《太宗太平天国四年》，中华书局，1995 年，第 457 页。

按照这种说法，似乎宋人没有遭遇战场失败而主动撤军。但是，其他来源的历史资料证实了宋军战败的事实。杨亿《李继隆神道碑》中记录：

我师不利，仓促之际，即议班旋，车驾宵征，诸将皆去。①

《高琼神道碑》记载：

太宗自幽州引兵还，闻敌兵盛至，留王（高琼）夜作引龙真乐于御营。迟明，王度车驾已还……于是众与王转战至行在。②

很明显，在白天作战失利后，宋太宗命令高琼在御营为替身，自己则半夜逃向涿州。因为皇帝秘密逃遁，甚至导致"军中虚惊，南北之兵皆溃散"。局面极度混乱，甚至将领们都不清楚皇帝死活，于是，有将领提议拥立宋太祖赵匡胤的长子赵德昭为皇帝，以便维持局势。只是恰好有人向将军们通报了宋太宗的位置所在，拥立新皇的事情才没有发生。③

契丹军队的追杀一直到涿州才停止下来。宋军损失惨重：连宋太宗随军的侍从和嫔妃都成为俘虏。宋太宗赵光义从涿州继续逃向定州。大概腿部受伤，宋太宗赵光义只得乘坐驴车继续南下。抵达定州后，宋太宗赵光义决定返回汴梁。临行前，他预料到契丹会乘胜反攻，于是做出了防御性军事安排：命崔翰及定武节度使孟玄喆等留屯定州，彰德节度使李汉琼屯镇州，河阳节度使崔彦进等屯关南；命潘美为河东三交口都部署，以捍契丹。

---

① 杨亿：《武夷新集》，卷十，《忠武李公墓志铭》，文渊阁四库本。

② 王珪：《华阳集》，卷四十九，《烈武高卫王（高琼）神道碑铭》。

③ 七月二十八日，宋太宗赵光义回到汴京。赵光义没有忘记将领们曾经想要拥立新皇帝，他开始秋后算账。当赵德昭向他请求奖赏河东作战有功的将士时，赵光义宣称，待其当了皇帝自然可以赏赐他们。这实际上指控其觊觎皇位，赵德昭不堪压力而自杀。那些参与拥立事件的武将也纷纷被贬官。

## 辽景宗时期第一次南征与满城之战

九月，辽景宗命令南京留守燕王韩匡嗣与耶律沙、耶律休哥、耶律斜轸、耶律抹只等人统兵南下。为了配合东路主力军的进攻，辽景宗还命令大同军节度使耶律善补分道南向攻击北宋河东地区。史书认为这次进攻是契丹对北宋"围城之役"的报复，而没有记载契丹具体的军事行动目的。

九月三十日，契丹军队抵达满城西后，集结军队，准备进攻镇州。宋军的镇州都钤辖刘延翰按照宋太宗颁发的八阵图在满城布阵。另一名宋将崔彦进也暗中带兵出黑卢堤北，沿着战国时期燕的最南端长城口一带，悄悄尾随契丹军队。

根据辽史《韩匡嗣传》的记载，宋军似乎曾经使用诈降手段。

> 匡嗣与南府宰相沙、惕隐休哥侵宋，军于满城。方阵，宋人请降。匡嗣欲纳之，休哥曰："彼军气甚锐，疑诱我也。可整顿士卒以御。"匡嗣不听。俄而宋军鼓噪薄我，众蹙践，尘起涨天。匡嗣仓卒谕诸将，无当其锋。众既奔，遇伏兵扼要路，匡嗣弃旗鼓遁，其众走易州山，独休哥收所弃兵械，全军还。[1]

《耶律休哥传》中也记载称：

> 翌日将复战，宋人请降，匡嗣信之。休哥曰："彼众整而锐，必不肯屈，乃诱我耳。宜严兵以待。"匡嗣不听。休哥引兵凭高而视。须臾南兵大至，鼓噪疾驰。匡嗣仓卒不知所为，士卒弃旗鼓而走，遂败绩。休哥整兵进击，敌乃却。[2]

《续资治通鉴长编》没有记载宋人诈降，而是记录北宋将领怎样更换

---

① 脱脱等：《辽史》，卷七十四《韩匡嗣传》，中华书局，1974年，第1234页。

② 脱脱等：《辽史》，卷八十三，《耶律休哥传》，中华书局，1974年，第1299页。

战术，取得了胜利。

　　（宋）大军次满城，敌骑坌至，右龙武将军赵延进乘高望之，东西亘野，不见其尾，（崔）翰等方按图布阵，阵相去百步，士众疑惧，略无斗志。延进谓翰等曰："主上委吾等边事，盖期于克敌尔。今敌骑若此，而我师星布，其势悬绝，彼若乘我，将何以济？不如合而击之，可以决胜。违令而获利，不犹愈于辱国乎。"翰等曰："万一不捷，则若之何？"延进曰："倘有丧败，延进独当其责。"翰等犹以擅改诏旨为疑，镇州监军、六宅使李继隆曰："兵贵适变，安可以预料为定！违诏之罪，继隆请独当之。"翰等意始决，于是分为二阵，前后相副，士众皆喜。三战，大破之，敌众崩溃，悉走西山，投坑谷中，死者不可胜计。追奔至遂城，斩首万余级，获马千余匹，生擒酋长三人，俘老幼三万口及兵器、车帐、羊畜甚众。[①]

　　韩匡嗣大败，契丹西路偏师也不得不收兵而回。就这样，本准备乘宋军新败而大举进攻有所收获的南征草草收场。辽景宗震怒，数落韩匡嗣五大罪：

　　违众深入，一也，行伍不整，二也，弃师鼠窜，三也，侦候失机，四也，捐弃旗鼓，五也。[②]

　　辽景宗下达了处死韩匡嗣的命令，由于皇后联名内宫亲戚的求情，韩匡嗣受到杖责而免去了死罪。

## 辽景宗时期第二次南征与瓦桥关之战

　　九八〇年七月，辽景宗集合各处军马，开赴南京析津府，准备南下

---

① 李焘：《续资治通鉴长编》，卷二十，《太宗太平天国四年》，中华书局，1995年，第462—463页。

② 脱脱等：《辽史》，卷七十四，《韩匡嗣传》，中华书局，1974年，第1234页。

亲征。

九月，谍报人员报告了辽主准备大举南下的消息，宋太宗命莱州刺史杨重进、沂州刺史毛继美率兵屯关南，亳州刺史蔡玉、济州刺史上党陈廷山屯定州，单州刺史卢汉赟屯镇州，与河北原有的驻军，共同防备契丹。

十月十一日，辽景宗会集诸军，祭旗鼓毕，便行南伐。十三日辽景宗抵达南京。二十日，辽景宗进至固安后，下令各军分道攻宋。

十月二十四日，辽景宗亲督诸军自固安南进，抵瓦桥关下。北宋在瓦桥关的雄州刺史张师固守待援。北宋各路援军也进至雄州城外白沟河南侧，遥应城内守军。

双方隔岸对峙几日。辽景宗见北宋援军在南岸防守并不渡河，于是在十一月二十九日派大军围攻瓦桥关。但是，瓦桥关城池虽小却很坚固，契丹军队攻打两天一夜未果。

十一月初一，白沟以南的宋军夜间渡河，袭击契丹军营，但是被契丹军队击退。初二，辽景宗增兵攻城，北院大王耶律休哥也亲自率军攻打城池的东面。契丹军队猛攻一日一夜，北宋城内守军渐渐不支。

十一月初三，位于白沟河南的宋军再次发动进攻，配合瓦桥关张师的突围行动。辽景宗亲自督阵拦截张师。北院大王耶律休哥率领精骑数百驰入从瓦桥关拥出的宋军阵中，成功击斩张师。突围宋军陷入混乱，重新退入城中固守。

十一月九日中午时分，耶律休哥率领精骑万余，渡过白沟河突然袭击河南宋军。宋军无备，一触即败。耶律休哥追至莫州城附近，沿途宋军尸横遍野。

逃到莫州后的宋军将领召开会议。由于畏惧败军获罪，他们决定再整军伍，重返战场。十一月初十日，午后，宋军进至白沟河水南岸列阵。第二天早晨，辽骑万余渡河攻击，宋军则依阵反击，大破辽军并乘胜渡河，斩首三千余级而还。

十一月十七日，辽景宗得谍者报，宋太宗自长垣北来。契丹军队屯兵坚城之下，锐气尽失，辽景宗遂下令大肆掠夺宋边。没等宋太宗大军到来，就班师回南京了。

## 辽景宗时期第三次南征

九八二年四月，平定了上京叛乱之后，辽景宗耶律贤再次南下分三路攻宋：一路攻满城，一路攻河东，一路攻府州。

辽景宗耶律贤亲自率兵攻满城。太尉耶律奚底中流矢而死，统军使耶律善补被宋伏兵围困，枢密使耶律斜轸力救之得免。进攻雁门契丹军马，被宋河东三交行营的宋将潘美击败。潘美声称破垒三十六，俘老幼万余口，获牛马五万计。更加靠西进攻府州一路契丹军队被宋将折御卿击败于新泽寨。三路皆败，辽景宗不得不班师。

当年八月，辽景宗前往西京，九月，在焦山病死。名将韩德让与耶律斜轸受顾命，遗诏立长子梁王耶律隆绪继位（是为辽圣宗），太后萧绰摄政。契丹大丧，与宋的战争也就暂停下来。尽管双方停战，但是契丹也拒绝了宋太宗赵光义求和，表明战争并未结束。

## 二、宋太宗第二次北伐与契丹三次南征
（986—989 年）

### 宋太宗的心病

在第一次北伐失利之后，宋太宗并没有放弃十六州。在九八三年，高阳关将契丹俘虏送到汴京，宋太宗赵光义非常重视，他亲自侦讯俘虏。俘虏声称，契丹国内部落不和，担心宋朝进攻，于是在两朝边界上修筑寨垒为备。

得到这一情报后，宋太宗赵光义与宰相宋琪谈论。他认为契丹军队常常为剽略物资南下，如今做修筑城垒的自保之计，可见内部虚弱。言下之意宋朝应该适时出击。宋琪回复称，"国家不须致讨，可坐待其灭亡"。这明显是不支持开战。

隔了很久，宋太宗赵光义再次与宋琪讨论，并谈到针对幽州的军事构想：

数有人自北边来，侦知契丹事。自朝廷增修边备，北人甚惧。威虏军主财吏盗官钱，尽室奔入契丹，至涿州，州将不敢受，悉遣还。晋、汉微

弱，边陲无尽节之臣，率张皇事势，以要恩宠，为自利之计。今之边将，皆朕所推择，咸能尽心，无复袭旧态也。幽州四面平川，无险固可恃，难于控扼。异时收复燕蓟，当于古北口以来据其要害，不过三五处，屯兵设堡寨，自绝南牧矣。①

宋琪回应道：

范阳是前代屯兵建节之地，古北口及松亭关、野狐门三路并立堡障，至今石垒基堞尚存，将来平定幽朔，止于此数处置戍可也。况奚族是契丹世仇，倘以恩信招怀之，俾为外御，自可不烦朝廷出师矣。②

九八五年的春天，宋太宗借古喻今再次表达了他对幽州势在必得的决心。他对宋琪等人说：

朕览史书，见晋高祖求援于契丹，遂行父事之礼，仍割地以奉之，使数百万黎庶陷于契丹。冯道、赵莹，位居宰辅，皆遣令持礼，屈辱之甚也。敌人贪婪，啖之以利可耳，割地甚非良策。朕每思之，不觉叹惋。③

宋琪等人回复道：

晋高祖遣冯道奉使，张筵送之，亲举酒洒涕曰："达两君之命，交二国之欢，劳我重臣，之彼穷塞，息民继好，宜体此怀，勿以为惮也。"及道回，有诗曰："殿上一杯天子泣，门前双节国人嗟。"方今亭鄣肃清，生灵安泰，皆由得制御之道。恢复旧境，亦应有时。④

---

① 李焘：《续资治通鉴长编》，卷二十四，《太宗太平兴国八年》，中华书局，1995年，第557页。

② 李焘：《续资治通鉴长编》，卷二十七，《太宗雍熙三年》，中华书局，1995年，第612页。

③ 李焘：《续资治通鉴长编》，卷二十七，《太宗雍熙三年》，中华书局，1995年，第617页。

④ 李焘：《续资治通鉴长编》，卷二十六，《太宗雍熙二年》，中华书局，1995年，第595页。

宋琪的回复回避了石敬瑭割让土地的过失，而是肯定石敬瑭为休养生息的目的委曲求全，交好契丹。他还指出假以时日可以恢复旧境。但是，目前不是兴兵的时机。

## 雍熙北伐的诱因

在外的将领们不时鼓励着赵光义重新北伐。知雄州将领贺令图、贺令图的父亲岳州刺史岳怀浦、文思使薛继昭、军器库使刘文裕、崇仪副使侯莫陈利用等相继上言：

> 自国家伐太原，而契丹渝盟，发兵以援，非天威兵力决而取之，河东之师几为迁延之役。且契丹主年幼，国事决于其母，其大将韩德让宠幸用事，国人疾之，请乘其衅以取幽蓟。①

在他们的鼓动下，宋太宗赵光义发动了第二次北伐。因为这次战争发生于宋太宗雍熙三年，因此也被称为雍熙北伐。

## 宋太宗赵光义的军事计划

九八六年正月，宋太宗赵光义兵分四路发动北伐：天平军节度使曹彬为幽州道行营前军马步水陆都部署，河阳三城节度使崔彦进为其副，出雄州；侍卫马军都指挥使彰化节度使米信为西北道都部署，沙州观察使杜彦圭为副，亦出雄州；侍卫步军都指挥使静难节度使田重进为定州路都部署，西上阁门使袁继忠为都监，出飞狐；潘美为云应朔等州都部署，杨业为副帅，以攻击代北诸郡。

---

① 李焘：《续资治通鉴长编》，卷二十七，《太宗雍熙三年》，中华书局，1995年，第602页。

有两段史料记载宋太宗赵光义对此次北伐的战略构想。当统兵将领曹彬出征前拜别时，赵光义对曹彬说：

> 但令诸将先趋云、应，卿以十余万众声言取幽州，且持重缓行，毋得贪利以要敌。敌闻之，必萃劲兵于幽州，兵既聚，则不暇为援于山后矣。①

赵普谏止出兵时，赵光义回复他：

> 朕昨者兴师选将，止令曹彬等顿于雄、霸，裹粮坐甲，以张军声，俟一两月间，山后平定，潘美、田重进等会兵以进，直抵幽州，共力驱攘，俾契丹之党远遁沙漠，然后控扼险固，恢复旧疆，此朕之志也。②

赵光义曾经考虑亲征，但是，被给事中、参知政事李至制止。李至上书中称：

> 京师，天下根本，愿陛下不离辇毂，恭守宗庙，示敌人以闲暇，慰亿兆之瞻仰者，策之上也。大名，河朔之咽喉，或暂驻銮辂，扬言自将，以张兵势、壮军威者，策之中也。若乃远提师旅，亲抵边陲，北有戎援之虞，南有中原为虑，则曳裾之恳切，断鞅之狂愚，臣虽不肖，耻在昔贤之后也。③

张至还提出两个具体的军事难题：

> 幽陵，戎之右臂，王师往击，彼必来拒。攻城之人不下数万，兵多费广，势须广备糇粮。假令一日克平，当为十旬准计，未知边庾可充此乎？

---

① 李焘：《续资治通鉴长编》，卷二十七，《太宗雍熙三年》，中华书局，1995 年，第 612 页。

② 李焘：《续资治通鉴长编》，卷二十七，《太宗雍熙三年》，中华书局，1995 年，第 617 页。

③ 李焘：《续资治通鉴长编》，卷二十七，《太宗雍熙三年》，中华书局，1995 年，第 602—603 页。

又戎城之旁，坦无陵阜，去山既远，取石尤难，金汤之坚，非石莫碎，则发机缒石，将安得乎？[①]

宋太宗赵光义终于没有坚持亲征，但也没有回答张至。

## 宋琪的建议

宋太宗本人的构想是两路出兵，然后会兵幽州，共力驱除。这一计划一开始就受到质疑，被降职为刑部尚书的宋琪指出：

而敌所走趋径术，或落其便，必若取雄、霸路直进，未免更有阳城之围。盖界河之北，陂淀坦平，北路行师，非我所便。[②]

他建议的行军路线：

令大军会于易州，循狐山之北，漆水以西，挟山而行，援粮而进，涉涿水，并大房，抵桑干河，出安祖砦，则东瞰燕城，裁及一舍，此是周德威收燕之路。[③]

他进一步指出行军路线的好处：

自易水距此二百余里，并是沿山，村墅连延，溪涧相接，采薪汲水，我占上游。东则林麓平冈，非戎马奔冲之地，内排枪弩步队，实王师备御

---

① 李焘：《续资治通鉴长编》，卷二十七，《太宗雍熙三年》，中华书局，1995 年，第 602—603 页。

② 李焘：《续资治通鉴长编》，卷二十七，《太宗雍熙三年》，中华书局，1995 年，第 603 页。

③ 李焘：《续资治通鉴长编》，卷二十七，《太宗雍熙三年》，中华书局，1995 年，第 603 页。

之方，而于山上列白帜以望之，戎马之来，二十里外可悉数也。[1]

对于阻碍契丹援军和攻城，他做出如下设想：

从安祖砦西北有卢师神祠，是桑干出山之口，东及幽州四十余里。赵德钧作镇之时，欲遏西冲，曾堑此水。况河次半有崖岸，不可径度，河壖平处筑城护之，守以偏师，此断戎之右臂也。仍虑步奚为寇，可分雄勇兵士三五千人，至青白军以来山中把截，此是新州、妫川之间。南出易州大路，其桑水属燕城北隅，绕西壁而转。大军如至城下，于燕丹陵东北横堰此水，灌入高梁河，高梁岸狭，桑水必溢。可于驻跸寺东引入郊亭淀，三五日弥漫百余里，即幽州隔在水南。王师可于州北系浮梁以通北路，贼骑来援，已隔水矣。视此孤垒，浃旬必克。幽州管内泊山后八军，闻蓟门不守，必尽归降，盖势使然也。[2]

他更指出了防守幽州、向北拓展的可能性：

俟克平之后，宣布守臣，令于燕境及山后云、朔诸州，厚给衣粮料钱，别作禁军名额，召募三五万人，教以骑射，隶于本州。此人生长塞垣，谙练戎事，乘机战斗，一以当十，兼得奚、霫、渤海以为外臣，乃守在四夷也。

然自阿保机时至于近日，河朔户口，虏掠极多，并在锦帐。平卢亦迩柳城，辽海编户数十万余，耕垦千余里，既殄群丑，悉为王民。革异志以服德威，率边氓而被声教，愿归者俾复旧贯，怀安者因而抚之，申画郊圻，列为州县，则前代所建松漠、饶落等郡，未为开拓之盛也。[3]

---

① 李焘：《续资治通鉴长编》，卷二十七，《太宗雍熙三年》，中华书局，1995 年，第 603 页。

② 李焘：《续资治通鉴长编》，卷二十七，《太宗雍熙三年》，中华书局，1995 年，第 603—604 页。

③ 李焘：《续资治通鉴长编》，卷二十七，《太宗雍熙三年》，中华书局，1995 年，第 604—605 页。

比较两者，宋琪主张慎重选择行军路线，在阻断援军的基础上攻克幽州。攻克幽州后，山后诸州可以不战而下。

与宋琪的主张相比，宋太宗赵光义的计划过于笼统。也许经过上次围城打援失败之后，宋太宗赵光义对于如何攻城也没有成算，而是寄希望于将领们的临机决断。

## 宋军的攻势与契丹的应对

三月五日，涿州方向曹彬的先锋李继隆进攻固安，破之，攻涿州，败契丹军于涿州东，乘胜攻北门，十三日克涿州。曹彬的捷奏报入汴京，宋太宗非常惊讶。

三月初九，从定州进发的田重进的部队破契丹军于飞狐南。十五日，契丹西南招安使大鹏翼与副使何万通、监军马赟，率众二万余人前来抵御。田重进自率军列阵于东，命猛将荆嗣率五百骑出西边。荆嗣等奋战克敌，一举攻克小冶、直谷两寨。契丹重新聚集人马围困直谷和石门寨，田重进派荆嗣前往救援。荆嗣让谭廷美部多张旗帜为疑兵之计，自己率领骑兵在山崖边与契丹短兵相接，一日之内交锋七合。契丹久战不胜，又见宋军旗帜绵亘，怀疑有大军到来，欲要退兵，田重进以大军乘之，契丹人大败。宋军生擒契丹主将大鹏翼、马赟、何万通等。宋军进围飞狐，飞狐守将定武军都指挥使吕行德、副都指挥使张继从、马军都指挥使刘知进等于三月二十三日举城投降。田重进又围灵丘，二十八日，契丹灵丘守将步军都指挥使穆超也举城投降。

三月初九，潘美军自西陉出，遇契丹军破之，追击至寰州。十三日，契丹寰州刺史赵彦章以州降。潘美又围朔州，契丹节度使慎思弃城北遁，副使赵希赞举城降。十九日，宋军转攻应州，契丹应州节度使骨只遁走，守将彰国节度使艾正、观察判官宋雄举城降。（见图4-3）

图 4-3　第一阶段进攻示意图

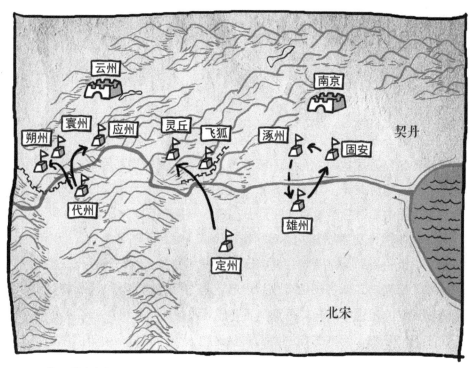

➜　进攻方向

　　契丹负责南京防务的是名将耶律休哥。鉴于宋军势大，休哥一面收缩兵力，对宋军采取袭扰和吓阻战术，拖延时间。他晚上派遣轻骑出没两军之间，攻击宋军中孤弱部队；白天则盛张精锐，示强以敌；在树林草莽之中设伏兵，邀击宋军粮道。另一方面，向朝廷奏报军情。三月六日，辽圣宗和皇太后萧绰得到耶律休哥奏报：宋遣曹彬、崔彦进、米信由雄州道，田重进飞狐道，潘美、杨继业雁门道进攻契丹，岐沟、涿州、固安、新城都被攻破。辽圣宗立刻派遣宣徽使蒲领快马前往南京，与耶律休哥议论军事；同时，朝廷分遣使者征召诸部兵马，准备增援耶律休哥；命令耶律抹只调集东京军队为预备队。派遣林牙勤德率领兵马守备平州海岸，以防备宋朝从海路偷袭南京后路。朝廷担心勤德的兵马不能及时抵达平州，对平州节度使迪里姑下令：如果勤德兵马未至，派遣当地守军先行；缺少军马可以搜刮民马；缺乏铠甲，可以取用于显州甲坊。以北院枢密使耶律斜轸为山西兵马都统。辽圣宗与皇太后则驻兵驼罗口，催促东征高丽的兵马回军应援。

## 岐沟关之战

三月十三日，曹彬率领宋军主力进入涿州，与耶律休哥对峙于涿水。由于粮道被契丹军截断，受阻于涿州十余日后，宋军粮草用尽。曹彬不得不于四月初退师雄州。耶律休哥命令奚王筹宁、北面大王蒲奴宁、统军使颇德等追击宋军，三路皆胜。四月十八日，契丹夺回涿州。

宋太宗赵光义得报曹彬退兵雄州，大惊，忙命人前往军中，命令曹彬不要再向北进军，而是沿着白沟河，与米信的军队会合，声援河东潘美的西路军，等潘美军队占领山后八州之后，与田重进的军队会合，两支大军重新同时向幽州进军，与契丹军队展开最后决战。

四月初三日，河东方向的潘美军队进攻云州。契丹云州节度使化哥逃遁，云州告破。宋军攻陷山西诸州，各置守兵防御。大将杨业回驻代州，潘美继续东进与田重进会师。而田重进的军队也于四月十九日攻占蔚州。

曹彬所部诸将听闻潘美和田重进累战获利，认为手握重兵而不能有所攻取，于是议论纷纷，鼓噪进军。软弱的曹彬没能压制住诸将。宋军携带了五十天的军粮，再攻涿州。契丹军队层层阻滞，且退且战，离开雄州城百里路程，宋军就费时二十天。

宋军行军方式非常笨拙。主将曹彬把军队结成方阵，在军队前进方向的两侧，开挖地堑。就这样，宋军再次抵达涿州并攻占它。时令近夏，天气逐渐炎热。宋军疲乏不堪，而且他们携带的军粮再次告罄。将领们商议再次放弃涿州，退兵境上。曹彬想留下部将卢斌带领万人戍守涿州为殿后，而刘斌认为涿州外无援兵，内无军粮，无法固守，不如拥兵结阵，护送城内老幼，殿后南归。曹彬听从了刘斌的建议，命令大军后退。契丹耶律休哥等趁机追杀宋军。（见图4-4）

五月初三日，萧太后与耶律休哥等在岐沟关追及宋军。宋军将运粮车列成环状加以守御。耶律休哥派兵包围宋军，又以轻骑出宋军侧背以断粮道。当天夜里，曹彬、米信率领数骑弃军而走，余众大溃。契丹军队随后掩杀。

　　先行逃遁的曹彬等人收集残余兵力，夜间南渡拒马河，营于易水之南，并在河边造饭。耶律休哥引众追至，宋军望风而逃。幸得宋将李继宣率部力战，契丹军追势稍被遏止。耶律休哥向萧太后呈请，大军乘胜略地至黄河为界，太后不从，命班师还南京。

　　五月初九日，宋太宗方知曹彬军败，急诏诸将分屯边境要地。田重进全军还驻定州，潘美也还屯代州。太宗又特别派遣了一批旧将屯边：张永德守沧州，宋偓守霸州，刘廷让守雄州。又派瀛州兵马都部署赵延溥守贝州，赵昌言守大名，以防备契丹南下。此外，召北伐主将曹彬、崔彦进、米信入朝。

图 4-4　第二阶段进攻示意图

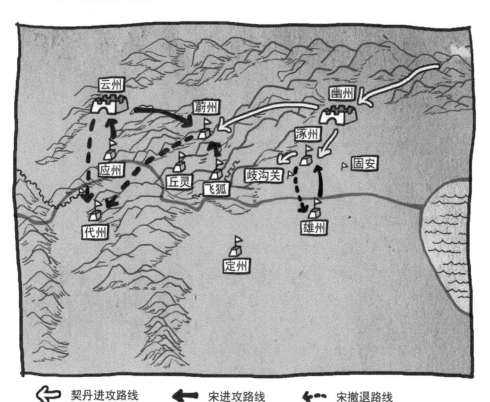

## 河东战场的失败

五月十二日，萧太后还至固安时，诏详稳排亚率弘义宫兵，及南北皮室、郎君、拽剌，与惕隐耶律善补、招讨韩德威等四军，驰援耶律斜轸以收复山后诸州。

田重进、潘美奉命主动撤退，契丹将领耶律斜轸立刻反攻蔚州。五月十五日，耶律斜轸至安定（蔚州东七十里），宋将贺令图抵御，败绩。耶律斜轸攻蔚州，宋军不敢出战，耶律斜轸以帛书射城上招降，不果。潘美援军大至，斜轸命令都监耶律题子在险恶处设伏兵突袭。城中宋军见援军至，突围而出，耶律斜轸以轻骑击其后，突围与赴援两路宋军全部溃散，契丹军追至飞狐，斩首二万余级。潘美、贺令图整兵再来，耶律斜轸在飞狐又一次将他们击败。

宋太宗赵光义命令潘美军队再出雁门，掩护云、应、寰、朔四州吏民及吐浑部族还境，分置河东、京西。七月下旬，宋军在山后全面溃败，各城守军皆弃城而走，耶律斜轸收复山后，并在陈家谷擒获宋将杨业。宋太宗赵光义的北伐彻底失败。


## 辽圣宗时期第一次南征与君子馆之战

九八六年（宋太宗雍熙三年，辽圣宗统和四年）九月，辽圣宗派遣皮室详稳乞的、郎君拽剌缮治甲兵。

十一月八日，辽圣宗在南京御正殿，大劳南征将校。十二日正式南伐，军次狭底埚，萧太后亲自检阅辎重兵甲。十三日下诏以耶律休哥为先锋都统。契丹军队先夺占滹沱桥，接着夺取满城，主力驻扎该地逡巡不前。

得知契丹南下，宋朝命令定州都部署田重进出击，攻打岐沟关；又命令瀛州兵马都部署刘廷让北进、威胁幽州，牵制契丹。

十二月初四日，定州田重进引兵出定州，初五日成功袭破岐沟关。

而奉命北上的瀛州都部署刘廷让得知辽兵势大，与沧州都部署李继隆商议后，将精兵留给李继隆部，以为缓急之援；又约李敬源合兵，声言取幽、蓟。

耶律休哥得知刘廷让北进，先发兵扼住险要，然后调集兵马，准备围歼刘廷让部。当时天气大寒，宋军衣着单薄，手足麻木，不能控弓弩，战斗力大减。初九日，辽军劫取了宋军辎重。初十日，契丹军队在君子馆一带将刘廷让部围困。刘廷让指望李继隆的援兵，但是，李继隆没有如约而是引兵退保乐寿。契丹军队猛攻被困宋军。宋军损失惨重，死者数万人。武州防御使、高阳关部署杨重进也力战身死。刘廷让只身单骑逃归。

君子馆失败使河北宋军完全丧失了斗志，纷纷固守不出。契丹军队则分兵攻掠，如入无人之境。先后攻陷邢、深、祁等州。次年正月，辽军又连破束城、文安，纵兵杀掠后，班师而回。


## 辽圣宗时期第二次南征与满城之战

九八八年六月，辽圣宗命令诸道兵马准备南征攻城器具。九月，辽圣宗抵达南京。癸卯，祭旗鼓再次南伐。

契丹军队进攻涿州，并向城内射帛书劝降。城内宋军拒绝。十月，契丹四面围攻涿州。城破，城内宋兵投降。

对于契丹的进攻，宋太宗赵光义诏令河北各州县军将，不得进行野战，务必坚壁清野，固守城池。这无疑助长了敌势，契丹军队接连攻破狼山、益津关、长城口、满城、小狼山砦、祁州、新乐。

北宋定州监军袁继忠和都部署李继隆违令出战。李继隆率领静塞军骑兵冲在前，袁继忠率领定州军继后。猝不及防的契丹军队溃退北逃。宋军追杀至满城。辽圣宗耶律隆绪退兵至曹河。据宋人的说法，宋师"斩首万五千，获马万匹"。不过，契丹军队似乎并没有受到重创，而在宋境内度过了冬天，次年正月才班师。

## 辽圣宗时期第三次南征与徐河之战

九八九年七月，宋太宗诏命定州都部署李继隆运粮接济遂城威虏军，以步骑兵万人掩护，契丹幽州留守耶律休哥得报，聚集骑兵八万，绕路直趋粮道。

宋朝北面缘边都巡检使尹继伦率部千余骑巡边，遇契丹大军，宋军大惧。不料，契丹军队不理会尹继伦的军队，直接越过他们。受到轻视而感觉愤慨的尹继伦决定出其不意。他率军尾随契丹军队，一直跟到徐河北。傍晚，打算袭击李继隆粮队的契丹军队安营扎寨，造饭休整。尹继伦则抓住时机，突然发起袭击。契丹军队无备大乱。尹继伦甚至冲入中军大帐，砍伤了主帅耶律休哥。

乱中取胜的尹继伦传檄四方州县。镇州副都部署范廷召，定州副都部署、镇州行营钤辖裴济等都违诏出战，李继隆部得到战报，也发兵来攻，诸路宋军合兵追杀，契丹主力被击溃。

不过，辽史没有记载徐河之战。根据《辽史·地理志》的记载，这一年契丹军队取得的战果是重新夺回了易州部分区域。


## 战争再次中止

针对宋太宗的第二次北伐，辽圣宗接连发动了三次大的南征以示报复和惩罚，由于未能获得大的军事战果，之后，基本上停止了大规模的军事行动，并将注意力转向党项人和高丽。

两次北伐失败之后，宋太宗赵光义不再主动进攻契丹。契丹不断南下，已经使朝廷疲于应付，而不稳定的西北局势、西川农民起义和皇储问题更使宋太宗分心。

九八二年，作乱于银州、夏州的党项人李继捧投靠宋朝，但是李继迁和其党羽数十人继续反宋。九八六年，雍熙北伐失败后，李继迁依附契丹，并被封为定难军节度使，危害北宋西北地区。九九〇年，契丹封李继迁为夏国主。九九六年，宋太宗派遣五路进讨，双方大小数十战，宋军未获其利。

　　不仅如此，天灾、战争之下极端困苦的百姓也铤而走险。九九三年，四川王小波、李顺发动起义，并于次年正月十六日攻克成都府。李顺称大蜀王。宋太宗赵光义调集重兵镇压，直到九九五年五月，才渐渐平定。

　　令皇帝头疼的还有储君问题。宋太宗赵光义长子赵元佐本是合适的皇储。但是，赵元佐却因叔父赵廷美冤死（九八四年）而生病。九八五年，他又因宋太宗宴会不召唤自己而在宫中纵火。结果，招致罢黜。雍熙北伐失败后，宋太宗赵光义立次子赵元佑为皇储，谁知到九九二年，赵元佑暴卒。赵光义极为悲伤，罢朝五日。储位空缺，大臣冯拯等人上疏请早立太子，赵光义却将冯拯等人贬到岭南，使得以后三年无人敢议论皇储问题。九九五年，在寇准的力推下，宋太宗赵光义才立三子寿王赵元侃（后更名赵恒）为皇储。九九七年三月，宋太宗赵光义驾崩，赵恒继位，是为宋真宗。

## 三、宋真宗时期契丹五次南征与缔结澶渊之盟
（999—1004年）

### 战争再起

九九七年宋太宗赵光义驾崩，宋真宗赵恒继位。赵恒遣使向契丹告哀，并借机求和。宋朝的求和再次遭到契丹的拒绝。宋真宗在和战之间徘徊不定。

契丹认为北宋皇位更迭之际、政局不稳是出兵的好时机。所以，尽管在九九八年（辽圣宗统和十六年，宋真宗咸平元年）十二月，契丹于越、宋国王耶律休哥病逝，但是在第二年，也就是九九九年（宋真宗咸平二年，辽圣宗统和十七年）七月，辽圣宗下诏诸道，集兵南伐。九月，太后与辽圣宗幸南京，以皇弟梁王耶律隆庆（辽景宗第四子）为先锋，开始大举南伐。即使是魏王、北院枢密使耶律斜轸因病在军中去世，也没有动摇萧太后与辽圣宗的决心，命韩德让代替其职务，大军继续南下。

宋朝方面早在七月便得知契丹将要南下。已经做了布置：以马步军都虞侯、忠武节度使傅潜为镇、定、高阳关行营都部署，西上阁门使、富州刺史张昭允为都钤辖，洛苑使、入内副都知秦翰为排阵都监，莱州防御

使田绍斌为押先锋，崇仪使石普同押先锋，单州防御使杨琼为策先锋。傅潜到任，派其部下田绍斌、石普为抵御契丹军的先锋，守保州，小胜契丹。十月二十四日，契丹攻击遂城，保州缘边都巡检使杨延昭坚守，契丹不克。

契丹军队在保州和遂城失利之后，派遣萧继远绕遂城向南进攻狼山诸砦为西路，而萧太后与辽圣宗大军转向瀛州方向为东路，向南略地。都部署傅潜拥重八万而不敢出契丹军队之后，契丹军队避实击虚，越过威虏军转攻宁边军、祁州、赵州等地，大肆劫掠，游骑出没至邢州、洺州等地。

九月契丹南下时有朝臣上言劝真宗亲征。十月，都部署傅潜龟缩自固、萧继远长驱直入导致河北大乱的消息报到了朝廷，真宗有意拖延行期，车驾迟迟不发。十一月十六日出诏书，行幸河北，命宣徽北院使周莹为随驾前军都部署，邕州观察使刘知信副之，内侍都知杨永遵为排阵都监，保平节度使、驸马都尉石保吉为北面行营先锋都部署，磁州防御使康廷翰副之，洺州团练使上官正为钤辖。十二月初五，宋真宗的亲征大军开始自汴梁出发，初九日驻跸澶州，十五日，车驾到达大名府。河北镇、定、祁、赵、邢、洺正在经受契丹军队蹂躏，宋真宗止步不前，派人催促傅潜出兵迎敌，但是如泥牛入海，杳无音信。次年（一〇〇〇年，宋真宗咸平三年，辽圣宗统和十八年）正月，驻守太原的并代都部署、步军都指挥使高琼率兵来到大名府，真宗命其屯冀州，借以保卫御营安全。

在宋将范廷召的一再请求下，都部署傅潜给予他骑兵八千，步卒两千，共一万人，向高阳关方向阻击辽圣宗南下的契丹主力。正月初四日，契丹军前锋梁王耶律隆庆到达瀛州地界，范廷召结方阵出击。初战不利，范廷召向高阳关都部署、马军都虞侯、彰国军节度使康保裔求援。康保裔率兵如约来援，驻扎于瀛州裴村附近。双方约定，第二天早晨两军会合并肩作战。次日，康保裔与契丹军队展开激战。但是，范廷召见契丹军攻势甚猛，在昨天傍晚的时候已率兵遁走。康保裔势穷被擒。契丹军乘胜深入，一直打到德、棣等州，又渡过黄河，对淄州、齐州等地大肆抢掠。

得知宋真宗大军驻扎大名府，契丹军队决定撤兵。据称，范廷召请命追击，并在莫州东设伏，尽夺契丹所掠牲口物资。但是，辽史并没有记载范的追击。

战后，宋朝对河北防线做出调整，以王显替换傅潜任镇、定、瀛三路都部署、王超副之，王汉忠为排阵使，王继忠都钤辖。

## 宋真宗时期契丹第二次南征与羊山之战

一〇〇一年九月，防秋之时，边报称辽圣宗尚在漠北避暑，似未图秋高南下之谋，宋廷为省粮飞挽之劳，决定部分军队分屯定、镇诸州近地就食。而此时，辽圣宗于十月四日，命梁王耶律隆庆统先锋军南下。

宋前阵主将张斌巡边，遭遇契丹先锋。会逢天降大雨，契丹持用弓弦为皮革所制，遇水失黏度，无法张弓，宋军抓住时机，直面冲阵，辽兵先锋抵挡不住，小却。张斌由于兵力单薄，退保威虏军（遂城）。

十六日，契丹军队向威虏军进军。宋军主帅王显以魏能所部静塞军为骑兵主力，于城西结阵，命秦翰和田敏所部为左右两翼掩护魏能侧面，李继宣所部压阵，同时命杨延昭于羊山（威虏军侧后）设伏。契丹军队派出精锐铁林军骑兵，正面冲击宋军。宋军反击，冲垮铁林军前阵。契丹军队向羊山方向溃退，中伏，在牟山谷大败而回。辽圣宗率领的契丹主力部队进至满城，而先锋部队羊山失利，遂以泥淖班师。

## 宋真宗时期契丹第三四次南征

一〇〇二年元月，宋镇、定、瀛统领都部署主帅王显年迈请辞，诏命以王超为三关主帅，王继忠副之。三月，辽圣宗派遣北府宰相萧继远等南伐。四月，文班太保达里底败宋兵于梁门，南京统军使萧挞凛破宋军于泰州。宋军两次败绩，缘边都巡检使杨嗣、莫州团练使杨延昭均战不利，诏令以李继宣、王汀代之。

一〇〇三年四月，辽圣宗派遣南府宰相耶律奴瓜为帅、南京统军使萧挞凛为副，统兵南下，进攻望都。宋军三关主帅王超、副帅王继忠领兵迎战。王超还急命高阳关都部署周莹驰援，周莹接书却云：本路甲马，非诏旨不可兴发[①]。王超、继忠无可奈何，以兵独抗辽军。双方先头部队在望都南六里的康村遭遇。双方主力开始血战，一直战斗到午夜。第二天清晨时分，契丹军队再次展开攻势，萧达凛改变战术，全军集中力量攻打宋军大阵王继忠负责的东偏。而耶律奴瓜包抄宋军后方，焚烧辎重，切断宋军补给线。宋军大将王继忠前往觇视被契丹军队俘虏。王超和桑赞失去了继续作战的勇气，开始撤离。宋朝的高阳关部队进至宁边军，河东并、代副都部署张进，以及韩崇训带领下驰援定州。契丹军队遂北返。

## 宋真宗时期契丹第五次南征

一〇〇三年，夏秋之际，宋真宗召见望都之战中的将帅，询御戎之策。马军副都指挥使张旻力陈：天道方利客，先起者胜，宜大举北伐，并上兴师出境之日。[②]并上兴师出境之日。真宗深以为然，廷议已定翌年出征，前三边主帅王显，旧勋李继隆皆言皇帝不宜亲征，遣大将出征即可，宋真宗亲临战阵的意志异常坚定：

> 今外敌岁为民患，既不能以德服，又不能以威制，使边民横被杀伤，骨肉离异，为人父母者，其得安乎！此朕所以必行也。[③]

宋真宗命朝中两府（中书、枢密院）筹备内事，同时命司封郎中栾崇吉自京至镇、定州检视沿途行在顿递。但是，此次宋真宗并未成行。

一〇〇四年九月二日，辽圣宗以南伐谕高丽，恫吓高丽勿轻举。闰九

① 李焘：《续资治通鉴长编》，卷五十四，《真宗咸平六年》，中华书局，1995年，第1192页。

② 李焘：《续资治通鉴长编》，卷五十八，《真宗景德元年》，中华书局，1995年，第1282页。

③ 李焘：《续资治通鉴长编》，卷五十五，《真宗咸平六年》，中华书局，1995年，第1219页。

月初八，亲率大军南下。契丹出兵日期与宋臣张旻所提北伐日期相同，此战应是契丹先发制人之举。

辽军攻势颇盛，闰九月十五日起，先锋萧挞凛率军连破宋军于唐兴寨、遂城，擒守将王先知，转战到顺安军、北平寨等地。宋军莫州部署石普、北平寨田敏击败之。契丹军队东趋攻保州，不克，会师辽圣宗及萧太后军队于望都，然后分兵三路，进攻瀛州、祁州，南下贝州、冀州。

契丹军队南下，宋廷朝野震动，宋朝大臣王钦若主张迁都升州（今江苏南京），陈尧叟主张迁都益州（今四川成都）；宰相寇准力请宋真宗赵恒亲征。宋真宗最后下定决心亲征。同时命令镇州南广锐军及南州军各营分兵屯驻本地，余下皆赴定州；并州副都部署雷有终，统太原兵东援河北。另外命令张凝、田敏、魏能诸将选威虏军、保州、北平寨等地精兵，按原计划出河北攻契丹易州；山西方面以府、麟州等出兵攻朔、云州，牵制契丹军队。

十月初六，萧太后、辽圣宗耶律隆绪亲率契丹主力至瀛州城下，投书劝降无果。契丹军队开始强攻瀛州。契丹军队大设攻具，驱奚人负板秉烛，乘堞而上。[1] 瀛州主将李延渥亲当矢石，凭城固守。契丹军队屯兵坚城之下，伤亡无数，撤军而去继续南进。

舍弃瀛州南下的契丹萧太后、辽圣宗耶律隆绪率众连扰贝、冀州，守城宋军坚守不出，契丹大军一路南下，直至大名府，另一路契丹军队在萧挞凛带领下破祁州后，绕过邢州（今河北邢台）、洺州（今河北永年）与萧后会兵，两军合力攻大名府。宋将孙全照、张旻力战，攻城不利，再次绕过大名府，南下攻占德清军（今河北清丰县），前锋至黄河北岸的澶州。

十一月二十日，宋真宗亲率禁军出京师，同时诏命三边主帅王超、并州雷有终各率本部赶赴行在。遣驾东西前排阵使李继隆、石保吉，马军都指挥使葛霸，直驱澶州先行布阵，谨防契丹军队趁大河封冻南跨黄河；西上閤门使孙全照为都钤辖，张旻副之，负责大名府城防；殿前都指挥使高琼全权统领御前禁军；内殿崇班王应昌御前扈从侍卫，负责皇帝安全。命

---

① 李焘：《续资治通鉴长编》，卷五十八，《真宗景德元年》，中华书局，1979年，第1279页。

雍王赵元份（宋太宗四子）监国。

二十二日，宋真宗车驾行至韦城（今河南滑县东南），得知契丹军队已经进至澶州，宋真宗赵恒颇为犹豫，朝臣中南巡之议再起。在寇准、高琼、王应昌等人的坚持下，宋真宗才继续北上。

同日，契丹军队自德清军进兵，统帅萧挞凛率前部数万抵达澶州北城，三面合围，精锐从西北方向直扑宋军。宋将周文质埋伏重兵以待，契丹前军被击溃。萧挞凛探视军情，被宋军床子弩击中额头，当夜，萧挞凛因伤情过重去世，契丹士气遭受重挫。此时宋真宗一行抵澶州。寇准力促宋真宗登上澶州北城门楼以示督战，诸军皆呼万岁，声闻数十里，气势百倍①。


## 密使往来

双方在战争进行过程中，一直保持了秘密往来，中心议题是罢兵议和。

就宋朝内部而言，议和论调可以追溯到九九〇年，太仆少卿张洎上疏言边防，他提出：

夫御戎之道有三策焉，前代圣贤论之详矣。缮修城垒，依凭险阻，训戎，聚谷，分屯塞下，来则备御，去则勿追，策之上也。偃革橐弓，卑辞厚礼，降王姬而通其好，输国货以结其心，虽屈万乘之尊，暂息三边之戍，策之次也。练兵选将，长驱深入，拥戈铤而肆战，决胜负于一时，策之下也。……国家素失蓟北之险，亡控守之处，是上策不举也；屯兵平原，与匈奴转战，劳弊已甚，胜负未定，是下策不足恃也。审睹天下之形势，忧患未已，唯与之通好，或可解纷。②

---

① 李焘：《续资治通鉴长编》，卷五十八，《真宗景德元年》，中华书局，1995年，第1287页。

② 李焘：《续资治通鉴长编》，卷三十一，《太宗淳化元年》，中华书局，1995年，第701—702页。

当宋太宗赵光义去世的时候，宋朝曾经想告哀契丹，借机议和，但是被契丹拒绝了。

契丹内部的和议言论起自北宋被俘虏的将领王继忠。王继忠是开封人，其父亲王珫曾任武骑指挥使，戍守瓦桥关，卒于任上。王继忠时年六岁，朝廷补其为东西班殿侍。赵恒还是王爷的时候，王继忠事奉其左右，因为恭谨厚道而受到亲信。赵恒继位后，王继忠逐步高升，受命为镇、定、高阳关三路钤辖兼河北都转运使，接着升任高阳关副都部署，不久移任定州。一〇〇三年四月，满城之战，王继忠被契丹俘虏，萧太后认为王继忠是个人才，于是授之以官。他经常向萧太后建言南北和好。当然，他建言和好，必然向萧太后透露宋真宗赵恒的和平愿意。就像王继忠自己承认的：

臣尝念昔岁面辞，亲奉德音，唯以息民止戈为事。[1]

萧太后没有立刻答应王继忠。毕竟，需要证实议和是宋真宗自己的真实意图。契丹对于宋真宗是否放弃幽州地区持怀疑态度。根据吏部侍郎、拜平章事毕士安的说法：

近岁契丹归款者，皆言国中畏陛下神武，本朝雄富，常惧一旦举兵复幽州，故深入为寇。[2]

据此而言，契丹在宋太宗雍熙北伐之后采取一系列的南下战争，部分原因是想以战争的手段打消宋朝北进的企图。

澶渊之役，王继忠也随军南下。契丹大军攻击保州不克，契丹派下级军官李兴等四人持信箭见莫州部署石普，而且带来王继忠密奏一封，希望转送宋真宗赵恒。石普也不敢耽搁，立刻发送朝廷。闰九月二十四日，宋

---

① 李焘：《续资治通鉴长编》，卷五十七，《真宗景德元年》，中华书局，1995年，第1268页。

② 李焘：《续资治通鉴长编》，卷五十七，《真宗景德元年》，中华书局，1995年，第1268—1269页。

真宗收到密奏。王继忠向宋真宗转达契丹提议修好：

北朝钦闻圣德，愿修旧好，必冀睿慈俯从愚瞽。①

宋真宗召集群臣商议，吏部侍郎、拜平章事毕士安赞成开启和议，他认为：

（契丹）兵锋屡挫，又耻于自退，故因继忠以请，谅亦非妄。②

宋真宗对他说出了自己的顾虑：

卿等所言，但知其一，未知其二。彼以无成请盟，固其宜也。然得请之后，必有邀求。若屈己安民，特遣使命，遗之货财，斯可也。所虑者，关南之地曾属彼方，以是为辞，则必须绝议，朕当治兵誓众，躬行讨击耳。③

不过，宋真宗也没有完全拒绝和议谈判，他手诏石普和王继忠：

朕丕承大宝，抚育群民，常思息战以安人，岂欲穷兵而黩武。今览封疏，深嘉恳诚。朕富有寰区，为人父母，傥谐偃革，亦协素怀。诏到日，卿可密达兹意，共议事宜，果有审实之言，即附边臣闻奏。④

宋真宗实际上允许了议和。但是，契丹方面要求宋朝先派出和议使节。宋朝没有答应，和议暂时中止。

---

① 李焘：《续资治通鉴长编》，卷五十七，《真宗景德元年》，中华书局，1995 年，第 1268 页。

② 李焘：《续资治通鉴长编》，卷五十七，《真宗景德元年》，中华书局，1995 年，第 1269 页。

③ 李焘：《续资治通鉴长编》，卷五十七，《真宗景德元年》，中华书局，1995 年，第 1269 页。

④ 李焘：《续资治通鉴长编》，卷五十七，《真宗景德元年》，中华书局，1995 年，第 1269 页。

十月，契丹军队包围瀛州，威胁贝州、冀州，宋廷震动，一度有迁都的议论。十月二十六日，王继忠再次上奏宋真宗：

契丹已领兵攻围瀛州，盖关南乃其旧疆，恐难固守，乞早遣使议和好。①

宋真宗赵恒的态度发生转变，也不再坚持谁先派使者的问题，同意议和。他先派遣招募来的军士李斌持信箭赴契丹军寨通知王继忠可以谈和，接着令枢密院选择使者。枢密院向他推荐宦官曹利用，因为后者曾经扬言愿意效命君王。大家都知道，效命君王通常都是为了富贵荣华。

十一月二十日，曹利用向北出发抵达大名府，契丹军队已经放弃瀛州攻城战，南奔大名府而来，大名府的宋将孙全照怀疑契丹议和没有诚意，劝主将王钦若滞留曹利用一行。

契丹萧太后、辽圣宗因为连屯坚城之下，命令王继忠再次催促宋朝议和，并且宣称，契丹军队暂时停止攻击，是为了等候宋朝使者。宋真宗赵恒告诉王继忠已经派遣曹利用为使者前往议和。王继忠知道了曹利用被王钦若留行，请求宋真宗再派使者。宋真宗下诏王钦若，放曹利用北去。

## 澶渊之盟

曹利用见到了萧太后、辽圣宗以及韩德让，他们共同商议议和事情，但是没有达成一致，于是契丹派遣韩杞前往宋营继续谈判。此时，契丹军队已经攻陷德清军，宋真宗御驾也抵达澶州。十二月初一，契丹使者韩杞见到宋真宗后提出关南土地问题。

上谓辅臣曰："吾固虑此，今果然，唯将奈何？"辅臣等请答其书，

---

① 李焘：《续资治通鉴长编》，卷五十八，《真宗景德元年》，中华书局，1995年，第1278页。

言："关南久属朝廷，不可拟议，或岁给金帛，助其军费，以固欢盟，惟陛下裁度。"上曰："朕守祖宗基业，不敢失坠。所言归地事极无名，必若邀求，朕当决战尔！实念河北居人，重有劳扰，傥岁以金帛济其不足，朝廷之体，固亦无伤。答其书不必具言，但令曹利用与韩杞口述兹事可也。"①

得到宋真宗的回复，韩杞和曹利用前往契丹军营复命。宋朝前线禀报称契丹统帅之一萧挞凛阵亡，契丹军队有北去的意向。萧挞凛在进攻澶州时受到宋军床子弩的狙击重伤而亡。这一消息增强了宋真宗的信心。

曹利用与韩杞抵达契丹营寨。契丹再次提起关南故地，曹利用态度坚定地拒绝了这一要求，而只同意商谈岁献金帛。辽圣宗和萧太后因萧挞凛阵亡而精神沮丧。双方约定：宋每年提供绢二十万匹、银一十万两。议和取得阶段性成果。

在曹利用前往契丹的时候，他请示宋真宗议和谈判中岁许金帛的底线，宋真宗允许他可以答应一百万的数额要求。曹利用辞别宋真宗，却被大臣寇准召到帐中。曹利用受到警告，议和谈判岁许金帛的底线不许超过三十万。寇准威胁他说，如果超过这一数额，他将处死曹利用。曹利用答应契丹的岁献也是寇准给予他的上限。

十二月初五，曹利用谈判完毕，与契丹使者右监门卫大将军姚柬之回到澶州。姚柬之向宋真宗表示，担心契丹收众北归，宋军会随后掩袭。宋真宗诏令沿途宋军不得出兵，但是，要求契丹释放所掳掠的人口。随后，宋真宗命西京左藏库使、江州刺史李继昌假左卫大将军，持誓书与姚柬之俱往，报聘契丹。宋朝方面发出誓书：

维景德元年，岁次甲辰，十二月庚辰朔、七日丙戌，大宋皇帝谨致誓书于大契丹皇帝阙下：共遵成信，虔奉欢盟，以风土之宜，助军旅之费，每岁以绢二十万匹、银一十万两，更不差使臣专往北朝，只令三司差人般

---

① 李焘：《续资治通鉴长编》，卷五十八，《真宗景德元年》，中华书局，1995年，第1288页。

送至雄州交割。沿边州军，各守疆界，两地人户，不得交侵。或有盗贼逋逃，彼此无令停匿。至于陇亩稼穑，南北勿纵惊骚。所有两朝城池，并可依旧存守，淘壕完葺，一切如常，即不得创筑城隍，开拔河道。誓书之外，各无所求。必务协同，庶存悠久。自此保安黎献，慎守封陲，质于天地神祇，告于宗庙社稷，子孙共守，传之无穷，有渝此盟，不克享国。昭昭天监，当共殛之。远具披陈，专候报复，不宣，谨白。①

　　契丹方面确认了宋朝誓书的内容。澶渊之盟正式订立。为了表示诚意，宋朝还进行了一系列的更名，剔除了军事据点名称中攻击性或者歧视性的词汇。将威虏军改为广信，静戎改为安肃，破虏改为信安，平戎改为保定，宁边改为永定，定远改为永静，定羌改为保德，平虏城改为肃宁。

　　在长达二十五年的时间里，北宋两次北伐、契丹十一次南下，最终双方达成澶渊之盟。实际上意味着双方意识到并承认了现实。在宋朝一方，意识到武力无法夺回燕山地区，只有承认契丹对燕山等地的控制；而且契丹不断南下，也使宋朝不得不转而希望，只要契丹止步于既得利益，宋朝愿意提供岁币以与契丹保持和平状态。契丹方面意识到，他们无法实现耶律羽之规划、耶律德光施行的"坐制南邦、混一天下"的战略，因而愿意退而求其次，将其底线确定在牢牢占据燕山战略要地、保持战略主动态势，并依靠这一优势获得宋朝的物资补偿。

---

① 李焘：《续资治通鉴长编》，卷五十八，《真宗景德元年》，中华书局，1995 年，第 1299 页。

第五章

调整与巩固

　　契丹和北宋达成澶渊之盟后，双方对边防各自进行了调整和巩固。这一章将要叙述，契丹如何建立起南京—平州、西京—奉圣州松散防御体系，以及相对应地，北宋方面如何建立起塘泊体系、边防林体系、河北东西道、河东道纵深堡垒体系、黄河防线以及京师及两翼的层层防御体系，并强化登州的海防。

## 一、契丹（辽）对宋的边防

### 契丹兵力

契丹军队大致分成四类。《辽史》记录称：

辽宫帐、部族、京州、属国各自为军，体统相承，分数秩然。[1]

宫帐军即斡鲁朵，辽代前后九帝、二后、一个皇太弟以及韩德让，共设置十三个斡鲁朵，每个斡鲁朵都有宫户。

辽国之法，天子践位，置宫卫，分州县，析部族，设官府，籍户口，备兵马。崩则扈从后妃宫帐，以奉陵寝。有调发，则丁壮从戎事，老弱居守。[2]

---

[1] 脱脱等：《辽史》，卷四十六，《百官志二》，中华书局，1974 年，第 735 页。

[2] 脱脱等：《辽史》，卷三十一，《营卫志》，中华书局，1974 年，第 362 页。

《兵卫志》记载，这些宫卫有男丁四十万八千，可以出骑兵十万一千人，是契丹部队的中坚力量。宫帐兵的驻扎情况是判断州县的战略重要性程度的指标：

十二宫一府，自上京至南京总要之地，各置提辖司。重地每宫皆置，内地一二而已。[1]

部族军是从契丹、奚人以及其他游牧民族中征发的士兵。众部族兵分别隶属南、北府，北府辖二十八部，南府辖一十六部。

京州兵是五京道内各州县征发的汉、渤海等壮丁为军。实际名目为"五京乡丁"。据载五京民丁中可以征发一百一十七万七千三百乡兵。这大概是纸面上的最高征兵额度。

属国军是辽的属国中征发的兵丁。辽的属国并不恒定，有记录的达到五十九个。据载，属国军助军众寡，各从其便，无常额。[2] 所以在统计契丹兵力时属国的兵力无法核实。

---

① 脱脱等：《辽史》，卷三十五，《兵卫志》，中华书局，1974年，第406页。

② 脱脱等：《辽史》，卷三十六，《兵卫志》，中华书局，1974年，第429页。

## 南京道及军事机构

契丹（辽）对与北宋对峙的区域进行了新行政划分和军事安排。整个南京道与石晋割地及契丹蚕食攻取的区域密切相关。它由两个独立的行政区划构成：南京析津府和平州。

一、南京析津府

南京析津府管理的行政范围包括十一个府辖县、六个属州。

十一个府辖县是：析津县（蓟北县改称）、宛平县（幽都县）、昌平县、良乡县、潞县、安次县、永清县、武清县、香河县（本武清孙村。辽代于新仓置榷盐院，居民聚集，因分武清、三河、潞三县户置）、玉河县、漷阴县（汉泉山之霍村镇。辽代每季春，弋猎于延芳淀，居民成邑，就城故漷阴镇，改为县）。

六个属州是：

顺州，唐代的顺州，辽加军号，称归化军。统县一：怀柔县。

檀州，唐代的檀州，辽加军号，称武威军。统县二：密云县、行唐县（辽新设。辽太祖掠定州，破定州行唐县，尽驱其民，北至檀州，择旷土居之，凡置十寨，仍名行唐县。隶彰愍官）。

涿州，唐代的涿州，统县四：范阳县、固安县、新城县、归义县。

易州，唐代的易州，辽加军号，称高阳军。五代隶属定州节度使。会同九年，孙方简以其地来附。应历九年，为周世宗所取，后属宋。统和七年（九八九年），攻克之。统县三：易县、涞水县、容城县。

蓟州，唐代的蓟州，辽加尚武军。统县三：渔阳县、三河县、玉田县。

景州，清安军，本蓟州遵化县，重熙中置。

以上是南京析津府管理范围。

二、平州

在行政上，平州与南京析津府不相属。辽太祖阿保机从后唐手中夺取平州，安置从定州掳掠的人户。平州辖县三、州二。

三个州辖县是：卢龙县、安喜县（新设，辽太祖安置定州安喜县俘

户 )、望都县（新设，辽太祖安置定州望都县俘户）。

两个下辖州分别是：

滦州，永安军，在平州之境。辽太祖安置俘户，新设为滦州。统县三：义丰县（汉属辽西郡，久废、入契丹，辽世宗新设县）、马城县（本属卢龙县地。辽割隶滦州）、石城县（辽代将县城迁至旧城南五十里）。

营州，邻海军，辽太祖以居定州俘户。统县一：广宁县（汉柳城县，辽改广宁县）。

在契丹的军事安排中，南京道主要负责备御北宋。辽南京道设南京兵马都总管府。总管府设有兵马都总管、总领南面边事、总领南面军务、总领南面戍兵等官员。辽兴宗重熙四年在总管府上增设南京都元帅府，元帅府有都元帅和大元帅。此外，南京设立的军事机构还有：

南京马步军都指挥使司

侍卫控鹤都指挥使司

燕京禁军详稳司

南京都统军司

牛栏都统军司

拒马河戍长司[①]

监军寨统领司

石门统领司

南皮室军详稳司

北皮室军详稳司

猛拽剌详稳司

管押平州甲马司

契丹在南京道部署的兵力有宫帐军、部族军（五院和六院），以及南京道的京州兵。

---

① 辽圣宗开泰七年，沿拒马河宋界东西七百余里，特置戍长一员，巡查军条。

# 辽南京

契丹对于来自南方的军事进攻，主要采取固守南京、防守反击的策略。因此辽南京是南京道防御中的重点。

辽南京城是唐幽州城基础上发展的。《太平寰宇记》引《郡国志》称唐幽州城"南北九里，东西七里"，总长三十二里。《辽史·地理志四》载南京：

> 城方三十六里，崇三丈，衡广一丈五尺。敌楼、战橹具。[1]

两者所记城市周长相近，可见契丹对于南京城的外城没有大的增修改动。

辽末许亢宗《宣和乙巳奉使行程录》中也记录他所见到的南京城：

> 额曰永清城，周围二十七里，楼壁共四十丈，楼计九百一十座，地堑三重，城开八门。[2]

《辽史·地理志四》载南京城八门：

> 东曰安东、迎春，南曰开阳、丹凤，西曰显西、清晋，北曰通天、拱辰。[3]

南京城内的皇城就原幽州城内子城设立。（见图 5-1）

---

① 脱脱等：《辽史》，卷四十，《地理志》，中华书局，1974 年，第 494 页。

② 徐梦莘编：《三朝北盟会编》，卷二十，录《宣和乙巳奉使行程录》，中国台湾，大化书局，1979 年，第 187 页。

③ 脱脱等：《辽史》，卷四十，《地理志》，中华书局，1974 年，第 494 页。

图 5-1　辽南京城入口示意图

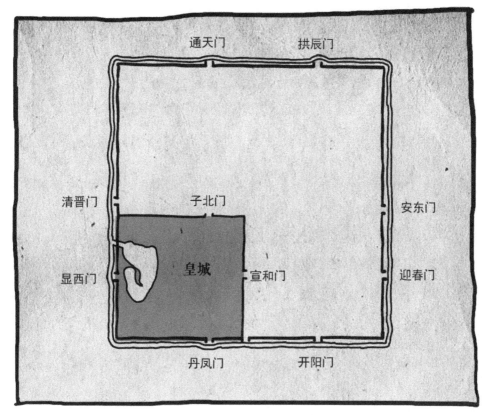

辽南京城内的驻军主要包括宫帐兵和乡丁。契丹主要驻扎在南京城的宫帐军有十个提辖司：

弘义宫提辖司

长宁宫提辖司

永兴宫提辖司

积庆宫提辖司

延昌宫提辖司

彰愍宫提辖司

崇德宫提辖司

兴圣宫提辖司

敦睦宫提辖司

文忠王府提辖司

南京道共有乡丁五十六万六千，南京析津府下有二十一万三千。但是他们不一定全部是常备军。按照《乘轺录》的记载，在辽圣宗时期：

城内汉兵凡八营，有南北两衙兵、两羽林兵，控鹤神武兵、雄捷兵、骁武兵，皆黥面给粮，如汉制。渤海兵别有营，即辽东之卒也。屯幽州者数千人，并隶元帅府。[①]

这些汉兵名目也许就是乡丁征召后的常备军编制。但是，我们无法知道其具体数额。

## 平州与其他

平州有榆关天险，是拱卫南京并防备海路进攻的重要军事堡垒。驻守这里的宫帐军提辖司包括：

弘义宫提辖司

长宁宫提辖司

永兴宫提辖司

积庆宫提辖司

延昌宫提辖司

彰愍宫提辖司

兴圣宫提辖司

---

① 江少虞：《宋朝事实类苑》，卷七十七，录路振《乘轺录》。

延庆宫提辖司

文忠王府提辖司

另外，平州有乡丁三万。

平州之外，契丹在防备山西至南京的重要通道飞狐径设置有易州飞狐招安使司，辽圣宗时期改称安抚使司，并设有易州飞狐兵马司。（见图5-2）

图 5-2  辽南京道、南京与平州堡垒兵力示意图

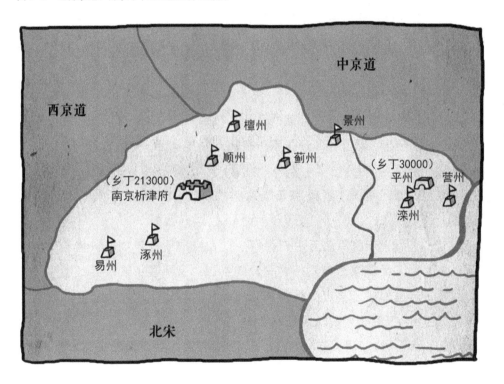

## 西京道及军事机构

西京道范围广阔，其中与石晋割地及原属河东镇而契丹蚕食的区域

包括：

一、西京大同府，即云州，石晋割地。辽初为大同军节度，一〇四四年（重熙十三年）升为西京，府曰大同。府辖县七、州二。

七个府辖县：

大同县。本大同川地，重熙十七年西夏犯边，析云中县置。

云中县。

天成县。唐武德五年置定襄县，辽析云中置。

长青县。本白登台地，辽始置县。

奉义县。辽析云中县新置。

怀仁县。隋代大利县，辽改怀仁。

怀安县。辽景宗从文德县分出，初隶属奉圣州，后划属大同府。

两个属州：

弘州，博宁军。唐代的襄州，统和中（辽景宗年号），襄州被宋将潘美攻破，契丹废襄州，而在此建立弘州，初军曰永宁，后改博宁。弘州下辖两县：永宁县、顺圣县（辽景宗时期从永兴县分出、初隶奉圣州，后归弘州）。

德州。唐代德州（辽圣宗开泰八年，以汉户复置）。下辖一县：宣德县。

二、丰州，天德军。后唐天德军。辽太祖神册五年攻下，更名应天军，复为州，兵事属西南面招讨司。统县二：富民县（临戎县，辽改）、振武县（定襄郡盛乐县，太祖神册元年，伐吐浑还，攻之，尽俘其民以东，唯存乡兵三百人防戍。后更为县）。

三、奉圣州，武定军。本唐新州。石晋割献。兵事属西京都部署司。下辖州三、县四。

奉圣州下辖四县：永兴县、矾山县、龙门县、望云县（本望云川地。景宗于此建潜邸，因而成井肆。穆宗崩，景宗入绍国统，号御庄。后置望云县，直隶彰愍官）。

奉圣州下辖三州：

归化州，雄武军。即武州。石晋割地，辽改归化州。下辖一县：文德县。

可汗州，清平军。五代时，奚王数千帐徙妫州，自别为西奚，号可汗州。下辖一县：怀来县（怀戎县，辽太祖改怀来县）。

儒州，缙阳军。辽太宗改奉圣州。下辖一县：缙山县。

四、蔚州，忠顺军。即石晋献地，升忠顺军，后更武安军。行政上归属隶奉圣州。兵事属西京都部署司。下辖五县：灵仙县、定安县（本汉东安县，久废。辽新设置。）、飞狐县、灵丘县、广陵县。

五、应州，彰国军。石晋献地。下辖三县：金城县、浑源县、河阴县。

六、朔州，顺义军。石晋献地。辽升顺义军节度。兵事属西京都部署司。下辖三县，一州。朔州下辖三县是鄯阳县、宁远县、马邑县。

七、东胜州，武兴军。唐代的胜州。太祖神册元年破振武军，胜州之民逃奔河东，州废。石晋割地后，复置。兵事属西南面招讨司。下辖两县：榆林县、河滨县。

在军事上，西京道归西南路招讨司管辖。其主要的军事机构还包括：

西南边大详稳司

西南面五押招讨司

西南路巡察司

西南巡边官

西南面巡检司

西南面拽剌详稳司

山北路都部署司

金肃军都部署司

南王府

北王府

乙室王府

山金司

西南路招讨司的任务是控扼西夏，但是由于与宋接界，西南路招讨司也负责对宋的部分防务。契丹在西南路部署的军队主要是：

一部分宫帐军。

部族军：北府的涅剌部、乌古涅剌部、涅剌越兀部、梅古悉部、吉的部、匿讫唐古部、鹤剌唐古部；南府的品部、迭剌迭达部、品达鲁虢部、乙典女直部和京州军。

当地京州军：西京大同府共有乡丁三十二万二千七百人。

## 西京与奉圣州

辽代初年云州未加扩建，其基础是唐代的云州城。一〇四四年（重熙十三年）云州升为西京，城市规模得到扩展。《辽史·地理志》载：

敌楼、棚橹具。广袤二十里。门，东曰迎春，南曰朝阳，西曰定西，北曰拱极。元魏宫垣占城之北面，双阙尚在。辽既建都，用为重地，非亲王不得主之。[1]

西京城的扩展拆除了北墙中部墙体，同时利用了北部北魏宫城北、东、西三面的城垣，将北墙拆除的豁口两侧墙体与北魏宫城的东、西城垣相连接，组成了呈凸字形的西京大同城。

辽西京大同是重要的军事堡垒，驻防在这里的十二宫一府兵力主要是：

弘义宫提辖司

长宁宫提辖司

永兴宫提辖司

---

① 脱脱等：《辽史》，卷四十一，《地理志》，中华书局，1974年，第505页。

积庆宫提辖司

彰愍宫提辖司

崇德宫提辖司

延庆宫提辖司

文忠王府提辖司

除了宫帐兵，西京大同府有乡丁七万六千。

与西京犄角相倚的军事重镇是奉圣州。奉圣州即五代时期的新州，它在兵事上属西京都部署司。奉圣州驻防官帐军的兵力包括：

弘义宫提辖司

长宁宫提辖司

永兴宫提辖司

积庆宫提辖司

彰愍宫提辖司

崇德宫提辖司

兴圣宫提辖司

延庆宫提辖司

文忠王府提辖司

奉圣州共有乡丁三万二千。（见图 5-3）

图 5-3 辽西京道的兵力部署示意图

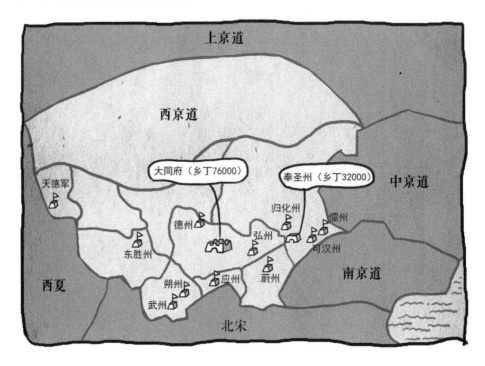

## 契丹军队的进攻与防守

在宋辽战争中，契丹处于较为主动的地位，其南下进攻几乎形成定势。

契丹南下进攻的兵马没有定数。大致上分成两个档次：十五万人以上或六万人。当然这些数目并不固定，而是根据发动战争的规模、目的和领兵统帅的身份确定。

若帝不亲征，重臣统兵不下十五万众，三路往还，北京会兵，进以九月，退以十二月，行事次第皆如之。若春以正月，秋以九月，不命都统，止遣骑兵六万，不许深入，不攻城池，不伐林木，但于界外三百里内，耗荡生聚，不令种养而已。①

在契丹南下作战时，幽州往往成为契丹南下作战的前置基地。《辽史》记载：

其南伐点兵，多在幽州北千里鸳鸯泊。及行，并取居庸、曹王峪、白马口、古北口、安达马口、松亭关、榆关等路。将至平州、幽州境，又遣使分道催发。②

军队聚集到幽州后，如果是皇帝亲征，为保护后方，常常留一名亲王镇守幽州，并权知军国大事。

限于宋的防御和地形，契丹南下路线比较固定，大致采用三路分进，合并大名的策略。

既入南界，分为三路，广信军、雄州、霸州各一。驾必由中道，兵马都统、护驾等军皆从。各路军马遇县镇，即时攻击。若大州军，必先料其虚实，可攻次第而后进兵。沿途民居、园圃、桑柘，必夷伐焚荡。至宋北京，三路兵皆会，以议攻取。及退亦然。③

当北宋采取主动进攻时，有宋太宗两次北伐战争的实例参考可知：契丹主要依靠幽州城的防守兵力固守待援，当援兵抵达后，与宋军进行主力决战。

---

① 脱脱等：《辽史》，卷三十四，《兵卫志》，中华书局，1974年，第399页。

② 脱脱等：《辽史》，卷三十四，《兵卫志》，中华书局，1974年，第398页。

③ 脱脱等：《辽史》，卷三十四，《兵卫志》，中华书局，1974年，第398页。

## 二、宋对契丹的边防

### 北宋兵制与数目

宋代兵制大致可以分成两大阶段。宋太祖开国，收检四方劲兵，编为禁军，列营京畿，备宿卫，然后分番屯戍地方，辅以厢军承担军事杂役和后勤。军力部署内外之间相互制衡，将领和部队士兵之间保持若即若离的关系。这一体制中经宋太宗、宋真宗、宋仁宗和宋英宗，六代皇帝统治近一百二十年。

宋神宗熙宁时期，为解决禁军战斗力下降问题，北宋朝廷大规模检阅军队，将不合格的禁军降为厢军，不合格的厢军解散为民；施行保甲法，代替旧有乡军义勇；为解决军队中突出的兵不知将、将不知兵的弊端，施行将兵制。宋神宗改革得到王安石的力推。神宗之后的宋哲宗、宋徽宗因循神宗成宪，直到金兵南下，北宋灭亡。

北宋军事力量基本构成包括三部分：禁军、厢军和乡兵（后期为保丁）。

禁军是天子的卫兵，负责守卫京师、征伐与驻防地方。禁军驻防地方的时候，军粮取自州县，因而称为就粮军。有时候，地方军提升划归为禁军系统而仍旧驻防地方的也称为就粮军，如咸平三年，朝廷下诏定州等河北等处本城厅子、无敌、忠锐、定塞指挥并升充禁军马军云翼指挥，归侍卫马军司管辖。

厢军是地方州县的兵丁，负责军事性劳役。宋初为了增加禁军兵力，于各地募兵，壮勇被收编入禁军，而剩下的人员并未裁撤，留在本地城垒，负责城垒建筑和修缮杂役，随后名目渐多，根据一份枢密院的报告，熙宁年间厢军名目多达二百二十三种。厢军人员军事素质相对较低，无法真正承担作战任务。朝廷企图对他们加以训练，因而又增置教阅厢军。

作为主力部队，宋代禁军和厢军数额庞大。根据宋兵志记载：

开宝年间，总兵额三十七万八千，禁军兵数十九万三千。

至道年间，总兵额六十六万六千，禁军兵数三十五万八千。

天禧年间，总兵额九十一万二千，禁军兵数四十三万二千。

庆历年间，总兵额一百二十五万九千，禁军兵数八十二万六千。

治平年间，总兵额一百十六万二千，禁军兵数六十六万三千。

熙宁年间，总兵额七十九万六千三百零五，禁军兵数五十六万八千六百八十八。

元丰年间，总兵额不详，禁军兵数六十一万二千二百四十三。

宋哲宗、宋徽宗时期，四方用兵，禁军增戍虽广，但是兵弊日滋。

乡兵，顾名思义，是从所在户籍中挑选或者招募壮丁，对他们集中训练，负责协助防守。北宋乡军名目很多：河北、河东有神锐、忠勇、强壮，河北有忠顺、强人，陕西有保毅、砦户、强人、强人弓手，河东、陕西有弓箭手，河北东、陕西有义勇，麟州有义兵等。宋仁宗的时候，乡兵总兵力包括河北乡兵有二十九万三千，河东有十四万四千。治平元年，河北乡军义勇十五万，河东义勇八万。籍陕西义勇十三万八千四百六十五。

宋神宗熙宁初年，王安石废募兵制度而行保甲。十家为一保，五十家为一大保，十大保为一都保。保有保长，都保有保正。保内家户，两丁选一人为保丁，有余丁和壮勇也充保丁。保内行连坐法，并负责治安。熙宁四年，教授保丁武事。六年，保甲法推行到永兴、秦凤、河北东西、河东五路。八年，保甲隶属兵部。元丰三年，朝廷以大保长为教头，教授保丁军事技能。保丁分成五份，一份为骑兵，一为弓兵，三为弩兵。元丰四年，河北、河东和陕西路统计保甲，都保共三千二百六十六，正长、壮丁共六十九万一千九百四十五。元丰八年，宋哲宗继位，保甲逐渐废除。宋徽宗时期试图恢复保甲法，结果并不理想。


## 河东路堡垒与兵力部署

总而言之，对于北面的契丹，北宋建立其河北、河东两条沿边军事防线，以黄河和京师为战略纵深的防御系，在河北还辅助以塘泊及榆塞体系，阻遏骑兵的机动力。

北宋河东路辖潞、泽、绛、忻、代、火山、保德、宁化等州军。其中处于契丹进攻太原必经通道及沿边重要堡垒有：

太原府。北宋消灭北汉后夷平太原城，迁治所于三交。三交东至河北真定府五百里，南向可通过四百五十里远潞州，经河阳，下洛阳。向北则通过忻州至代州、宁化军与契丹的蔚州、朔州接界。北宋以新的太原府为重地，依托恒山与管涔山脉自然条件，控扼忻州、代州、宁化军和岢岚军的军寨关隘，应对契丹的挑战。[①]

太原府除了新的治所府城外，有四个主要关砦：

赤塘关，关城控太原府西北金山岭一带，向北连通代州雁门路。当川谷口设置，号为险固。庆历中，屡次加以版筑，重重防御之所在。

天门关，关城控太原府西北的岚石谷，天设险阻。庆历中，屡次加以版筑，重复守御之地。

百井砦，北控石岭关路，与石岭关相互应援。

阳兴谷砦，西北控五台山岭，连北界路。

太原之北为忻州。忻州下辖两县，即秀容县与定襄县，治所在秀容

---

① 曾公亮等：《武经总要》，卷十七，《河东路》，金盾出版社，1958 年，第 838 页。

县。忻州至代州五台县一百五十里，至代州治所一百六十里。除了州城县城外，主要关砦有四所：

石岭关，太平兴国四年筑，在州城南三十里。此处山势回抱，号为险阻。其路可行单车。五代即有关城控扼。庆历中，在关城之南，削山为城，即烽火山南。关城正控山口，关西的天然山涧，关东面沟涧开方田，控扼契丹骑兵。与太原府百井砦相援应。

云内砦，太平兴国中筑云内谷口，云内砦西至徒合砦，东至兴州六十里，北通契丹界。

徒合砦，东至忻州七十里，北通契丹界。

忻口砦，太平兴国中筑城。居西山之口，最为险要。忻口砦南至忻州五十里。砦西即金山岭四庐川，川东西至宽平十七里。契丹骑兵出入之路。

宁化军，在忻州之西，本属于岚州地。北汉刘崇置军，控西北至契丹界。北宋太平兴国中改名宁化军。宁化军东至忻州徒合砦九十里，西至契丹朔州雪山分界五十里，北至契丹朔州横岭界六十里，西北至朔州一百里。东北至代州阳武砦一百里，西南至岢岚军界四十里。除了军城外，砦寨两个：

窟谷砦，城居大川之口。在军城东南。可西达大山军。

细腰砦，在军城西，北可至长城下。

岢岚军，军治所岚谷县。在宁化军之西。隋代大业中置岢岚镇，捍御草城川方向的敌人。唐代长寿中曾经置军。太平兴国中再建军城，别屯禁军以援黄河西麟州府的宋军。岢岚军南至岚州一百七十里，东北至契丹朔州一百六十里，东至契丹朔州雪山界六十里。除军城外，岢岚军有砦寨五个：

草城川，川口阔一余里，川中有古城。北宋景德中，筑长城控扼贼路。

岋婆谷、胡谷，二谷地形甚狭，北可至契丹界。

洪谷，谷在军东一十余里，有平路接契丹界雪山，容军骑之地。

飞鸢堡，堡的西北即草城川、洪谷、岋婆谷、胡谷四路至契丹界。北汉刘崇曾经建军。宋庆历中修垒。重复险固，以兵成守。

代州。代州三面临契丹，号要害之郡。宋治广武城，与南面的忻州相应援。置十三砦，北宋缘边安抚司治所。东北至契丹应州界七十里，东南（北）至契丹蔚州五百九十里，北至契丹朔州界四百七十里。代州下辖两个县，即繁峙县和崞县。

繁峙县，在州城东六十里，县城敌楼战具全备。县屯戍兵，有谷路三条抵契丹。

崞县，在州城西五十里，县城敌楼战具全备，县屯戍兵，与繁峙县相犄角。县西有九条河流，宋太宗淳化年间曾经修浚以御契丹。崞县南通忻口砦，西至契丹朔州界陆蕃岭四十里，北至契丹朔州界分水岭三十里。

代州缘边有四十四条大小谷路通契丹界，北宋设十三砦，当川谷之口，控扼契丹。

瓶形砦，东北至契丹灵丘县，有三条谷路通北界，两条通车骑，一条通人行，东南至契丹飞狐县界。瓶形砦与西边梅回砦距离十五里。

梅回砦，东北至契丹蔚县界，有谷路三条，通车骑。东至契丹灵丘县界。北离麻谷砦八里。

麻谷砦，西南至胡谷砦四十里。北至契丹界，有谷路七条。三条通车骑，四条通行人。

胡谷砦，西至雁门砦四十里，北至契丹应州界。

雁门砦，西至西陉砦，北至契丹界。有谷路两条，一条阔五十步，一条通车骑。

西陉砦，西至土灯砦七十里，自古胡骑南下之路。北至契丹平寇镇。有谷路十二条，十条通车骑，二条通行人。

土灯砦，西至石跌砦三十里，北至契丹界，有谷路三条，皆通行人。

石跌砦，西至阳武砦二十里，北至契丹朔州界，有谷路一条，阔十步。

阳武砦，西至楼板砦三十里，北至契丹界，有谷路一条，通行人。

楼板砦，西至代州云内砦二十里，北至契丹界。

图 5-4　北宋河东路堡垒守御示意图

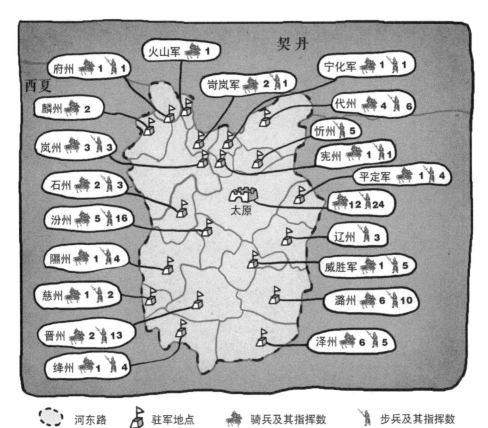

北宋在河东部署的兵力随着形势和年代有所变化。宋太祖建隆年间至宋神宗熙宁（宋神宗第一个年号，1068—1077 年）前，河东禁军布防情况如下：

太原：共 36 指挥，骑兵指挥 12 个，共 4800 人；步兵指挥 24 个，共 12000 人；

潞州：共 16 指挥，骑兵指挥 6 个，共 2400 人；步兵指挥 10 个，共 5000 人；

晋州：共 15 指挥，骑兵指挥 2 个，共 800 人；步兵指挥 13 个，共 6500 人；

绛州：共 5 个指挥，骑兵指挥 1 个，共 400 人；步兵指挥 4 个，共 2000 人；

泽州：共6个指挥，骑兵指挥1个，共400人；步兵指挥5个，共2500人；

代州：共10个指挥，骑兵指挥4个，共1600人；步兵指挥6个，共3000人；

忻州：共5个指挥，步兵指挥5个，共2500人；

汾州：共21个，骑兵指挥5个，共2000人；步兵指挥16个，共8000人；

辽州：共3个指挥，步兵指挥3个，约1500人；

宪州：共2个指挥，骑兵指挥1个，共400人；步兵指挥1个，共500人；

岚州：共6个指挥，骑兵指挥3个，共1200人；步兵指挥3个，共1500人；

石州：共5个指挥，骑兵指挥2个，共800人；步兵指挥3个，共1500人；

隰州：共5个指挥，骑兵指挥1个，共400人；步兵指挥4个，共2000人；

慈州：共3个指挥，骑兵指挥1个，共400人；步兵指挥2个，共1000人；

麟州：共2个指挥，骑兵指挥2个，共800人；

府州：共2个指挥，骑兵指挥1个，共400人；步兵指挥1个，共500人；

威胜军：共6个指挥，骑兵指挥1个，共400人；步兵指挥5个，共2500人；

平定军：共5个指挥，骑兵指挥1个，共400人；步兵指挥4个，共2000人；

岢岚军：共3个指挥，骑兵指挥2个，共800人；步兵指挥1个，共500人；

宁化军：共2个指挥，骑兵指挥1个，共400人；步兵指挥1个，共500人；

火山军：共 1 个指挥，骑兵指挥 1 个，共 400 人。

熙宁七年，宋神宗施行将兵法，河东禁军受 13 将统领，平均每将负责 5400 人，兵力约 69200 人。

## 河北堡垒

黄河以北的平原地区是北宋防御契丹的重点。《武经总要》在论及河北路的时候有一段总论，其中提到：

> 古之障塞，以卢龙山镇为限，五代以来，阶于北土。今定州至西山，沧州距东海，地方千里，无险阻可恃。宋定州、真定府、高阳关，皆屯重兵，离为三路。修蒲阴为祁州，则高阳关会兵之路；出井陉至常山，则河东进师之所。沧州至海口百六十里，即平州界。[①]

在指出了河北地区地理、道路等军事要素之后，书中还提纲挈领地勾勒出宋代河北防御的重点：

> 至淳化后，顺安军东有塘水，隔限胡骑；莫州屯步兵，以护提道；保州一路，平川旷野，利胡骑驰突，置缘边巡缴兵；北平路置兵马一司，断西山之路。登州隶京东海路，抵女真契丹界，置水师，隶巡检司。全魏之地，河朔根本，内则屏蔽王畿，外张三路之援，又置北京路兵官，令保边砦。咸以兵马为务，亦罕任文吏，防秋捍寇，为他路之剧。[②]

在行政上，北宋将河北分东路与西路，但是军事部署上实则为一体。宋初承后周制度，以三关和镇、定州为重点，增置军事州。宋真宗澶渊之

---

① 曾公亮等：《武经总要》，卷十六，《河北路》，金盾出版社，1958 年，第 780 页。

② 曾公亮等：《武经总要》，卷十六，《河北路》，金盾出版社，1958 年，第 781 页。

盟后，于一○○五年春正月发布命令：

以河北诸州禁军分隶镇、定、高阳都部署，合镇、定两路为一。天雄军、沧邢贝州留步卒六指挥，其余营在河阳及京城者并放还，行营之号悉罢。……殿前都虞候、康州防御使曹璨为镇、定两路副都部署，治镇州，钤辖四员，分二员赴定州，如定州有军事会议，令璨暂赴之。其缘边巡检杨延朗止令在保州，遣同巡检往来巡警。①

宋仁宗时期，与契丹发生了关南地之争后，鉴于契丹的军事威胁，朝廷希望增强河北防务。官员程琳上书建议调整河北军事部署。他曾经是河北大名府的知府，此时调任永兴军。他在奏章中声称：

河朔地方数千里，连城三十六，民物繁庶，川原坦平。自景德以前，敌数入寇，官军虽众，罕有成功。盖定州、真定府、高阳关三路之兵，形势不接，召发之际，交错非便。况建都全魏，以制北方，而兵隶定州、真定府路，其势倒置。请分河朔兵为四路，以镇、定十州军为一路，合兵十万人；高阳关十一州军为一路，合兵八万人；沧、霸七州军为一路，合兵四万人；北京九州军为一路，合兵八万人。其驻泊钤辖、都监，各掌训练，使士卒习闻主将号令，猝缓即成部分。②

朝廷将他的调整方案通报大名府通判夏竦，夏竦否定了程琳的部分调整方案，他指出：

镇、定二路，当敌寇之冲，万一有警，各籍重兵控守要害，迭为应援，若合为一，则兵柄太重，减之则不足以备敌。又沧州久隶高阳关，道里颇近，濒海斥卤，地形沮洳，东北三百里，野无民居，非敌人蹊径，

---

① 李焘：《续资治通鉴长编》，卷五十九，《真宗景德二年》，中华书局，1995年，第1307、1309页。

② 李焘：《续资治通鉴长编》，卷一百六十四，《仁宗庆历八年》，中华书局，1995年，第3947页。

万一有警，可决漳、御河东灌，塘淀隔阂，敌马未易奔冲，不必别建一路。惟北京为河朔根本，宜宿重兵，控扼大河，内则屏蔽王畿，外则声援诸路，请以大名府、澶怀卫滨棣德博州、通利军建为北京路。四路各置都部署一人、钤辖二人、都监四人。平时祇以河北安抚使总制诸路，有警即北京置四路行营都部署，择尝任两府重臣为之。[①]

夏竦的建议仍处于讨论中的时候，人事安排又发生变动：夏竦升迁入枢密院，贾昌朝判大名府。朝廷再次命贾昌朝负责研究规度军事部署的调整。贾昌朝同意夏竦的安排，同时提出：

惟保州沿边巡检并雄、霸、沧州界河二司兵马，自国朝以来，于诸边最号强劲，今未有所隶，请以沿边巡检司隶定州路，界河司隶高阳关路。[②]

宋仁宗庆历八年，朝廷终于下定决心，进行了新军事部署调整：

分河北兵为四路，北京、澶、怀、卫、德、博、滨、棣州、通利保顺军合为大名府路，瀛、莫、雄、霸、恩、冀、沧州、永静、乾宁、保定、信安军合为高阳关，镇、邢、洺、相、赵、磁州合为真定府路，定、保、深、祁州、北平、广信、安肃、顺安、永宁军合为定州路。凡兵屯将领，悉如其议，惟四路各置安抚使焉。[③]

在朝廷颁布了军事调整方案之后，受到韩琦的质疑。他认为分成四路，兵力分散，建议定州和真定合并为一路，高阳关和大名合并为一路。不过，朝廷仍旧按照四路的方案执行了。（见图5-5）

① 李焘：《续资治通鉴长编》，卷一百六十四，《仁宗庆历八年》，中华书局，1995年，第3947—3948页。

② 李焘：《续资治通鉴长编》，卷一百六十四，《仁宗庆历八年》，中华书局，1995年，第3948页。

③ 李焘：《续资治通鉴长编》，卷一百六十四，《仁宗庆历八年》，中华书局，1995年，第3948页。

图 5-5　四路略图

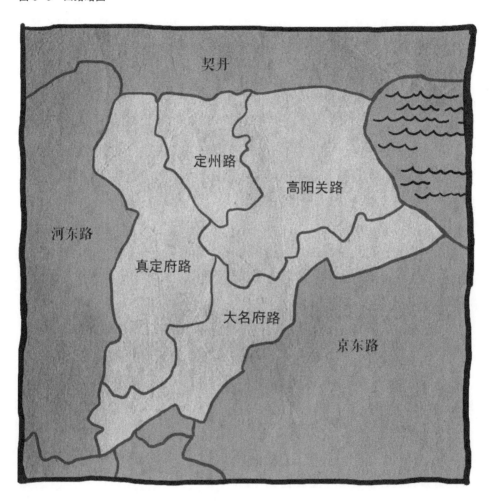

## 定州路

定州路（见图 5-6）以州为治所，统领定州、保州、深州、祁州、北平军、广信军、安肃军和永宁军八个军州。其中：

图5-6 定州路军、寨示意图

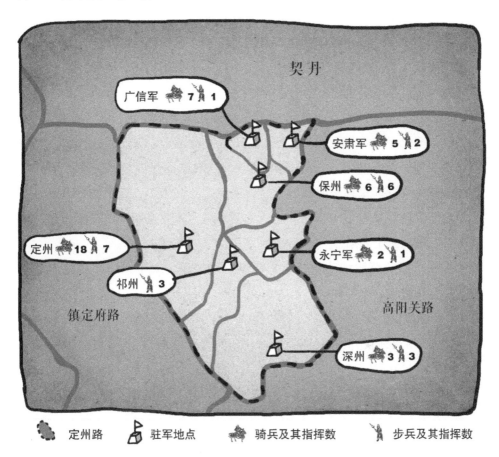

定州，"地平近胡"，东至瀛州二百八十里，东北至保州一百二十里，南至真定府一百二十里，北至长城口一百六十里，至契丹蔚州一百九十里，西南至赵州一百九十里，东南至深州一百七十里，东北至莫州二百五十里。北宋于此"广屯重兵，为边镇之剧"。①

---

① 曾公亮等：《武经总要》，卷十六，《定州路》，金盾出版社，1958年，第782页。

安肃军，后周时期设立梁门口砦，北宋太平兴国六年以易州宥戎镇置静戎军，又分遂城县地置静戎县，隶属静戎军。景德元年改为安肃军。此地东至雄州八十里，西至广信军二十里，南至保州四十里，北至契丹界二十里，东南至顺安军四十五里。西北至易州二十里。

永宁军，熙宁四年以定州博野县地置宁边军，景德元年改永定军，天圣七年改永宁军。永宁军北至保州九十里，东至瀛州高阳关一百里，东北至顺安军一百二十三里。

广信军，治所遂城县。此地东至安肃军二十里，西至长城（燕长城）十里，南至北平军约九十里，西至北易州七十里。

北平军，治北平县，北宋建砦筑城，控制安阳州四望口一带，山路至契丹蔚州。北平军东至保州五十里，南至定州九十里，西至龙泉镇六十里，北至契丹易州界狼山砦九十里。宋驻军满万人，遮断西山来路。除军城外，有砦铺二十六所。

保州，原属莫州清苑县，北宋初设立保塞军，太平兴国初年建为保州。每戎马南牧，率师捍御，当为军锋之冠。

定州路之所以成为北方边防的重点，与北宋军事的塘泊防御的缺口有很大关系。我们在下面会详细讨论北宋的塘泊体系。

## 高阳关路

高阳关路（见图5-7）统领瀛、莫、雄、霸、恩、冀和沧州、永静、乾宁、保定、信安军十一个军州。其中：

图5-7 高阳关路军、寨示意图

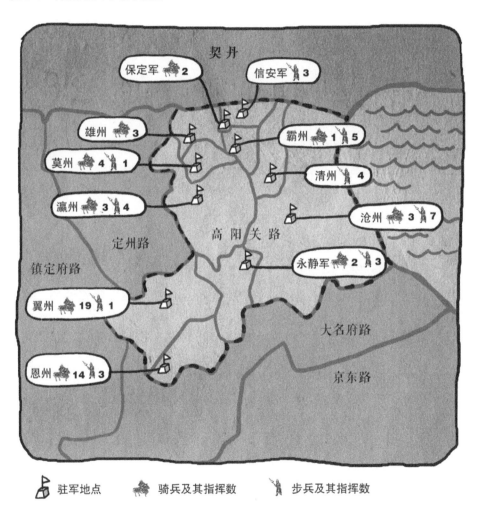

瀛州高阳关，后周世宗柴荣北伐置三关之一，此地东至定州一百二十里，西至井陉路，至并州（太原）五百里，南至赵州一百里，北至西山，至契丹蔚州四百九十里。南至平定军三百二十里。宋为重镇，常屯重兵，与定州路兵马犄角捍寇。[1]

沧州，横海军。东距大海，趣契丹平州路。北距界河，至幽陵，东至大海一百百十里。西至瀛州二百里，南至德州二百四十里。北至乾宁军九十里，至幽州共五百五十里。西至冀州二百九十里，西北至莫州二百六十里。除了州城外，有九个砦：

泥姑砦，东至胶脐港铺（比砦更小的军事据点）十里，北至界梁河。
双港砦，东至泥姑砦二十五里。
三女镇砦，东至双港砦八里。
苇场港砦，东至三女镇砦二十里。
小南河砦，东至苇场港砦十八里。
百万涡砦，东至小南河砦三十里。
沙涡砦，东至百万涡砦十一里。
独流砦，东至沙涡砦十二里。
钓台砦，南至乾宁军六十里，北至独流砦六十里。

乾宁军，治乾宁县。唐代芦台军地面，属幽州，地控御河（运河的一段）。周世宗柴荣收复后置永安县，属沧州，宋代置军。除军城外，有五砦：

当城砦，东至独流砦十五里，北至渤海县八平川路。
李祥砦，东至当城砦二十五里。
佛圣涡砦，东至李祥砦二十五里。
狼城砦，东至佛圣涡砦一十四里。
田家砦，东至狼城砦一十四里。

信安军，五代淤口关，后周置砦戍守，北宋太平兴国升为破虏军，澶

---

① 曾公亮等：《武经总要》，金盾出版社，1958 年，第 814 页。

渊之盟后改信安军。军城东至独流一百二十里，西至霸州六十里。除军城外，有六个砦：

周河砦，东至信安军城五里。

鹿角砦，东至周河砦六里。

嘉涡砦，东至鹿角砦十里。

黎阳涡砦，东至嘉涡砦二里。

雁头砦，东至黎阳涡砦二里。

阿翁砦，东至雁头砦六里。

霸州，旧益津关，后周建立霸州。霸州东至信安军六十里，南至保定军三十里，北至拒马河与契丹接界。宋初置州部署兼都巡检使，后省废。设立霸雄州路界河至海口都巡检使，以霸州为治所。除州城外，有九砦：

刘家涡砦，东北至霸州四里。

莫金口砦，东北至刘家涡砦四里。

桃花砦，东至莫金口砦五里。

父母砦，东至桃花砦五里。

新坦砦，东至父母砦六里。

红城砦，东至新坦砦六里。

七姑砦，东至红城砦三里。

大涡砦，东至七姑砦五里。

双柳东砦，东至大涡砦十里。

双柳西砦，东至双柳东砦十里。

雄州，旧瓦桥关，后周收复后，建为雄州。雄州东至霸州九十里，西至顺安军八十里，南至莫州二十里，北至白沟河三十里。北宋在北边创立水田，雄州知州兼河北缘边安抚营田使。除州城外，有四个砦：

木场砦，东至三桥子砦五里。

张家砦，东至木场砦三里。

王家砦，东至张家砦十四里。

向阳砦，东至马村砦十八里。

保定军，太平兴国六年，以涿州新镇建平戎军，景德元年改为保定军。保定军有二砦：

桃花砦。

父母砦。

保定军的设置与北宋塘泊防线有关系。按照富弼的说法：

景德前（宋真宗年号），（雄霸）二州这间塘水不相接，因名东塘、西塘。二塘之交，荡然可以为虏骑归路，遂置保定军，介于二州，以当贼冲。厥后，开导不已，二塘相连，虽不甚浩渺，而贼路亦稍梗矣。然或穷冬冰坚，或旱岁水竭，亦可以济，未为必安之地。虽然，但少以兵控扼之，则虏骑无以过矣。[①]

# 真定府路

真定府（见图5-8），本镇州，唐末为成德军节度使，后唐同光年间曾经升为北都，后降级仍为军，北宋沿袭下来。镇州升为真定府的时间似乎在宋仁宗初年。庆历八年，置真定府路安抚使，统领真定府、邢州、洺州、相州、赵州、磁州六州。其中：

---

① 《宋朝诸臣奏议》，卷一百三十五，边防门，辽夏，富弼《上仁宗河北守御十三策》。

真定府，治所正定县。其东至定州一百二十里，南至赵州一百里，西至太原五百一十六里。除府县城外，军、寨有四处：

　　天威军，在井陉县，控扼太行八陉中的井陉。北宋熙宁八年，井陉县徙治天威军，县置军使。另外井陉县还有小作口、王家谷两寨。

　　北寨，在行唐县，熙宁八年析行唐县二乡隶属北寨。在真定府西北二百里。

图 5-8　真定府路军、寨示意图

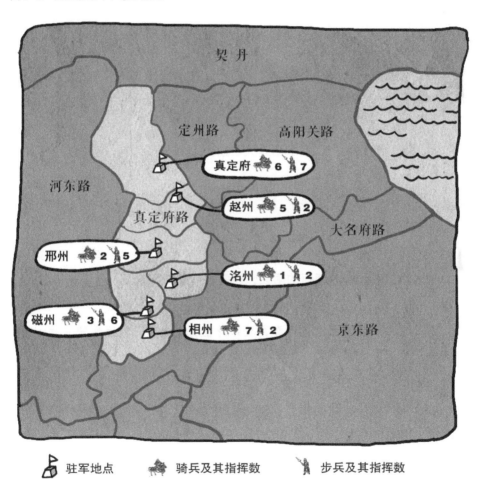

## 大名府路

大名府即唐时魏州。唐肃宗设立魏博节度使,辖魏州、贝州、博州、卫州、相州、磁州、洺州七州。唐末,魏博节度使是河北首屈一指的割据政权。进入五代,后唐、后晋与后汉曾经以魏州为陪都,显德元年(954年)正月周太祖"诏废邺都依旧为天雄军,大名府在京兆府之下"。

景祐年间,范仲淹知开封府,建议修筑洛阳城以备急难。庆历间,契丹将渝盟,朝廷中言官请求皇帝听从范仲淹的建议。宰相吕夷简反对修筑洛阳城,他认为:

> 契丹畏壮侮怯,遽城洛阳,亡以示威,必长敌势。景德之役,非乘舆济河,则契丹未易服也。宜建都大名,示将亲征,以伐其谋。①

根据吕的建议,宋仁宗下诏升大名府为北都并增修城墙。诏书下达之后,范仲淹再次上言认为:

> 此可张虚声耳,未足恃也。城洛阳既弗及,请速修京城。②

他的建议受到部分朝臣的附议,但是吕夷简却不认同,他劝皇帝说:

> 此(指修筑京师的建议)囊瓦城郢计也。使敌得渡河而固守京师,天下殆矣。故设备宜在河北。 ③

北宋朝廷最终修筑了北京城而非范仲淹所主张的洛阳或开封。大名府城规模巨大:

---

① 李焘:《续资治通鉴长编》,卷一百三十六,《仁宗庆历二年》,中华书局,1995年,第3260页。

② 李焘:《续资治通鉴长编》,卷一百三十六,《仁宗庆历二年》,中华书局,1995年,第3260页。

③ 李焘:《续资治通鉴长编》,卷一百三十六,《仁宗庆历二年》,中华书局,1995年,第3260页。

宫城周三里一百九十八步，即真宗驻跸行宫。……城周四十八里二百六步，门十七。①

这一点得到现代考古学的证实。（见图5-9）

图5-9　大名府城市遗址示意图

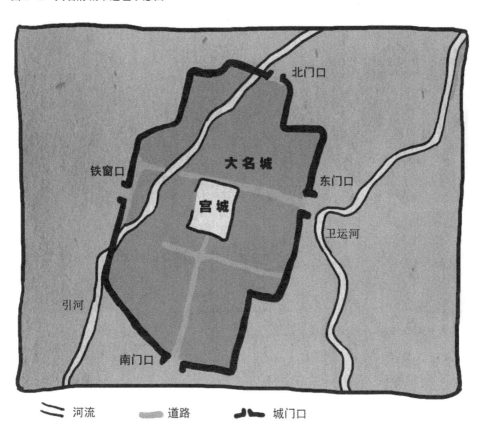

在军事上，大名府以内则屏蔽王畿，外张三路之援，② 统领北京、澶州、怀州、德州、博州、滨州、棣州、卫州、通利军和保顺军。其中：

通利军，端拱二年以滑州黎阳县为军。

① 脱脱等：《宋史》，卷八十一，《地理一》，中华书局，1977年，第2105页。

② 曾公亮等：《武经总要》，卷十六，《河北路》，金盾出版社，1958年，第781页。

保顺军，后周置，治所在沧州无棣县南二十里，北宋开宝三年，增加保顺镇和吴桥镇，隶属沧州。（见图5-10）

图5-10 大名府路格局示意图

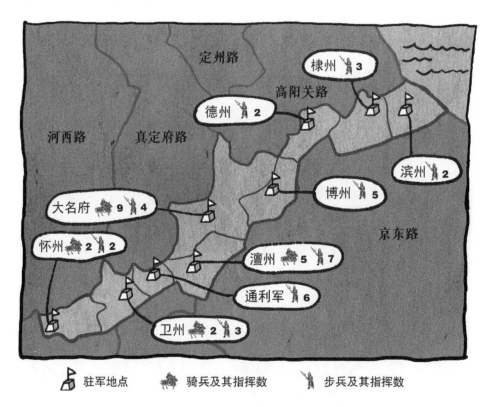

## 河北四路兵力部署

河北的驻军常常变化。这种变化源自两点，一是随着北宋兵目扩张产生的驻军增多，二是发生战事的情况下和平年代的防秋——为防御草原骑兵南下采取的军事戒备行动——时期，军队数目骤增。第二种情况延续的时间通常短暂。根据《兵志》对宋仁宗时期禁军数目的记录，可知北宋寻常时期河北驻军情况一斑。

定州路驻军情况如下：

定州：共 25 个指挥，骑兵指挥 18 个，共 7200 人；步兵指挥 7 个，共 3500 人；

保州：共 12 个指挥，骑兵指挥 6 个，共 2400 人；步兵指挥 6 个，共 2400 人；

深州：共 6 个指挥，骑兵指挥 3 个，共 1200 人；步兵指挥 3 个，共 1500 人；

祁州：共 3 个指挥，步兵指挥 3 个，共 1500 人；

安肃军：共 7 个指挥，骑兵指挥 5 个，共 2000 人；步兵指挥 2 个，共 1000 人；

广信军：共 7 个指挥，骑兵指挥 6 个，共 2400 人；步兵指挥 1 个，共 500 人；

北平军：共 4 个指挥，骑兵指挥 4 个；

永宁军：共 3 个指挥，骑兵指挥 2 个，共 800 人；步兵指挥 1 个，共 500 人。

高阳关路驻军情况如下：

瀛州：共 7 个指挥，骑兵指挥 3 个，步兵指挥 4 个；

莫州：共 5 个指挥，骑兵指挥 4 个，共 1600 人；步兵指挥 1 个，共 500 人；

雄州：共 3 个指挥，骑兵指挥 3 个，共 1200 人；

霸州：共 6 个指挥，骑兵指挥 1 个，共 400 人；步兵指挥 5 个，共 2000 人；

冀州：共 20 个指挥，骑兵指挥 19 个，步兵指挥 1 个；

恩州：共 17 个指挥，骑兵指挥 14 个，共 5600 人；步兵指挥 3 个，共 1500 人；

沧州：共 10 个指挥，骑兵指挥 3 个，步兵指挥 7 个；

永静军：共 5 个指挥，骑兵指挥 2 个，共 800 人；步兵指挥 3 个，共 1500 人；

乾宁军：共 4 个指挥，步兵指挥 4 个，共 2000 人；

信安军：共 3 个指挥，步兵指挥 3 个，共 1500 人。


真定路驻军情况如下：

真定府：共 13 个指挥，骑兵指挥 6 个，共 2400 人；步兵指挥 7 个，共 3500 人；

相州：共 10 个指挥，骑兵指挥 7 个，共 2800 人；步兵指挥 2 个，共 1000 人；

邢州：共 7 个指挥，骑兵指挥 2 个，共 800 人；步兵指挥 5 个，共 2500 人；

洺州：共 3 个指挥，骑兵指挥 1 个，共 400 人；步兵指挥 2 个，共 1000 人；

磁州：共 9 个指挥，骑兵指挥 3 个，共 1200 人；步兵指挥 6 个，共 3000 人；

赵州：共 7 个指挥，骑兵指挥 5 个，共 2000 人；步兵指挥 2 个，共 1000 人。


大名府路驻军情况如下：

大名府：共 13 个指挥，骑兵指挥 9 个，步兵指挥 4 个；

澶州：共 12 个指挥，骑兵指挥 5 个，步兵指挥 7 个；

博州：共 5 个指挥，步兵指挥 5 个；

棣州：共 3 个指挥，步兵指挥 3 个，共 1500 人；

德州：共 2 个指挥，步兵指挥 2 个，共 1000 人；

滨州：共 2 个指挥，步兵指挥 2 个，共 1000 人；

通利军：共 6 个指挥，步兵指挥 6 个，共 3000 人；

顺安军：共 3 个指挥，骑兵指挥 2 个，共 800 人；步兵指挥 1 个，共 500 人。

熙宁七年宋神宗实行将兵法，河北、河东及京师兵力配置有所更定。当年九月，宋神宗下诏：

河东、秦凤、永兴等路都总管司见管军马别降指挥团并外,其开封府界、河北、京东西路置三十七将副,选尝经战阵大使臣专掌训练,河北四路为第一至十七,府界为第十八至二十四,京东为第二十五至三十三,京西为第三十四至三十七。①

根据宋神宗的另一道批示:

近差定河北诸将,命下之后,将佐、兵马之数,人人悉知。至于检中上书,草泽亦能道三十七将、二十万兵。闻多因将副中有军班出身者,与旧同辈谈说,致此张皇,可立法诫约。②

熙宁七年共置 37 将,负责训练 20 万士兵,平均每将 5400 余人。河北四路置将 17 位,每将领负责训练 5400 人,计算下来,河北禁军约 91800 余人。这显然无法囊括全部河北禁军,于是到熙宁八年,韩琦的奏章称,河北将领增加至 37 将。据此可知,河北禁军约 200000 人。 此外还有相当数量的乡兵。

## 河北的塘泊、方田

河北地区地处平原,但是该地带也非绝对水平高度上的一致,其中河流纵横,在不同的河道之间,存在许多冲积扇或者河间的洼地。北宋在北部设计了塘泊体系,即对众多河流、湖泊、沼泽地加以改造,连成一片,构建出不利于骑兵行军的阻滞地带。

这一军事设想归功于何承矩。九八九年(宋太宗端拱二年),米信将军担任横海军节度使,朝廷委派何承矩为副使,协助他管理州中事务。在

---

① 李焘:《续资治通鉴长编》,卷二百五十六,《神宗熙宁七年》,中华书局,1995 年,第 6257 页。

② 李焘:《续资治通鉴长编》,卷二百五十八,《神宗熙宁七年》,中华书局,1995 年,第 6305 页。

这期间何承矩上书朝廷：

> 臣幼侍先臣关南征行，熟知北边道路、川源之势。若于顺安砦西开易河蒲口，导水东注于海，东西三百余里，南北五七十里，资其陂泽，筑堤贮水为屯田，可以遏敌骑之奔轶。俟期岁间，关南诸泊悉壅阗，即播为稻田。其缘边州军临塘水者，止留城守军士，不烦发兵广戍。收地利以实边，设险固以防塞，春夏课农，秋冬习武，休息民力，以助国经。如此数年，将见彼弱我强，彼劳我逸，此御边之要策也。其顺安军以西，抵西山百里许，无水田处，亦望选兵戍之，简其精锐，去其冗缪。夫兵不患寡，患骄慢而不精；将不患怯，患偏见而无谋。若兵精将贤，则四境可以高枕而无忧。[1]

"先臣"是指他的父亲何继筠。何继筠历事后唐至周，累官至忠武、成德、天平三节度。九六二年（宋太祖建隆三年），何继筠担任关南兵马都监。何继筠的军事履历为何承矩军事地理知识的积累提供了便利。根据沈括的说法，何承矩可能担任了关南六宅使的职务。沈括还提供了何承矩如何掩人耳目以实地考察关南地理形势的细节。

> 往岁，六宅使何承矩守瓦桥，始议因陂泽之地，潴水为塞。欲自相视，恐其谋泄。日会僚佐，泛船置酒赏蓼花，作《蓼花游》数十篇，令座客属和；画以为图，传至京师，人莫喻其意。[2]

何承矩奏疏中的提议至少包括四点：利用易水河，筑堤贮水为屯田，阻滞契丹骑兵；水田的扩大可以缩小军事防御战线，只需保留城堡内驻守士兵；屯田兵春夏致力于农事，秋冬练兵，耕战结合；顺安军以西无法利用陂塘的防御战线，则拣选精兵防守。

---

① 脱脱等：《宋史》，卷二百七十三，《何承矩传》，中华书局，1977年，第9328页。

② 沈括著，沈道静校注：《新校正梦溪笔谈》，中华书局，1957年，第145页。

宋太宗表示赞同并任命何承矩为河北缘边屯田使。何承矩的屯田工作在短期内取得了成效。但是，贮水显然超过了水稻生长所需要的高度，屯田发展成军事防御用途的塘泊。一〇〇〇年（宋真宗咸平三年），何承矩再次上书，他已经不再强调屯田的经济方面，而是集中在塘泊的军事成效上，并且提出希望将塘泊防御方案推广到顺安军西至西山一带。

> 今顺安西至西山，地虽数军，路才百里，纵有丘陵冈阜，亦多川渎泉源，因而广之，制为塘埭，则可戢敌骑、息边患矣。[1]

何承矩在顺安军以西的计划没有得到施行。到一〇三三年，负责雄州防务的官员刘平提出了新办法。

> 臣向为沿边安抚使，与安抚都监刘志尝陈备边之略。臣今徙真定路，由顺安、安肃、保定州界，自边吴淀望赵旷川、长城口，乃契丹出入要害之地，东西不及一百五十里。臣窃恨圣朝七十余年，守边之臣，何可胜数，皆不能为朝廷预设深沟高垒，以为扼塞。臣闻太宗朝，尝有建请置方田者。今契丹国多事，兵荒相继，我乘此以引水植稻为名，开方田，随田塍四面穿沟渠，纵广一丈，深二丈，鳞次交错，两沟间屈曲为径路，才令通步兵。引曹河、鲍河、徐河、鸡距泉分注沟中，地高则用水车汲引，灌溉甚便。愿以刘志知广信军，与杨怀敏共主其事，数年之后，必有成绩。[2]

宋仁宗认为这个办法可行，于是秘密命令刘平与刘怀敏负责方田事宜。方田属于塘泊体系的延续，其要点同样在于"潴水为险"。

根据《宋史》《武经总要》的记述，宋人的塘泊体系情况如下：

> 一塘水。东起沧州界，去海西岸黑龙港口，西至乾宁军，沿御河岸

---

① 李焘：《续资治通鉴长编》，卷四十七，《真宗咸平三年》，中华书局，1995年，第1010页。

② 脱脱等：《宋史》，卷九十五，《河渠五》，中华书局，1977年，第2359—2360页。

（以破船淀、满淀、灰淀、方淀四淀合成一水）。其水东西约百二十里，南北九十里至一百三十里，深约五尺。

一东起乾宁军，西信安军、御河西（以鹅巢、陈人、燕丹、大光、孟家五淀合成一水），其水东西约一百二十里，南北三十里至五十里，深丈余至六尺。

一东起信安军、御河，西至霸州莫金口（以水纹、得胜、下光、小兰、李子、太兰六淀合成水），其水迂直，东西七十里，南北十五里至六里，深六七尺。

一东北起霸州莫金口，西南保定军父母砦（以粮料、回泥二淀合成一水），其水东北二十七里，南北八里，深六尺，霸州至保定军沿塘岸行其水最为浅狭。至咸平、景德频年南牧，霸州、信安并胡马归路。

一东南起保定军，西北雄州（以百世、黑羊、小莲花三淀合成一水），其水东西六十里，南北二十五里至十五里，深八九尺。

一东起雄州，西至顺安军（以大莲花、洛阳、牛横、史军、康淀、池畴、白羊七淀合成一水），其水东西七十里，南北三十里至四十五里，深一丈至五六尺。

一东起顺安军，西边具淀至保州（益以齐女、宜子、定胜、劳淀四淀合成一水），其水东北三十余里，南北百五十里，深一丈三尺至一丈。

一起安肃、广信军之南，保州西北，以沈苑河聚为塘泊，南北二十里，东西十余里，深五尺至三尺，号沈苑泊，至西山口，约三十里。

一自保州西鸡距泉、尚泉二水合成，并方田、稻田，南北东西各十里，深五尺至三尺，号四塘泊。[①]

根据这些记载可知，由于不具备像东部一样的水源、地理条件，几经试验，顺安军—安肃军南北一线往西至太行山麓塘泊与方田计划不算太成功，定州路始终是军队防御的重点。（见图5-11）

---

① 曾公亮等：《武经总要》，卷十六，《真定府路》，金盾出版社，1958年，第825—827页。

图 5-11　北宋海河流域的塘泊工程示意图

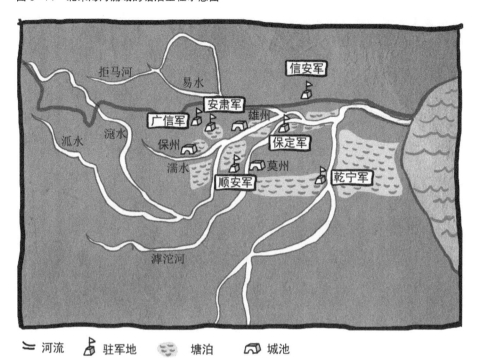

≃ 河流　🚩 驻军地　🌊 塘泊　🏯 城池

　　北宋的塘泊为起到军事作用，其水深有一定的要求，即：深不可以舟行，浅不可徒涉。[1] 因此需要经常维护。宋仁宗时期，对于河北塘泊的军事作用和维护，朝廷大臣已经分化为两派意见。一方认为从吴淀西到西山长城口，中间宽百余里，都是山岗，地势高，不能形成塘水，契丹骑兵从这一地带可以进行军事突破。塘水至大海之间，虽是险阻，也无用处。而且塘水导致土地无法生产，没有经济效益，不如不加维护，节省民力。当然他们的反对意见五花八门，甚至有人提出泊塘水流侵蚀破坏皇族在保州保塞县的祖陵。在注重风水的传统时期，这个反对意见的力量也不能忽视。

　　仁宗嘉祐六年（1061 年）七月，左侍禁雄霸路走马承受林伸言："国朝上世陵寝，在保州保塞县东，犹有天子巷御城庄存焉。其地与边吴淀相

----

① 脱脱等：《宋史》，卷九十五，《河渠五》，中华书局，1977 年，第 2359 页。

接无数十里，颇为塘水所坏，乞下本处常完筑之。"据《韩琦家传》记载："琦论塘水之害，亦以保塞陵寝为言。"①

另一派认为，整个河北地区平坦如砥，没有阻碍，假如没有塘泊体系，契丹骑兵就可以从西入侵、从东返回，或者从东入侵、从西返回，战线增长，北宋需要处处设防。在总兵力有限的情况下，防守兵力过多，会导致野战兵力不足，不能展开积极防御，完全处于被动挨打的形势下。塘泊有效阻止契丹从东部进出，大大缩短了防线，北宋可以在西线百余里内进行军事堡垒的重点防守。

北宋的统治者还没有愚蠢听信前者的意见。


## 沿边榆塞

在塘泊体系之外，北宋还发展了榆塞，即利用茂密的树林阻遏契丹的骑兵。当然，榆塞并非北宋的创造。在《汉书》中记载：

蒙恬为秦侵胡，辟数千里，以河为竟，累石为城，树榆为塞。

按照《挥麈录后录》的说法，在宋太祖时期，北宋就开始沿边种植榆柳：

太祖尝令于瓦桥一带南北分界之所，专植榆柳，中通一径，仅能容一骑，后至真宗朝，以为使人每岁往来之路，岁月浸久，日益繁茂，合抱之木，交络翳塞。②

---

① 李焘：《续资治通鉴长编》，卷一百九十四，《仁宗嘉佑六年》，中华书局，1995年，第4699页。

② 王清明：《挥麈录后录》，卷一，《笔记小说大观》第十五编，中国台湾，台北新兴书局，1983年，第1510—1511页。

这或许仅仅是在瓦桥关一带实施的局部措施。一○○○年，著作佐郎胡则向朝廷的建议：请课河北县种榆柳，以备材用。朝廷听从了胡则的建议。课征林木实物税无疑促进了整个河北地区的林木种植。

河北安抚司的官员最早意识到榆柳的军事价值。在一○一八年的时候，河北安抚司对沿边官地上种植的榆柳进行了统计，并在统计之后形成了一幅"北面榆柳图"。宋神宗将之出示给辅佐大臣的时候，告诉大臣们：

> 此可代鹿角（冷兵器时代的一种防御工具）也。[1]

尽管沿边州县种植的榆柳数目达到约三百万棵，但其原来种植的目的并非出于军事。所以，一○三三年的时候，宦官刘宗言建议，在西山山麓（保定以西的太行山东侧一带），"以法榆塞"。榆柳的种植正式提升到"榆塞"这一军事防御体系的高度。一○四九年，河北缘边安抚司的官员正式请示：自保州以西没有塘水的区域内，广植林木。朝廷准照施行。此后，北宋朝廷不时下达扩大种植范围或禁止砍伐以维护榆塞的命令。一○六八年，北宋朝廷下令于保州塘泺以西，筑堤植木凡十九里[2]。

一○七二年，供奉官赵忠政的上言：

> 界河以南至沧州城，虽有塘泊二百余里，其水或有或无，夏秋可徒涉，遇冬冰冻即无异平地。今齐、棣间数百里，榆柳桑枣，四望绵亘，人马实难驰聚。若自沧州东接海，西彻西山，仿齐、棣植榆柳桑枣，候数年间可以限戎马。[3]

根据这一建议，宋神宗命人前往勘查，并于十一月在沧州和边吴淀等地区种植榆柳。一○七三年，更是命霍舜封、王鉴以剗杋栽种榆柳为名，

---

① 徐松：《宋会要辑稿》，《兵二十七》，中华书局，1957 年，第 7256 页。

② 马端临：《文献通考》，卷六，《田赋六》，中华书局，1986 年，第 70 页。

③ 李焘：《续资治通鉴长编》，卷二百三十五，《神宗熙宁五年》，中华书局，1995 年，第 5707 页。

置司于大名府，负责榆柳种植工程。对于重点防御地区，北宋奖惩结合。一○六九年，北宋于安肃、广信、顺安军、保州等地：

令民即其地植桑榆或所宜木，因可限阂戎马。官计其多寡；得差减在户租数；活不及数者罚，责之补种。①

根据《韩魏公里治绩碑记》里记载：

定州西北，近边山林，旧禁斩伐。其后，杨怀敏建言，并以近里浅山耕艺之地，概行禁止，督州县自鸪河以北巡逻日严，犯者辄置于法，边人或徙居失业。公乃遣官行视，去北境尚五六十里，足为防蔽，别定禁地，揭榜谕之。非令所禁者，纵民采伐。由是得地六百余里。莫不感悦。令民即其地植桑榆。②

这反映的是韩琦管理定州时期的情况。起初，在靠近边界的范围内，朝廷禁止砍伐榆柳，在杨怀敏的建议下，禁伐范围向南扩展，这给定州居民造成生活困难，韩琦派人实地考察榆塞。由此可知，榆塞南北的纵深有五六十里。

经过几十年的经营，榆塞成为塘泊体系的重要的辅助防御设施。不过，在北宋末期，因为目光短浅，官方主动破坏了榆塞体系。按照《挥麈录后录》的说法：

宣和（宋徽宗时期）中，童贯为宣抚统兵取燕云，悉命剪剃之。逮胡马南骛，遂为坦途，如前日有所蔽障，则未必能卷甲长驱如此。③

---

① 脱脱等：《宋史》，卷一百七十三，《食货志上一》，中华书局，1977 年，第 4167 页。

② 衡规：《韩魏公治绩碑记》，《石刻史料新编》第 3 辑第 24 册，中国台湾新文丰出版公司，1986 年。

③ 王清明：《挥麈录后录》，卷一，《笔记小说大观》第十五编，中国台湾，台北新兴书局，1983 年，第 1511 页。

## 黄河渡口、水患与军事问题

黄河是一条横亘东西的天然屏障，北宋时期黄河中下沿岸迫近京城有许多津渡，有的津渡为有桥通过的梁津，有的津渡可以摆渡。作为黄河天险的通道，这些津渡的重要性不言而喻。靠近京城的津渡主要分布在三州，从西到东分别是孟州、滑州—安利军、澶州。

孟州，政和二年改济源郡。属京西北路。孟州的州治所在河阳县，位于黄河岸边。唐代河阳城分为三城，分南城、北城、中潬城。黄河则水分成两股从三城间通过。唐代于富平津修筑河阳桥，以船只编排成浮桥。契丹助后晋灭唐时，即由河阳渡河。在契丹南下进攻时：

> （景德二年八月庚寅）上之驻跸澶渊也，枢密使陈尧叟虑敌骑侵轶，建议令缘河悉撤桥梁，毁船舫。稽缓者论以军法。河阳、河中、陕府皆被诏。[1]

河阳上的浮梁桥在拆毁之列。（见图 5-12）

---

① 李焘：《续资治通鉴长编》，卷六十一，《真宗景德二年》，中华书局，1995 年，第 1358 页。

图 5-12  黄河的四处部兵防御示意图

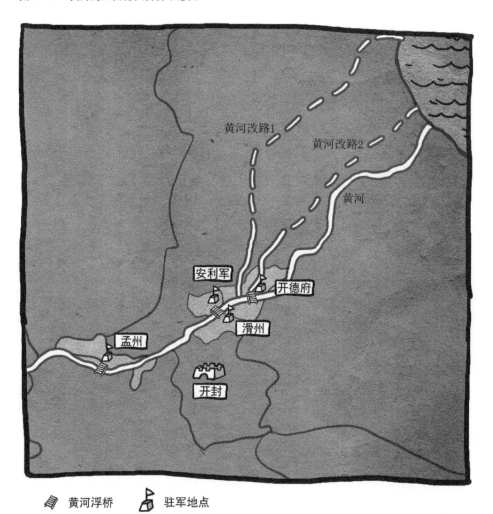

🗞 黄河浮桥   🚩 驻军地点

　　滑州—安利军，两州军相对在黄河南北。滑州属京西北路，州治在黄河南岸。宋太宗端拱元年，以滑州黎阳县为军，天圣元年，改通利名安利，至政和五年称浚州，军事上归大名府路，州治黎阳，南傍黄河，与滑州隔岸相望。两州境内两处著名古渡：一称白马津，即黎阳津；一称灵昌津，即延津。

　　澶州，崇宁四年升为开德府，属河北东路。州治淮阳县、在今河南省濮阳县一带，南临黄河，州有高陵津，德胜渡。五代后晋天福六年二月，晋曾置浮梁于德胜渡。澶州也徙于德胜渡，且分为南北两城。后晋时澶州桥至宋初似乎还保存，《文献通考》卷二九六《物异·二》载：（太平兴国）四年九月，澶州河涨，陷浮梁上囤十六。咸平二年十月，宋真宗至澶州，还有通过浮桥进抵河北的澶州城。天圣七年六月，河北一场大水，澶州浮桥被冲毁，十八年后的嘉祐二年，澶州桥再次修复。[1]

针对黄河上的津渡，一名官员于九九九年指出，大河津济，处处有之，亦望量屯劲兵，扼其要害。[2] 在实际中，以战争或受到战争威胁时，朝廷对津渡的处置可以看出北宋对津渡防守的安排与重视。澶渊之战时期，契丹兵锋直抵河畔，一〇〇四年十月，朝廷命澶州兵马钤辖内一人兼统缘河兵。十一月，又命户部判官郝太冲前往邢、洺、磁、相、澶、滑、怀、卫、河阳、通利军安抚。河阳与通利军被放置在河北靠近黄河的相关州县防卫体系之内一并考量。同月，针对黄河冰冻可以徒涉，命令知滑州张秉、齐州马应昌、濮州张晟往来河上，部署丁夫凿冰，以防戎马之渡。十二月，因为澶渊之盟达成，才命令停止修筑河阳城池。

北宋中后期，黄河的改道与泛滥更为经常。史书记载说黄河之患，终宋之世，迄无宁岁。[3] 除了造成田地的荒芜、人口的溺亡等社会影响，黄河改道也给北宋的防务造成新困难。较为重要的黄河决口和改道有四次。

一〇三四年（景祐元年），黄河冲决澶州横陇埽，向东北奔流，不再走故道。新横陇河道的大致走向是从横陇，到平原，分金、赤、游三河，经过棣州，北汇入海。

横陇河道最终淤塞。一〇四八年（北宋庆历八年），黄河从商胡埽决口。欧阳修记录了河道淤塞从下游渐至中游、最后决堤的过程：

横陇即决，水流就下，所以十余年间，河未为患。至庆历三、四年，横陇之水，又自海口先淤，凡一百四十余里；其后，游、金、赤三河相次

---

① 汤开建：《北宋河桥考略》，青海师范大学学报，1985 年第 5 期。

② 李焘：《续资治通鉴长编》，卷四十五，《真宗咸平二年》，中华书局，1995 年，第 977 页。

③ 李濂：《汴京遗迹志》，卷五《河渠一》，《笔记小说大观》第三十五编第三册，中国台湾，台北新兴书局，1983 年，第 152 页。

又淤。下流既梗，乃决于上流之商胡口。[①]

商胡埽决口之后，黄河形成新河道，其走线大致流经：从商胡北流流经赵村、六塔集以西，又经过清丰、南乐之东，经过大名县东、馆陶东，之后经过武城东、枣强、冀县东、武邑东合葫芦河，之后，北流又向东北经过清县合御河，穿过静海县，合入界河，流入大海。

一〇六〇年（嘉祐五年），黄河从大名府魏县第六埽决口，向东形成一股分流，向东北方向流一段后，分成两股，从魏州、恩州东，经过德州、沧州，汇入大海。这一股黄河分流称为"二股河"或"东流"。

一〇八一年（元丰四年），黄河再次从小吴埽决口而改道，其大致走向：从小吴埽北流经过内黄、清丰、南乐、大名、馆陶、丘县、威县、清河、临清、南宫、冀县、枣强、武邑、交河、阜城、南皮后合入御河；另有一股仍流商胡道，至清县合入御河。二股大河一同流入御河、至独流口汇入界河后，流入大海。

一〇九四年，黄河北流被堵塞，但是，到一〇九九年，黄河决口再次北流，而终北宋之世。

对于黄河改道，北宋朝廷内部形成了两个派别。一派提出务必使黄河回流。回流派的理由比较全面地反映在王岩叟的奏章中：

（黄河北流）今有大害者七，不可不早为计。北塞之所恃以为险者，在塘泊。黄河埋之，猝不可浚，浸失北塞险固之利，一也；横遏西山之水，不得顺流而下，壅溢於千里，使百万生齿，居无庐，耕无田，流散而不复，二也；乾宁孤垒，危绝不足道，而大名、深、冀腹心郡县，皆有终不自保之势，三也；沧州扼北敌海道，自河不东流，沧州在河之南，直抵京师，无有限隔，四也；并吞御河，边城失转输之便，五也；河北转运司岁耗财用，陷租赋以百万计，六也；六七月之间，河流交涨，占没西路，阻绝辽使，进退不能，两朝以为忧，七也；非此七害，委之可，缓而未治可也。[②]

---

① 脱脱等：《宋史》，卷九十一，《河渠一》，中华书局，1977年，第2270—2271页。

② 脱脱等：《宋史》，卷九十二，《河渠二》，中华书局，1977年，第2290页。

朝廷内部还有一个担忧：伴随着黄河决口的地方每次都更向西进展，而河的尾部因而也更向北方摆动，假如这种趋势不停止，黄河入海口是否最终完全处于契丹人所管理的范围内。他们指出：

大河东流，为中国之要险。自大吴决后，由界河入海，不惟淤坏塘泺，兼浊水入界河，向去浅淀，则河必北流；若河尾直注北界入海，则中国全失险阻之限，不可不为深虑。①

另一派则考虑到地有高下、水有顺逆的自然特征，认为无须、也无力改变河流的新走向。对于第二个问题，他们反击说：根据实际情况，界河在黄河的冲刷下变宽变深了，河尾部不会再向北移动。这种担忧是杞人忧天。

北宋皇帝在大臣的争论中举棋不定。从第一次黄河改道开始，时而兴工回河，时而下诏停工。最成功的一次努力是在一〇九四年，北流水被遏止，并东流故道。但是，五年之后，黄河再次从内黄决口，重新北流。回河东流的治河方针完全失败。

实际上，黄河改道对北宋的塘泊防线有双重影响。固然，从黄河汇入界河开始靠东一段，下游地带因为黄河水的流入，导致水道变宽，水深增大。但是对于黄河入界河处的以西地区，在凶猛的黄河泛滥流水面前，北宋对塘泊保护措施简直不堪一击。

## 首都、属县堡垒与兵力

河北以及黄河防线都是为保卫首都开封的安全设置，而北宋首都及周边的军事布防是重中之重。这与北宋的守内虚外，强干弱枝的统治手段密切相关。

北宋东京城是一座东西略短、南北稍长的长方形城池，由外向内依次

---

① 脱脱等：《宋史》，卷九十二，《河渠二》，中华书局，1977年，第2295—2296页。

筑有外城、内城、皇城三重城。

汴梁的皇城的前身是唐宣武军节度使衙署，规模十分狭小。后梁朱温定都开封后，将其改为建昌宫，后晋改为大宁宫，到了后周世宗即位，虽加以增扩，仍是王府模样；九六二年，宋太祖赵匡胤组识大批人力扩建了皇宫，周回五里。

汴梁城内城周围二十里一百五十五步，是由唐宣武军节度使李勉七八一年加以重筑而成。

外城，又称新城、国城、罗城，是京师防御中可能最先受到外来攻击的部分。九五六年（后周世宗显德三年）正月，周世宗柴荣下令调集京畿内及滑、郑、曹州的民工十余万在汴州城的四周兴筑外城。《金史·赤盏合喜传》载：

父老相传，周世宗筑京城取虎牢（今河南荥阳西）土为之，坚密如铁，受炮所击唯凹而已。[1]

现代考古选择了保存较好的西墙南段开挖了一条 50 米 ×8 米的探沟进行试掘，发现城垣系夯土版筑而成。夯土结构坚实，夯窝密集匀称。夯土分红褐黏土和灰黄色两种土质。夯筑方法是先垫一层厚 2 厘米—4 厘米，含有灰、白、红颗粒状的红褐黏土，再填一层厚 8 厘米—10 厘米、含沙量较大的灰黄土，然后再进行夯打。两种土质有着明显的差别，尤其是发掘到城墙底部时，发现含沙量较大的灰黄土和自然生土相同。发掘者推测，这种灰黄土应是取自当地土，而红褐黏土有可能是从百里之外的虎牢关运来的。[2]

北宋时期，外城不断得到修缮。在宋仁宗时期，朝廷建北都大名府，朝臣范仲淹就提出不要建北都，应该修洛阳，即使不修洛阳，也应该修都城。他不断上述朝廷，论述增修京师的必要性：

---

① 脱脱等：《金史》，卷一百一十三，《赤盏合喜传》，中华书局，1981 年，第 2496 页。

② 丘刚：《北宋东京三城的营建和发展》，《中原文物》，1990 年第 4 期。

今陕西、河北聚天下之重兵，如京师摇动，违远重兵，则奸雄奋飞，祸乱四起。臣闻天有九阍，帝居九重，是以王者法天设险以安万国也。易曰："天险不可升，地险山川丘陵，王公设险以守其国。"正在今日矣。臣请陛下速修东京，高城深池，军民百万，足以为九重之备，乘舆不出，则圣人坐镇四海而无顺动之劳，銮舆或出，则大臣居守九重而无回顾之忧矣。[①]

在朝廷中也有反对修筑京城的声音，在范仲淹的奏疏中提到：

或曰，京城王者之居，高城深池，恐失其体。[②]

范仲淹批驳这种言论：

臣闻后唐末，契丹以四十万众送石祖入朝，而京城无备，闵宗遂亡。石晋时叛臣张彦泽引契丹犯阙，而京城无备，少主乃陷。此无备而亡，何言其失体哉？臣但忧国家之患，而不眼顾其体也。若以修营城隍为失体，不犹愈于播迁之祸哉？[③]

从真宗大中祥符元年 (1008 年) 到仁宗天圣元年 (1023 年) 间，北宋朝廷屡次增筑、贴补京师外城，但规模有限。最大的增修发生在神宗熙宁八年（1075 年）八月，神宗任命得力大臣宋用臣主事。为修筑城墙，官员甚至"创机轮以登土"。增修工程历时三年，至元丰元年 (1078 年) 十月完毕。外城得到较大扩展（见图 5-13）：

---

① 李焘：《续资治通鉴长编》，卷一百三十六，《仁宗庆历二年》，中华书局，1995 年，第 3262 页。

② 李焘：《续资治通鉴长编》，卷一百三十六，《仁宗庆历二年》，中华书局，1995 年，第 3261—3262 页。

③ 李焘：《续资治通鉴长编》，卷一百三十六，《仁宗庆历二年》，中华书局，1995 年，第 3262 页。

城周五十里百六十五步，高四丈，广五丈九尺。①

图 5-13　宋汴梁城示意图

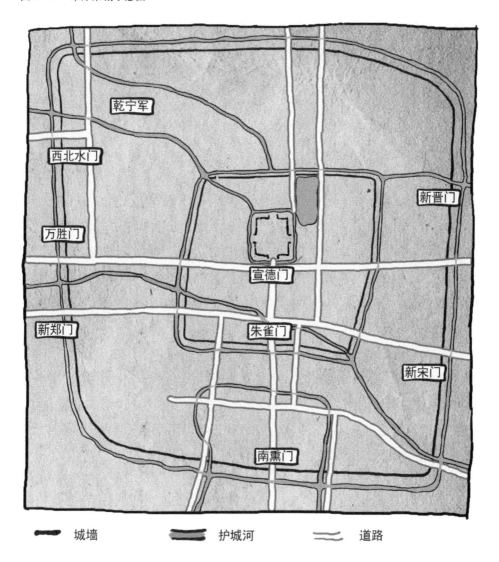

乾宁军

西北水门

新晋门

万胜门

宣德门

新郑门

朱雀门

新宋门

南熏门

━━　城墙　　▰▰▰　护城河　　═══　道路

元丰五年和七年，北宋又在外城四周开辟护城壕，并买木修置京城四

---

① 徐松辑：《宋会要辑稿》，《方域一》，中华书局，1957 年，第 7326 页。

御门及诸瓮城门,封筑团敌马面。外城的城门和水门也由原来的十座增至二十一座,入城时必先入瓮城,上设敌楼,次一瓮城,有楼三间,次方入大城。①

除了坚固高大的城墙,京师也是重兵把守之所。宋仁宗时期京师及下属州县的驻防兵力如下:

京城驻军:共 476 指挥。其中马军指挥 162 个,64000 人;步兵指挥 314 个,157000 人。(见图 5-14)

图 5-14　开封府周围兵力示意图

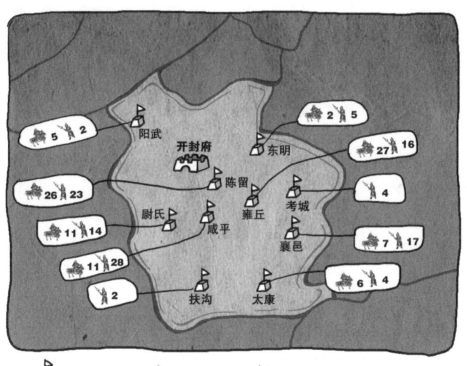

属县驻军:

尉氏:共 25 指挥,马军指挥 11 个,共 4400 人;步兵指挥 14 个,

---

① 楼玥:《北行日录》,十二月九日条,四库本。

共 5600 人；

陈留：共 49 指挥，马军指挥 26 个，共 10600 人；步兵指挥 23 个，共 11500 人；

雍丘：共 43 指挥，马军指挥 27 个，共 10800 人；步兵指挥 16 个，共 8000 人；

阳武：共 5 指挥，马军指挥 2 个，共 800 人；步兵指挥 3 个，共 1500 人；

东明：共 7 指挥，马军指挥 2 个，共 800 人；步兵指挥 5 个，共 2500 人；

襄邑：共 24 指挥，马军指挥 7 个，共 2800 人；步兵指挥 17 个，共 8500 人；

扶沟：共 2 指挥，步兵 2 指挥，共 1000 人；

考城：共 4 指挥，步兵指挥 4 个，共 2000 人；

太康：共 10 指挥，骑兵指挥 6 个，共 2400 人；步兵指挥 4 个，共 2000 人；

咸平：共 39 指挥，骑兵指挥 11 个，共 4400 人；步兵指挥 28 个，共 14000 人。

## 京师两翼和登州海岸防卫

在开封府的东西两翼的京东、西路，北宋也配置有军队驻防。在京西路驻防重兵的堡垒有：

河南府（府治洛阳）：共 33 个指挥，骑兵指挥 11 个，4400 人；步兵指挥 22 个，11000 人；

许州：共 33 个指挥，骑兵 3 个指挥，1200 人；步兵 30 个指挥，15000 人；

郑州：共 11 个指挥，骑兵 2 个指挥，800 人；步兵 9 个指挥，4500 人；

滑州：共14个指挥，骑兵1个指挥，400人；步兵13个指挥，6500人；

孟州：共24个指挥，分驻河阳、河阴；河阳驻军为13个指挥。

在京东路驻防重兵的堡垒有：

应天府（北宋南京）：共46指挥，骑兵指挥13个，5200人；步兵指挥33个，16500人；

曹州：共14个步兵指挥，7000人；

郓州：共11个步兵指挥，5500人；

广济军：共8个指挥，骑兵指挥1个，400人；步兵指挥7个，3500人。（见图5-15）

图5-15 开封府周围兵力示意图

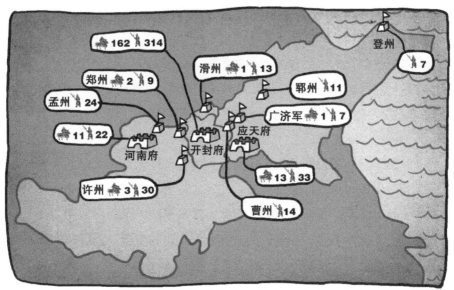

在京东一带，登州因为其特殊的地理位置，成为海岸防卫的重点。

登州，古东牟郡，汉黄县也。唐建州于蓬莱镇，今治所也。东西北三面距大海各五里。一路至女真界。扬帆一日一夜至马头山。按皇华四达记，北渡海至马头山五百里，旧女真国，今契丹界。……淳化中，契丹去海四百里，建砦，置兵三千，女真朝贡遂绝。……唐置东牟、东莱二守，悉兼守捉使；宋隶京东路，领水军船、鱼船入海，战舰数百，教习水战，知州兼海内战棹都巡检使。①

《宋史》卷二八一《寇准传》也记载说：

自国朝以来，（登州）常屯重兵，教习水战，旦暮传烽，以通警急。每岁四月，遣兵戍驰基岛，至八月方还，以备不虞。自景德（宋真宗年号）以后，屯兵常不下四五千人。除本州诸军外，更于京师、南京、济、郓、充、单等州，差拨兵马屯驻。至庆历二年，知州郭志高为诸处差来兵马头项不一，军政不肃，比划奏乞创置澄海水军弩手两指挥，并旧有平海两指挥，并用教习水军，以备北虏，为京东一路捍屏，虏知有备，故未尝有警。②

据此可知，登州配备禁军额数旧为平海两指挥，1000 人；庆历二年在知州郭知高的请求下，创置澄海弩手两指挥，1000 人；另据《宋史·兵志》记载，宋仁宗末年登州驻军为 7 个步兵指挥，又增加武卫两指挥，宣毅一指挥，3500 人。以上均为核定驻军。在实际中，北宋常常从京师、南京、济州、郓州、兖州、单州等处调集军队，增戍登州，其屯兵数目大大超过核定驻军。

澶渊之盟后，宋和契丹之间保持了大体的和平，北宋的防线没有经过战争考验。但是，随后发生的关南地和河东地界之争，表明北宋对它没有绝对的信心。而且，到北宋后期，行政、军事系统的全面腐败使防线处于徒具虚名的危险。但是，宋徽宗并没有意识到这种危险，反而采取了一种激进的策略，最终引发了一场王朝危机。

---

① 曾公亮等：《武经总要》，卷十七，《河东路》，金盾出版社，1958 年，第 865 页。
② 脱脱等：《宋史》，卷二百八十一，《寇准传》，中华书局，1977 年，第 9531 页。

第六章

斗而不破

　　北宋与契丹的关系并没有因为澶渊之盟的达成、各自防御体系的完善
而归于平静，围绕着燕云十六州边界的河北与河东两段，双方发生了关
南十县和河东地界的争夺与谈判。北宋又每每以增加岁币而妥协退让，
与之而来的屈辱感如何使北宋产生一种特有的燕云情结？这些将在这一章
中叙述。

# 一、关南十县的交涉

**问题的提出**

据《辽史》记载，辽兴宗重熙十年（1041 年）十二月：

> 上闻宋设关河，治壕堑，恐为边患，与南北枢密吴国王孝穆、赵国王萧贯宁谋取宋旧制关南十县地，遂遣萧英、刘六符使宋。[1]

按照本纪的记载是辽兴宗听闻北宋加强战备，担心北宋对契丹有所军事图谋，因而与南北枢密吴国王孝穆、赵国王萧贯宁谋取关南地。也就是说，辽兴宗打算借着应对北宋军事行动的机会，夺取关南十县。在武力解决之前，派遣萧英、刘六符进行与北宋"文谈"。这一叙述隐含着，如果"文谈"失败，可能采取军事手段。

而按照《长编》及刘六符传记，提出关南十县争议的是刘六符。

---

[1] 脱脱等：《辽史》，卷十九，《兴宗纪二》，中华书局，1974 年，第 226 页。

先是，西兵久不决，六符以中国为怯且厌兵，因教其主聚兵幽、涿，声言欲入寇。而六符及英先以书来求关南十县。①

宋人陆游《老学庵笔记》里有一段记录，值得重视：

辽人刘六符，所谓刘燕公者，建议于其国，谓燕、蓟、云、朔本皆中国地，不乐属我，非有以大收其心，必不能久。虏主宗真问曰："如何可收其心？"曰："敛于民者十减其四五，则民惟恐不为北朝人矣。"虏主曰："如国用何？"曰："臣愿使南朝，求割关南地，而增戍阅兵以胁之。南朝重于割地，必求增岁币，我托不得已受之，俟得币，则以其数对减民赋可也。"宗真大以为然，卒用其策得增币，而他大臣背约，才以币之十二减赋，民固已喜。及洪基嗣立，六符为相，复请用原议，洪基亦仁厚，遂尽用银绢二十万之数减燕、云租赋，故其后虏政虽乱而人心不离，岂可谓虏无人哉！②

这一记载称，刘六符求关南地的逻辑是，减少燕云地区赋税以达到稳定契丹南部民心，契丹朝廷取自南部的收入则通过讹诈北宋取得。也许关南地的争论一开始就是为了经济利益。

## 关南十县的所指与后周、北宋相关的行政区划调整

契丹所提出的石晋元割之地，实际包括瀛州、莫州以及幽州卢台军地，而关南十县应是石敬瑭割让时瀛州和莫州所辖县。具体关南十县包括哪些，历史记录颇为混乱。

关于莫州的属县，北宋人编《太平寰宇记》记载：

---

① 李焘：《续资治通鉴长编》，卷一百三十五，《仁宗庆历二年》，中华书局，1995年，第3230页。

② 陆游：《老学庵笔记》，卷七，商务印书馆，1979年，第91—92页。

（莫州）元领县六，今三：莫县、任丘、长丰。二县割出：文安（入霸州）、清苑（入保州）。一县废：唐兴。

文中所讲元领六县是指唐代莫州领有六县，至北宋太平兴国年间只领三县，其中三县发生变动。需要弄清楚石敬瑭割让至周世宗调整政区前这一段时间内的政区变化，才能弄清莫州在契丹治理时期的辖县数目。（见图6-1）

图6-1 关南十县示意图

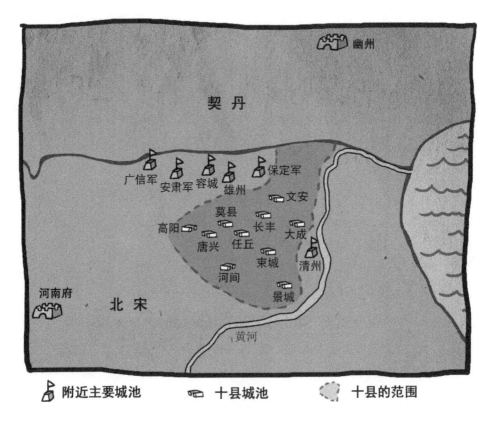

据文所记载，莫县、任丘和长丰三县没有争论，文安在后周世宗柴荣将之划入霸州前也没有变更。问题集中在清苑县和唐兴县。

唐兴县，《寰宇记》记载：

唐兴，后晋改为宜川县，后复旧，周显德六年并入莫县。

周显德六年，即九五九年，该年后周柴荣夺瀛州和莫州。也就是说，在后周柴荣废掉唐兴县前，契丹统治下的莫州延续了唐代行政区划。即唐兴县属于莫州。而在北宋时，北宋政府在旧唐兴县设唐兴寨，濠化二年（九九二年）又改唐兴寨为顺安军。

清苑县，宋太平兴国六年建立保州，改清苑县为保塞县，归属保州。但是据《五代会要》记载：

后唐天成三年二月升奉化军为泰州，以清苑县为理所。至晋开运二年九月移就满城县，至周广顺二年二月废州，其满城县割隶易州。

后唐天成三年是九二八年，后晋开运二年是九四五年，而后晋奉上十六州版籍时间是九三八年。后晋不可能对已经割让县进行行政区划调整。因此，至于石敬瑭割让十六州中清苑县应不在其中。割让时莫州是五个县：莫、文安、任丘、长丰、唐兴。

对于瀛州的属县，《太平寰宇记》记载：

元领六县，今四：河间，束城、高阳、景城（景州割到），三县割出：乐寿（入深州）、博野（入深州）、平舒（入霸州）。

按《旧唐书》记载：

瀛州旧领十县，分别是河间、高阳、乐寿、博野、清苑、莫、任丘、文安、平舒、束城，景云二年（七一一年），分莫、任丘、文安、清苑置莫州，大历后（七九九年），割博野、乐寿隶深州。今领五县：河间、高阳、平舒、束城、景城。

多出来的景城县是在八六〇年后，割景州景城县归属瀛州。

《寰宇记》所记的乐寿、博野割出应与两唐书一致①，即七七九年将两者割属深州。

《寰宇记》所指平舒即是大城县。因为霸州是后周柴荣夺回瀛州、莫州时候，割莫州的文安县、瀛州的大城县组合而成设立。

因此，按照《太平寰宇记》的记载，唐代瀛州元领六县应为：河间、束城、高阳、乐寿、博野、平舒。而乐寿、博野于七七九年割出，瀛州此时领有四县：河间、束城、高阳、平舒。《太平寰宇记》记载景城归属瀛州的时间与旧唐书记载一致。似乎可以认定石敬瑭割让时瀛州五个县：河间、高阳、平舒、束城、景城。

据此可知关南十县为：莫、文安、任丘、长丰、唐兴；河间、高阳、平舒、束城、景城。

当然，后周双方易手的地域范围超过关南十县。后周和北宋对所占地区进行了行政调整。

瀛州调整主要包括：

河间县：宋太宗雍熙中在河间县置平虏寨，澶渊之盟后平虏寨改升为肃宁军。

高阳县：太平兴国七年在高阳县置唐兴寨，淳化三年，建唐兴寨为顺安军。至道三年，以瀛州高阳县隶属顺安军。

大城县（平舒）：后周置霸州，割瀛州大城县属之。

景城：废县为镇，属于乐寿县。

莫州调整主要包括：

莫州：宋太宗太平兴国六年，以莫州新镇建平戎军，澶渊之盟后改保定军。辖两个寨，即桃花寨、父母寨。

文安县：后周置霸州，割莫州的文安县。太平兴国六年，霸州文安县淤口寨改建破虏军，澶渊之盟后改为信安军，辖七个寨，即周河寨、刁鱼寨、田家寨、狼城寨、佛圣涡寨、鹿角寨、李详寨。

此外，还有幽州卢台军。九五九年（周世宗显德六年）后周得三关，

---

① 李晓杰：《五代时期幽州卢龙节度使辖区沿革考述》，《历史地理》第二十五辑，第71—85页。

夺回卢台军改为永安县，隶属沧州。北宋承之。太平兴国七年，置军，改县为乾宁县；大观二年，改为州，称清州。

## 易州

五代初领五县：易县、容城、遂城、涞水、满城。易州不是石晋割地，耶律德光南下灭后晋的时候，易州孙方简投靠契丹，易州为契丹占领。后周世宗北伐时，重新夺占易州。九八九年契丹又从北宋手中重新夺回部分易州土地，置易州，领三县：易县、涞水县、容城县。

北宋则占有原易州下属的遂城与满城两县。

遂城县，太平兴国年间建静戎军，以易州遂城三乡置静戎县，隶属静戎军；澶渊之盟后静戎军改称安肃军。太平兴国六年，改遂城县（不含割划出去的三个乡）为威虏军，澶渊之盟后威虏军改称广信军。

满城县，五代后晋时期将泰州治所迁徙于满城，后周广顺二年废泰州，县属于易州，不久又废入清苑县。

雄州：归信县、容城（不同于契丹容城县，新容城县是在唐代废掉的全忠县基础上设立的）。

契丹向北宋提出关南十县，北宋本可以提出易州三县的问题，但是，整个谈判过程中，根本不见这一做法。

## 宋人的反应

在刘六符等人到来之前，宋人边关的官员就了解到他们此来目的并报告朝廷。

契丹谋聚兵幽蓟，遣使致书求关南地。知保州、衣库使王果，先购得其书藁以闻，且言："契丹潜与昊贼相结，将必渝盟。请自广信军以西缘山口贼马出入之路，预为控守。"①

　　得到奏书后，北宋朝廷大为紧张。王果的奏书立刻被转交给河北安抚司，命令他们秘密修筑边防设施。差派比较干练的官员沧州钤辖、洛苑使、普州刺史杨怀敏，以巡堤为名，驻防莫州，让他与知雄州、六宅使、忠州刺史杜惟序等一同管勾机宜司事。

　　接到朝廷转发的奏书后，河北安抚使提请朝廷：让所有缘边都巡检司暗中添置兵马，并请朝廷下诏河北辖区内掌管军队的官员都秘密准备防御工作。朝廷同意了这一奏请。

　　正月，北宋边吏传言朝廷契丹的使者即将抵达。按照双方交往的惯例，北宋朝廷需要派遣接伴使在交界地迎接使者。契丹来者不善，以往担任过接伴使的官员们畏惧不前。北宋朝廷为选派接伴使大费脑筋。宰相吕夷简向朝廷推荐了一名叫富弼的中级官员，后者勇于承担责任。这正是他的同僚们所缺乏的。

　　使者们出发后，北宋朝廷还采取了一系列的备战措施。任命了新的边防指挥官：原真定府定州路都部署、宣徽南院使、天平节度使夏守赟调任高阳关都部署。获得重要情报的衣库使、知保州王果得到晋升，遥领贺州刺史兼任高阳关钤辖。知陈州、河阳三城节度使杨崇勋为同平章事、判定州、兼真定府定州路都部署。改原调任青州的王德用为保静军节度使。增强了河北的军队：调派外处就粮马步军六十四指挥一万三千八百四十人，遣赴澶州驻泊。升河北厢军厅子马、无敌、招收军为禁军。河北缘边州军置场买马，购买战马。缘河的州军开始秘密制造战船，京东、西路也各造五百只战船调往河北。兵部员外郎、集贤校理张之为直史馆、河北路转运使负责军队辎重后勤，河北县镇的粮草也被运到州城。

----

① 李焘：《续资治通鉴长编》，卷一百三十五，《仁宗庆历二年》，中华书局，1995 年，第 3220 页。

## 契丹国书与北宋的回书

接伴使富弼从二月丙子离开京师汴梁，他们抵达雄州后，等待了很久，契丹的使者萧英和刘六符才入宋的境界。发生了耐人寻味的小插曲：

遣中使慰劳，英称足疾不拜，弼谓曰："吾尝使北，病卧车中，闻命辄拜。今中使至而君不起，此何礼也？"英矍然起，遂使人掖而拜。[①]

据说，富弼从萧英对"礼"的敬畏之心，判断使者重视道义上的是非。契丹违约败盟，有所理屈，使者们未必内心赞同这样的行动。富弼开始施展手段：

（富弼）每与之开怀尽言，冀以钩得其情。英等以故亦推诚无隐，乃密以其主所欲得者告弼，且曰："可从，从之。不从，更以一事塞之。王者爱养生民，旧好不可失也。"弼具以闻。[②]

萧英和刘六符等人抵达汴梁，北宋朝廷命御史中丞贾昌朝为馆伴。契丹使者向北宋朝廷递上国书：

弟大契丹皇帝谨致书兄大宋皇帝，粤自世修欢契，时遣使轺，封圻殊两国之名，方册纪一家之美。盖欲洽于绵永，固将有以披陈。窃缘瓦桥关南是石晋所割，迄至柴氏，以代郭周，兴一旦之狂谋，掠十县之故壤，人神共怒，庙社不延。至于贵国祖先肇创基业，寻与敝境继为善邻。暨乎太宗绍登宝位，于有征之地，才定并汾，以无名之师，直抵燕蓟，羽召精锐，御而获退，遂至移镇国强兵、南北王府并内外诸军，弥年有戍境之

---

① 李焘：《续资治通鉴长编》，卷一百三十五，《仁宗庆历二年》，中华书局，1995年，第3230页。

② 李焘：《续资治通鉴长编》，卷一百三十五，《仁宗庆历二年》，中华书局，1995年，第3230—3031页。

劳，继日备渝盟之事，始终反复，前后谙尝。窃审专命将臣，往平河右，炎凉屡易，胜负未闻。兼李元昊于北朝久已称藩，累曾尚主，克保君臣之道，实为甥舅之亲，设罪合加诛，亦宜垂报。迩者郭稹特至，杜防又回，虽具音题，而但虞诈谍。已举残民之伐，曾无忌器之嫌，营筑长堤，填塞隘路，开决塘水，添置边军。既潜稔于猜嫌，虑难敦于信睦。倘或思久好，共遣疑怀，曷若以晋阳旧附之区、关南元割之县，俱归当国，用康黎人。如此，则益深兄弟之怀，长守子孙之计。缅惟英悟，深达悃愊。适届春阳，善绥冲裕。[1]

国书中主要涉及五点：

一、关南之地是石晋割让契丹的区域，缘由后周世宗通过战争夺占。

二、宋太宗平定河东后，举无名之师，北伐燕蓟。

三、北宋对西夏的战争没有考虑李元昊是契丹的藩属。

四、北宋在边界上营筑长堤，填塞隘路，开决塘水，添置边军，破坏双方和平，徒增猜疑。

五、契丹主张北宋"以晋阳旧附之区、关南元割之县"交付契丹，如此才能常保和平。

北宋皇帝并不直接与契丹的使者对话谈判，而是通过馆伴使贾昌朝传达朝廷意思。北宋朝廷内部针对契丹的提议展开讨论，形成最终意见是：不许割地。作为妥协两种方案备契丹选择，一是以信安僖简王赵允宁女与契丹皇子梁王耶律洪基结婚，二是增加岁币。两个方案中的"和亲"，从史料上看，应该是刘六符临时提出的：

初，国主之弟宗元者，号大弟，挟太后势用事，横于国中，尝自通书币。上欲因今使答之，令昌朝问六符，六符辞曰："此于太后则善，然于本朝不便也。"昌朝曰："即如此，而欲以梁王求和亲，皇帝岂安心

---

① 李焘：《续资治通鉴长编》，卷一百三十五，《仁宗庆历二年》，中华书局，1995年，第3229—3230页。

乎？"六符不能对，既而敌卒罢结婚之议。①

双方的争论结束之后，北宋使臣富弼携带国书，同契丹使者同往回复。北宋的国书全文：

昔我烈考章圣皇帝保有基图，惠养黎庶，与大契丹昭圣皇帝弭兵讲好，通聘着盟，肆余纂承，共遵谟训，边民安堵，垂四十年。兹者专致使臣，特讨缄问。且以瓦桥内地，晋阳故封，援石氏之割城，述周朝之复境，系于异代，安及本朝！粤自景德之初，始敦邻宝之信，凡诸细故，咸不置怀。况太宗皇帝亲驾并郊，匪图燕壤，当时贵国亟发援兵，既交石岭之锋，遂举蓟门之役，义非反复，理有因缘。元昊赐姓称藩，禀朔受禄，忽谋狂僭，俶扰边陲。向议讨除，已尝闻达，杜防、郭稹传道备详，及此西征，岂云无报。聘轺旁午，屡闻嫉恶之谈，庆问交驰，未喻联亲之故，忽窥异论，良用悯然！谓将轸于在原，反致讥于忌器。复云营筑堤堰，开决陂塘，昨缘霖潦之余，大为衍溢之患，既非疏导，当稍缮防，岂蕴猜嫌，以亏信睦。至于备塞隘路，阅集兵夫，盖边臣谨职之常，乃乡兵充籍之旧，在于贵境，宁彻戍兵。一皆示以坦夷，两何形于疑阻。顾惟欢契，方保悠长，遽兴请地之言，殊匪载书之约。信辞至悉，灵鉴孔昭，两地不得相侵，缘边各守疆界。誓书之外，一无所求，期在久要，勿违先志。谅惟聪达，应切感思。甫属清和，妙臻戬谷。自余令富弼口陈。②

北宋在国书中针对契丹提出的要点一一答复：
一、关南之地属于契丹与后周历史遗留问题，北宋继承的是既成事实。
二、宋太宗北伐是契丹背盟在先。起初，北宋对如何回答这一指责一

---

① 李焘：《续资治通鉴长编》，卷一百三十五，《仁宗庆历二年》，中华书局，1995 年，第 3231 页。

② 李焘：《续资治通鉴长编》，卷一百三十五，《仁宗庆历二年》，中华书局，1995 年，第 3234—3235 页。

头雾水。一名叫王拱辰的翰林学士单独觐见仁宗皇帝，他告诉皇帝如何为宋太宗辩解：

河东之役，本诛僭伪，契丹遣使行在致诚款，已而寇石岭关，潜假兵以援贼。太宗怒其反复，既平继元，遂下令北征，安得谓之无名！[1]

这实际上指责河东之役中，契丹背盟在先，最终导致了北伐的发生。也就是国书中"既交石岭之锋，遂举蓟门之役，义非反复，理有因缘"。王拱辰能够熟知历史故实，为北宋摆脱谈判困境而受到宋仁宗的赏识。北宋答复契丹的这一封国书也出自他的手笔。

三、西夏李元昊本是宋的藩属，北宋对他进行军事打击是因为李元昊犯上作乱，而且北宋也派使者通知了契丹。契丹宣称李元昊是它的婚姻亲属，更加不成立。因为契丹与宋谈论李元昊的时候，对他都是恶言恶语，实非联亲友好。

四、边界修筑堤塘属于正常事情，契丹不应该无端猜忌。

使者刘六符指出北宋塘泊体系是对契丹的敌意，同时嘲笑塘泊体系不堪一击。他宣称：

南朝溏泺何为者哉？一苇可杭，投棰可平。不然，决其堤，十万土囊，遂可踰矣。[2]

北宋内部也有官员趁机上奏，请求废除泊塘，排干积水后改造为良田，以种植庄稼供养士兵。宋仁宗询问王拱辰的看法。王极力反对，他说：

兵事尚诡。彼诚有谋，不应以语敌，此六符夸言耳。设险守国，先王

---

① 李焘：《续资治通鉴长编》，卷一百三十五，《仁宗庆历二年》，中华书局，1995年，第3235页。

② 李焘：《续资治通鉴长编》，卷一百三十五，《仁宗庆历二年》，中华书局，1995年，第3235页。

不废，且祖宗所以限胡骑也。①

宋仁宗同意王拱辰的意见。据此估计，北宋国书中对泊塘的辩解可能也出自王拱辰。至于契丹所提到的晋阳旧附之区，指原来北汉统治的范围。大概认为契丹这一要求实属荒诞，在北宋的国书中根本没有提及。

## 北宋继续整顿军务

虽然富弼已经摸清了契丹的底牌：不会开战。但是，在危机没有解决前，北宋朝廷认为开战的威胁实实在在。因此，即使契丹使者在汴京谈判以及富弼等人北上后，北宋仍旧继续整顿军务，加强防御而非掉以轻心。

在河北防御方向从北往南的安排主要有：

沿边乾宁军独流寨、钓台寨，沧州官盐酢、甜水涡并置烽堠。信安军兵马都监，监押各一员。

以真定府定州路都部署、保静节度使王德用替代杨崇勋为定州兼三路都部署。

升大名府为北都，作为北方三路后援。以枢密副使、右谏议大夫任中师为修建北京使，并负责巡视德清军，澶州、大名府城池及点检衣甲、器械、钱帛、粮草、军马等事务，以尚食使、象州防御使、入内副都知皇甫继明管勾修建北京。

黄河防线上的澶州北城得到迅速修筑。根据河北都转运使李昭述的请示，北宋决定增修黄河上的澶州北城。当时黄河决口一直没有塞止，李昭述对外宣称治堤，调东农兵八万，在十多天的时间内就完成了。契丹使者刘六符等人南下路过澶州的时候，误以为李昭述真的是治堤。等他们北上回去的时候，看到了一座坚固的堡垒，大为惊骇。河阳、通利军城这另外两个渡口堡垒分别委派重臣防守并得到维修。

---

① 李焘：《续资治通鉴长编》，卷一百三十五，《仁宗庆历二年》，中华书局，1995 年，第 3236 页。

京东两路新设安抚使，以知青州陈执中兼青、淄、潍等州安抚使，知郓州张观兼郓、齐、濮等州安抚使，并兼提举兵马巡检盗贼事。

其他全面性措施还有：河北悉数城州，维修旧烽台。命令河北转运使司点查民间的养马，预备一旦边警，就以市场价格购入。河北居民遇有边警，可以把蓄积移至城邑中，即使是占用官舍、寺院者也允许。向河北义勇兵提供弓弩箭材各一百万。

考虑到契丹南下通常会河北、河东数道并进，北宋朝廷根据河东宣抚使杜衍、知并州明镐的建议委派御前忠佐马军都军头田胐为西京作坊使、并代州都监，东头供奉官郝质为内殿崇班、忻代都巡检使，二人领兵驻屯崞县以控扼契丹和西夏。契丹军事动向会影响到西线，北宋朝廷要求雄州、代州安抚司，每得契丹事宜要及时通报麟府军马司。

北宋还宣布提高阵亡军校待遇，规定从此之后凡是阵亡军校而无子孙者，赐其家钱，指挥使七万，副指挥使六万，军使、都头、副兵马使、副都头五万。

所有的军备行为都增加了开支。即使是北宋朝廷一次性拿出内藏库银一百万两、绸绢各一百万匹，也仍有缺额。宋仁宗甚至下令，减少皇后及宗室妇郊祀的赏赐额度为原来的一半，暂时停止皇后、嫔御进奉乾元节礼物后朝廷回赐的惯例，等待边事解决后再听旨恢复。在这种情况下，皇后、嫔御各捐献五个月的俸钱为军费，宗室刺史以上也捐献一半俸禄。荆王赵元俨将自己全部俸禄捐献出来，宋仁宗下诏还给他一半，使之与其他人一样。

一项防御计划也值得提及：中丞郭咨向朝廷提出建议：决口御、浍、葫芦、新、唐这五条位于河北的河流，使之向北漫溢，这样深、冀、瀛、莫诸州都会处于河南，足以限隔契丹骑兵。宋仁宗委派郭咨提举黄河等处堤岸。让郭咨与内藏库使邓保信、洛苑使杨怀敏，一同视察规划决口事宜。经过实地考察，郭咨等人提出建议：

> 决黎阳大河，下与葫芦、滹沱、后唐河相合，以注塘泊，混界河，使东北抵于海，上溢鹳鹊坡，下注北当城，南视塘泊，界截敌疆，东至海

口，西接保塞。惟保塞正西四十里，水不可到，请立堡寨，以兵戍之。<sup>①</sup>

宋仁宗命令朝臣积蓄钱粮，准备决河工程。决口工程因为双方达成和平协议最终没有施行。

## 富弼的交涉

富弼为首的北宋谈判使团抵达契丹境内的没打河，刘六符为他们安排住宿。刘六符知道北宋给契丹提供的两个选择。大概是想摸清北宋对于开战的底牌，他询问富弼：

北朝皇帝坚欲割地，如何？<sup>②</sup>

富弼回答称：

北朝若欲割地，此必志在败盟，假此为名，南朝决不从，有横戈相待耳。<sup>③</sup>

刘六符问富弼：

若南朝坚执，则事安得济？<sup>④</sup>

富弼回答：

① 李焘：《续资治通鉴长编》，卷一百三十六，《仁宗庆历二年》，中华书局，1995年，第3248页。

② 李焘：《续资治通鉴长编》，卷一百三十七，《仁宗庆历二年》，中华书局，1995年，第3283页。

③ 李焘：《续资治通鉴长编》，卷一百三十七，《仁宗庆历二年》，中华书局，1995年，第3283页。

④ 李焘：《续资治通鉴长编》，卷一百三十七，《仁宗庆历二年》，中华书局，1995年，第3283页。

北朝无故求割地，南朝不即发兵拒却，而遣使好辞更议嫁女、益岁币，犹不从，此岂南朝坚执乎？ [①]

富弼终于见到了辽兴宗。双方针对契丹国书中已经提到的几件事情不断对话——主要是富弼代表北宋朝廷辩解）。比较重要的有两点。第一点是关于双方发生战争的争论：

及见国主，弼曰："两朝人主，父子继好，垂四十年，一旦忽求割地，何也？"

国主曰："南朝违约，塞雁门，增塘水，治城隍，籍民兵，此何意也？群臣竞请举兵，而寡人以谓不若遣使求关南故地，求而不得，举兵未晚也。"

弼曰："北朝忘章圣皇帝之大德乎？澶渊之役，若从诸将之言，北兵无得脱者。且北朝与中国通好，则人主专其利而臣下无所获，若用兵，则利归臣下而人主任其祸。故北朝诸臣争劝用兵者，皆为其身谋，非国计也。"

国主惊曰："何谓也？"

弼曰："晋高祖欺天叛君，而求助于北，末帝昏乱，神人弃之。是时，中国狭小，上下离叛，故契丹全师独克，虽虏获金币，充牣诸臣之家，而壮士健马物故大半，此谁任其祸者？今中国提封万里，所在精兵以万计，法令修明，上下一心，北朝欲用兵，能保其必胜乎？"

曰："不能。"

弼曰："胜负未可知，就使其胜，所亡士马，群臣当之欤，抑人主当之欤？若通好不绝，岁币尽归人主，臣下所得止奉使者岁一二人耳，群臣何利焉？"

---

① 李焘：《续资治通鉴长编》，卷一百三十七，《仁宗庆历二年》，中华书局，1995 年，第 3283 页。

国主大悟，首肯者久之。[①]

尽管富弼对战争利害的分析打动辽兴宗，但是，辽兴宗并不那么容易放弃关南十县的索取。大概受到皇帝的指示，刘六符再次会见富弼。

……六符又曰："吾主耻受金帛，坚欲十县，如何？"

弼曰："南朝皇帝尝言：'朕为人子孙，岂敢妄以祖宗故地与人。昔澶渊白刃相向，章圣尚不与昭圣关南，岂今日而可割地乎？且北朝欲得十县，不过利其租赋耳，今以金帛代之，亦足坐资国用。朕念两国生民，不欲使之肝脑涂地，不爱金帛以徇北朝之欲。若北朝必欲得地，是志在背盟弃好，朕独能避用兵乎？且澶渊之盟，天地神祇，实共临之。今北朝先发兵端，朕不愧于心，亦不愧天地神祇矣。'"

六符谓其介曰："南朝皇帝存心如此，大善。当共奏，使两主意通。"[②]

显然，刘六符最后一句话并非对富弼而言，史书上没有记载出名字的契丹官员应该是辽兴宗委派而与刘六符同行。

第二天，辽兴宗召见富弼与他一同打猎。他让富弼的坐骑靠近自己，询问富弼有没有什么话说。富弼再次表达了和平的愿望。

国主曰："我得地则欢好可久。"

弼曰："南朝皇帝遣臣闻于陛下曰：'北朝欲得祖宗故地，南朝亦岂肯失祖宗故地耶？且北朝既以得地为荣，则南朝必以失地为辱矣。兄弟之国，岂可使一荣一辱哉？朕非忘燕蓟旧封，亦安可复理此事，正应彼此自

---

① 李焘：《续资治通鉴长编》，卷一百三十七，《仁宗庆历二年》，中华书局，1995 年，第3283—3284 页。

② 李焘：《续资治通鉴长编》，卷一百三十七，《仁宗庆历二年》，中华书局，1995 年，第3285 页。

喻尔。'"①

  鉴于富弼不断表示为关南之地不惜一战的强硬态度，辽兴宗转而谋求和亲。可能，刘六符并不知道富弼个人对和亲持反对立场，所以又发生了关于和亲的谈话。

  六符谓弼曰："皇帝闻公荣辱之言，意甚感悟。然金帛必不欲取，惟结婚可议尔。"

  弼曰："结婚易以生衅，况夫妇情好难必，人命修短或异，则所托不坚，不若增金帛之便也。"

  六符曰："南朝皇帝必自有女。"

  弼曰："帝女才四岁，成婚须在十余年后，虽允迎女成婚，亦在四五年后。今欲释目前之疑，岂可待哉？"弼揣敌欲婚，意在多得金帛，因曰："南朝嫁长公主故事，资送不过十万缗尔。"由是敌结婚之意缓……②

  谈来谈去，富弼只同意增币。辽兴宗晓谕使者们回去。使者富弼认为谈判还没有结果，坚持继续商议。辽兴宗告诉富弼：等他再次作为使者来到契丹的时候，会从增币、议婚中选择一项终结双方的争论，宋朝使者再来的时候可以直接带着誓书。辽兴宗的态度表明，战争将不会发生。

## 增币成盟

  富弼等人返回汴梁，北宋朝廷计议一番，令富弼起草回复契丹的国书和誓书。通常一份国书配合一份誓书，由于契丹没有明确具体哪一种方

---

① 李焘：《续资治通鉴长编》，卷一百三十七，《仁宗庆历二年》，中华书局，1995 年，第 3285—3286 页。

② 李焘：《续资治通鉴长编》，卷一百三十七，《仁宗庆历二年》，中华书局，1995 年，第 3286 页。

案，富弼不得不起草了两份国书，三份誓书。一份国书是双方同意议婚，议婚则无金帛。一份国书是同意提高岁币。岁币分两个金额：如果契丹能斡旋西夏重新向北宋称臣纳款，北宋则同意增币二十万；否则增币十万。

富弼还在誓书内增加了三件事：一、两界塘淀毋得开展；二、各不得无故添屯兵马；三、不得停留逃亡诸色人。这些也是导致契丹和北宋之间摩擦的常见诱因。富弼曾经就这些问题与契丹进行谈判并达成意向，于是他便将之一并写进了誓书的草稿中。

在正式的国书和誓书出来之前，富弼率领的使团即再次启程前往契丹。当使者行至武强县的时候，朝廷内臣在夜间追上他们，交付他们国书及誓书的正本和副本。行至乐寿，富弼考虑自己添置的三事都与契丹有约定，担心朝廷正式的国书及誓书内容与他承诺给契丹的有所不同。因为，那样势必会降低使者的信誉、引起契丹的怀疑而不利于谈判。于是他秘密打开了副本的封条加以查看。结果，如他所料。富弼立刻停止前进，派遣下属前陵州团练推官蔡挺返回汴梁，向中书省主政大臣询问情况。

对谈判非常关心的宋仁宗召见了蔡挺，问明来意后，表示富弼提及的三件事情只允许口诉，而不落到纸面。蔡挺重新返回乐寿，向富弼传达圣意。富弼却将这一修改归咎于执政大臣，认为是他们不同意这些条款。他将使团暂时托付给副使，自己快马加鞭返回京师。

富弼面见宋仁宗。他提醒皇帝：如果在这些事目上固执、模糊，可能会导致谈判破裂。宋仁宗惧怕的正是这一点。他急忙召见吕夷简等执政大臣。作为主政大臣的吕夷简承认这是失误，应当改正。这不符合常理，富弼不相信吕夷简的说法。另一名执政大臣晏殊——也是著名的词人——试图为吕夷简辩解，富弼指责晏殊是奸臣。实际上，晏殊还是富弼的岳父。由王拱辰重新撰写正本国书和誓书，内容则按照富弼的意见。

八月乙未，富弼使团抵达契丹清泉淀金疅馆驿。契丹委派的馆伴耶律仁先、刘六符已经在那里等候他们。富弼告诉他们带来国书二本、誓书三本。

姻事合则以姻事盟，能令夏国复归款，则岁入金帛增二十万，否则

十万，国书所以有二，誓书所以有三也。 ①

第二天，富弼等被引见辽兴宗。大概耶律仁先、刘六符已经将国书情况报告给辽兴宗。辽兴宗倾向于增加岁币而非和亲，但是却要求北宋在誓书上加上体现北尊南卑的"献"或"纳"字。双方激烈争论起来：

国主（辽兴宗）曰："姻事使南朝骨肉暌离，或公主与梁王不相悦，则将奈何？固不若岁增金帛，但无名尔，须于誓书中加一'献'字乃可。"

弼曰："'献'字乃下奉上之辞，非可施于敌国。况南朝为兄，岂有兄献于弟乎？"

国主曰："南朝以厚币遗我，是惧我也，'献'字何惜？"

弼曰："南朝皇帝守祖宗之土宇，继先皇之盟好，故致币帛以代干戈，盖惜生灵也，岂惧北朝哉？今陛下忽发此言，正欲弃绝旧好，以必不可冀相要尔，则南朝亦何暇顾生灵哉？"

国主曰："改为'纳'字如何？"

弼曰："亦不可。"

国主曰："誓书何在？取二十万者来。"

弼既与之，国主曰："必与寡人加一'纳'字，卿无固执，恐败乃主事。我若拥兵南下，岂不祸乃国乎？"

弼曰："陛下用兵，能保其必胜否？"

国主曰："不能。"

弼曰："胜未可必，安知其不败邪？"

国主曰："南朝既以厚币与我，'纳'字何惜，况古有之。"

弼曰："自古惟唐高祖借兵于突厥，故臣事之。当时所遗，或称'献''纳'，亦不可知。其后颉利为太宗所擒，岂复更有此理？"②

① 李焘：《续资治通鉴长编》，卷一百三十七，《仁宗庆历二年》，中华书局，1995年，第3291页。

② 李焘：《续资治通鉴长编》，卷一百三十七，《仁宗庆历二年》，中华书局，1995年，第3292—3293页。

富弼词色俱厉，辽兴宗见无法与他就这一事项商谈，便留下了岁增二十万的誓书，打发富弼等人返回，派耶律仁先、刘六符出使宋朝，并携带契丹誓书，仍要求北宋写明"纳"字。

北宋岁增二十万的誓书的条件是契丹斡旋使夏国纳款事宋。辽兴宗提出删除这一附加条件。富弼拒绝了他。辽兴宗也不肯在契丹誓书中提及这一条件，仅仅在国书中加以叙述。

九月初，富弼等人返回宋境雄州，宋仁宗干脆命令富弼为契丹接伴使，有需要朝廷预先知晓的事情及时奏报即可。富弼立刻回奏：

> 彼求"献""纳"二字，臣既以死拒之，敌气折矣，可勿复许。[1]

宋仁宗和朝廷内的主政大臣却急于谋和，决定同意契丹要求而不论誓书中称'献'还是"纳"。富弼的意见被排斥了。

乙丑，契丹枢密副使保大节度使耶律仁先、枢密使礼部侍郎同修国史刘六符入见宋仁宗，呈上契丹誓书：

> 维重熙十一年，岁次壬午，八月壬申朔，二十九日庚子，弟大契丹皇帝谨致书于兄大宋皇帝阙下：……窃以两朝修睦，三纪于兹，边鄙用宁，干戈载戢，追怀先约，炳若日星。今縣缣已深，敦好如故，如关南县邑，本朝传守，惧难依从，别纳金帛之仪，用代赋税之物，每年增绢一十万匹，银一十万两。前来银绢，般至雄州白沟交割。两界溏淀已前开畎者并依旧外，自今已后不得添展。其见堤堰水口，逐时决泄壅塞，量差兵夫取便修垒疏导，非时霖潦别至，大段涨溢，并不在关报之限。南朝河北沿边州军，北朝自古北口以南沿边军民，除见管数目依常教阅，无故不得大段添屯兵马。如有事故添屯，即令逐州军移牒关报。两界所属之处，其自来乘例更替及本路移易，并不在关报之限。两界逃走作过诸色人并依先朝誓书外，更不得似日前停留容纵。恭惟二圣威灵在天，顾兹纂承，各当遵

---

① 李焘：《续资治通鉴长编》，卷一百三十七，《仁宗庆历二年》，中华书局，1995年，第3293页。

奉，共循大体，无介小嫌。且夫守约为信，善邻为义，二者缺一，罔以守国，皇天厚地，实闻此盟。文藏宗庙，副在有司。余并依景德、统和两朝盟书。顾惟不德，必敦大信，苟有食言，必如前誓。[①]

宋仁宗同意了契丹撰写的誓书。

关南之地的争论最终以北宋每年增绢一十万匹，银一十万两，并称这些财物为纳于契丹的形式终结。朝廷准备提升富弼的官级以为奖赏，富弼则力辞迁官，还向宋仁宗提出：愿陛下益修武备，无忘国耻[②]。

---

① 李焘：《续资治通鉴长编》，卷一百三十七，《仁宗庆历二年》，中华书局，1995 年，第 3293—3294 页。

② 李焘：《续资治通鉴长编》，卷一百三十八，《仁宗庆历二年》，中华书局，1995 年，第 3309 页。

## 二、河东地界的交涉

### 河东纠纷的产生根源

石敬瑭割让雁门以北给契丹时，奉上土籍。双方在河东的边界比较清晰，没有什么太大纠纷。但是，到北宋时期，由于主政河东的潘美发布了一道命令，在双方之间单方面制造出一条缓冲带，为日后的地界纠纷埋下隐患。

先是，潘美帅河东，避寇钞为己累，令民内徙，空塞下不耕，号禁地，而忻、代州，宁化，火山军废田甚广。①

潘美在九九一年去世，这条禁令发布时间应在此之前。从北宋的角度看，这条缓冲带无疑是宋的疆界。

---

① 李焘：《续资治通鉴长编》，卷一百七十八，《仁宗至和二年》，中华书局，1995 年，第 4316—4317 页。

但是，契丹的认识与北宋不同，《辽史》卷八六《耶律颇的》传记载：

咸雍八年（一〇七二），改（耶律颇的）彰国军节度使。上（辽道宗）猎大牢古山，颇的谒于行宫。帝问边事，对曰："自应州南境至天池，皆我耕牧之地。清宁间，边将不谨，为宋所侵，烽堠内移，似非所宜。"道宗然之。拜北面林牙。①

也就是说，契丹认为这一缓冲带是它的疆土。这是双方的一个分歧所在。


## 北宋君臣之间的几次讨论

一〇九四年（宋神宗熙宁七年）初，北宋听到风声，契丹将派使者前来争论河东地界。宋神宗甚为忧虑：

契丹欲争蔚、应、朔三州地界，事有萌芽，上深以为忧。②

朝廷主政大臣王安石劝慰宋神宗不要过于担心，他预判契丹没有与北宋兵戎相见的决心。

契丹无足忧，彼境内盗贼尚不能禁捕，何敢与中国为敌？且彼受坐厚赂，有何急切，乃自取危殆？③

但是宋神宗的担忧并没有消除。没过几天，他再次询问王安石。

---

① 脱脱等：《辽史》，卷八十六，《耶律颇的传》，中华书局，1974年，第1328页。

② 李焘：《续资治通鉴长编》，卷二百四十八，《神宗熙宁六年》，中华书局，1995年，第6046页。

③ 李焘：《续资治通鉴长编》，卷二百四十八，《神宗熙宁六年》，中华书局，1995年，第6046页。

……上又言："契丹如此旅拒，奈何？"①

安石曰："契丹龈龈争尺寸地界，其略可见，何足忧？不知陛下忧钱粮不足耶？忧人众不足耶？忧无人材与计事耶？"

上曰："人材既未陶冶成就，钱粮亦诚不足，人众又未训练。"

安石曰："事有缓急，故措置有缓急，若有警急，即急要训练人众亦不为晚。就令契丹便欲绝盟，非年岁未能大举，临时应变，足可支吾。若论钱粮，即因警急经度，亦不患少，但今未急，故亦不须汲汲尔。惟人材乏少，最是急切之虑。然因事乃见人材，如熙河事，即熙河人材颇有可见者；懿、洽事，即懿、洽人材颇有可见者。陛下若明见物情，无所蔽塞，令有能有为者无顾望之意，无卷怀之患，人人各以赴功趋事为欲，则人材不患不足任使也。人情上不过为道义，中不过为功名，下不过为爵禄。陛下若能以此三者待天下之士，各不失理分，即无贤不肖，但有寸长，皆为陛下尽力，即无能之契丹何足虑？"

上以为然。②

不久，河北传来消息，契丹使者萧禧即将到来，宋神宗调知瀛州的韩缜入京备充馆伴使。一些朝臣担忧，契丹使者前来可能不仅仅为河东划界，还可能会要求关南地。王安石认为契丹使者不会为关南地提出要求。

……执政多以为萧禧来，必复求关南地。王安石曰："敌情诚难知。然契丹果如此，非得计，恐不至此。此不过以我用兵于他夷，或渐见轻侮，故生事遣使，示存旧态而已。既示存旧态而已，则必不敢大段非理干求，亦虑激成我怒，别致衅隙也。"③

九天后，宋神宗再次在天章阁与辅政大臣们商议，因为河北谍报人员

① 李焘：《续资治通鉴长编》，卷二百四十八，《神宗熙宁六年》，中华书局，1995年，第6047页。

② 李焘：《续资治通鉴长编》，卷二百四十八，《神宗熙宁六年》，中华书局，1995年，第6047页。

③ 李焘：《续资治通鉴长编》，卷二百五十一，《神宗熙宁七年》，中华书局，1995年，第6122页。

报称：契丹使者此次前来是索求关南地，而非河东地界。

　　王安石曰："此事恐无，纵有之亦不足深致圣虑。"

　　上曰："今河北都无备，奈何？　"

　　安石曰："其使来果出此，徐遣使以理应之；若又不已，亦勿深拒，但再遣使议，要须一年以上，足可为备。"①

　　王安石建议，如果契丹方面在关南地争夺上态度坚决强硬，北宋则派遣使者前往谈判，利用谈判拖延一年时间，在这段时间内北宋在河北地区加强战备。宋神宗并不这样考虑，他认为还是预先有所准备为好。他与辅政大臣们商议，希望任用郭逵为定州的军事指挥官。王安石认为郭逵不易节制而坚决反对。

　　也有其他朝臣上章朝廷，讨论如何对待契丹要求。

　　权御史中丞邓绾言："窃以敌人妄争河东界，殊无义理，止是奸巧生事，窥测中国。声言聚兵，累岁逡巡自罢，其情伪浅深，不为难见。……伏以陛下之驭外敌，势与祖宗不同，真宗、仁宗意在无为，一用至柔，凡外敌慢侮、请求，无不可忍。今自陛下临御，讲修政事，张皇威武，外敌之心，自惟其侥幸之久，怀不自安，故先用此名，欲以窥测圣意，计较强弱，其意自谓先事而伐我之谋耳。夫七十余年为祖宗优容，土疆金币，聘问礼遇，意满欲足，复何求哉？乃反如此生事端，岂为难料，不过固护疆土，贪惜金币，为坚久盟约之计耳。若谓其欲渝盟绝好，臣以为万无此心。……"②

　　邓绾所持的论调与王安石类似，同时也侧面印证了宋神宗的改革内政

---

①　李焘：《续资治通鉴长编》，卷二百五十，《神宗熙宁七年》，中华书局，1995年，第6087页。

②　李焘：《续资治通鉴长编》，卷二百五十，《神宗熙宁七年》，中华书局，1995年，第6095—6097页。

与武备是契丹提出河东划界的一个诱因。

## 萧禧之来

三月十七日，契丹使者萧禧在崇政殿见到宋神宗递上国书。担心契丹为求关南地而来的宋神宗满腹狐疑地打开书信：

爰自累朝而下，讲好以来，互守成规，务敦夙契。虽境分二国，克保于欢和；而义若一家，共思于悠永。事如闻于违越，理惟至于敷陈。其蔚、应、朔三州土田一带疆里，祗自早岁曾遣使人止于旧封，俾安铺舍，庶南北永标于定限，往来悉绝于奸徒。洎览举申，辄有侵扰，于全属当朝地分，或营修戍垒，或存止居民，皆是守边之冗员，不顾睦邻之大体，妄图功赏，深越封陲。今属省巡，遂令案视，备究端实，谅难寝停。至于缕细之缘由，分白之事理，已具闻达，尽合拆移，既未见从，故宜伸报。爰驰介驭，特致柔缄，远亮周隆，幸希详审。据侵入当界地里所起铺形之处，合差官员同共检照，早令毁撤，却于久来元定界至再安置外，其余边境更有生创事端，委差去使臣到日，一就理会。如此，则岂惟疆场之内不见侵逾，兼于信誓之间且无违爽，兹实便稳，颛俟准依。①

看到国书中契丹的要求是关于蔚州、朔州和应州等河东地界，宋神宗放下心来，他对契丹使者称：

此细事，疆吏可了，何须遣使？待令一职官往彼计会，北朝一职官对定，如何？②

---

① 李焘：《续资治通鉴长编》，卷二百五十一，《神宗熙宁七年》，中华书局，1995 年，第 6121—6122 页。

② 李焘：《续资治通鉴长编》，卷二百五十一，《神宗熙宁七年》，中华书局，1995 年，第 6122 页。

萧禧对这样的安排没有异议。宋神宗又问他有没有其他事情。萧禧提出北宋河北的雄州在展托关城，违反了双方的誓书。宋神宗稍加辩解后，立刻表态：

……此亦细事，要令拆去亦可。[①]

萧禧表示没有其他与宋朝商量的事情后，会见就结束了。

尽管答应派遣官员与契丹官员一同勘定地界，宋神宗又为委派谁来负责地界的事情发愁起来。六天后，宋神宗任命太常少卿刘忱为主官负责商量河东路地界，而知忻州、礼宾使萧士元与检详枢密院兵房文字、秘书丞吕大忠，辅助刘忱。

几天后，宋神宗在崇政殿会见准备辞别的萧禧。他告诉使者：

蔚、应、朔三州地界，俟修职官与北朝职官就地头检视定夺。雄州外罗城，乃嘉祐七年因旧修葺，元计六十余万工，至今已十三年，才修五万余工，即非创筑城隍，有违誓书，又非近年事也。北朝既不欲如此，今示敦和好，更不令接续增修。白沟馆驿亦俟差人检视，如有创盖楼子箭窗等，并令拆去，创屯兵级并令抽回。……[②]

萧禧辞出，北宋委派兵部郎中、天章阁待制韩缜为回谢辽国使，并携带北宋国书：

辱迂使指，来贶函封，历陈二国之和，有若一家之义。固知邻宝，深执信符，独论边鄙之臣，尝越封陲之守，欲令移徙以复旧常。窃惟两朝抚有万宇，岂重尺土之利，而轻累世之驩。况经界之间，势形可指，方州之内，图籍具存，当遣官司，各加覆视。倘事由夙昔，固难徇从，或诚有侵

① 李焘：《续资治通鉴长编》，卷二百五十一，《神宗熙宁七年》，中华书局，1995年，第6123页。
② 李焘：《续资治通鉴长编》，卷二百五十一，《神宗熙宁七年》，中华书局，1995年，第6135页。

逾，何吝改正。而又每戒疆吏，令遵誓言，所谕创生之事端，亦皆境候之细故。已令还使具达本国，缅料英聪，洞垂照悉。[1]

北宋实则摆出一副万事好商量的态度。


## 第一次划界会商

五月份，在北宋使者抵达河东与契丹开始谈判前，谍报人员传来更为严重的消息：

河东谍知北界点集军甚急，可令雄、定州并河北缘边安抚司、经略安抚司，厚以钱物体问敌中动静以闻。[2]

于此前两天，北宋朝廷下诏京东、河北路新设置简中、崇胜、奉化厢军十个指挥，怀、卫、濮州各两个，德、博、齐州各一个，总五千人，这是为修完河北州、军城做准备。

契丹方面也发来交涉性文书，指责河东的北宋边吏拘制了少量契丹人。双方羽檄交集，纷争不已。有人建议朝廷大举加强河东守备。朝廷向河东官员问询实情。

河东都转运使刘庠上奏，分析契丹军事威胁的程度及北宋应对策略：

敌意在画疆耳，臣刺知敌重兵皆不在行，料应艰食，愿朝廷缓答而峻拒之。方盛夏，敌未必至，惟以有备待非常乃得计。愿遣刘忱等至境上，姑以理谕，臣俾将佐饬兵观衅而动，此事机也。[3]

---

① 李焘：《续资治通鉴长编》，卷二百五十一，《神宗熙宁七年》，中华书局，1995年，第6136页。

② 李焘：《续资治通鉴长编》，卷二百五十三，《神宗熙宁七年》，中华书局，1995年，第6195页。

③ 李焘：《续资治通鉴长编》，卷二百五十三，《神宗熙宁七年》，中华书局，1995年，第6201页。

云朔岁俭，军无见粮。契丹张形示强，造端首祸，曲在彼不在我，愿勿听。宜先谕以理，然后饬兵观衅。[1]

根据他的建议，朝廷驳回了代州、岢岚军增兵请求。

对于刘庠奏书中称其希望"观衅而动"，朝廷内大臣中有人担心生出事端。北宋朝廷派遣使者前往河东晓谕刘庠：契丹使者言顺礼恭，一再坚称敦睦和好，没有决裂的意思。同时，朝廷还把契丹国书抄录一份交给刘庠。大概是希望缓解边将对划界的不满与抵触情绪。刘庠再次表达反对划界的态度。

划界工作的开始具有戏剧性。北宋商议划界官员刘忱和萧士元姗姗而至。据说主议官员刘忱身体生病，导致行程耽搁。考虑到他对划界都持消极态度，这些或许是借口。而契丹使者萧素、梁颖已经在那里等待他们。刘忱要求与他们会面，萧素、梁颖则拒绝了他们。史料这样记载：

素、颖颇倔强，未肯见忱等。一日，蕃人引兵万众入代州界，焚铺屋，与官军相射。既而素、颖径入横都谷，施帐幕，邀忱等相见。[2]

对于契丹先兵后礼的做法，北宋使者也不合作。他们拒绝在萧素、梁颖选定的横都谷会面。萧素、梁颖又在西径东谷设帐幕，北宋使者再次拒绝。因为这些在契丹侵入北宋地界内。使者担心这会成为划界口实。直到九月十三日，双方最后在大黄平会面。这里也是争议地界，可能没有那么紧要。

会议一开始，契丹使者就提出双方以山脉的分水岭为界，重新划分疆域。等到双方实地考察时，发现一些地段根本连土垄都没有，更无所谓的分水岭。北宋官员认为这是契丹人的诡计。

---

① 脱脱等：《宋史》，卷三百二十二，《刘庠传》，中华书局，1977 年，第 10452 页。

② 李焘：《续资治通鉴长编》，卷二百五十八，《神宗熙宁七年》，中华书局，1995 年，第 6287 页。

……素、颖但云以分水岭为界。盖山皆有分水岭，概言分水岭为界，则至时可以罔取，此其微意也。[1]

十一月二日，入内供奉官李舜举向朝廷奏报，严重怀疑谈判官员的能力。他提出：

刘忱等与萧素、梁颖商量地界，语不条畅，纵有开发，多失机会。已具奏乞移文理办，望早裁处。[2]

北宋朝廷下令萧士元解职，代之以吕大忠。月末的时候，刘忱等官员上奏朝廷，提出：

北人盗侵横都谷，边臣观望，不即驱逐。七月中，又侵据大黄平，虽移书诘问，偃蹇自如。又欲僭礼正坐，不以宾主，赖朝廷不从，稍沮奸谋。今已设次于车场沟，颇有顺从之意，似当稍以声势乘之。北人常以姑息期我，一旦见形如此，彼必动心，与之会议，庶有可合。欲乞朝廷暂令郭逵以巡边为名，权驻代州，协力应副疆事。[3]

契丹方面在河东聚集兵马，显然有为前方划界谈判官员充当后盾的味道。北宋使者们感到压力，因而希望朝廷提供军事支持，以壮声势。北宋朝廷对此请求置之不理。

据北宋划界官员汇报，他们与契丹方面多次会谈。在契丹所坚持要求的天池、黄嵬山一带土地问题上，吕大忠据理力争，屡次挫败契丹官员。双方甚至发生了言语冲突。契丹使者梁颖甚至引用《诗经·相鼠》嘲弄吕大忠：

---

① 李焘：《续资治通鉴长编》，卷二百五十六，《神宗熙宁七年》，中华书局，1995年，第6254页。

② 李焘：《续资治通鉴长编》，卷二百五十八，《神宗熙宁七年》，中华书局，1995年，第6286页。

③ 李焘：《续资治通鉴长编》，卷二百五十八，《神宗熙宁七年》，中华书局，1995年，第6292页。

相鼠有皮，人而无仪！人而无仪，不死何为？

相鼠有齿，人而无止！人而无止，不死何俟？

相鼠有体，人而无礼！人而无礼，胡不遄死？


吕大忠的父亲于当年的三四月份逝世，按照礼制，吕大忠本应丁忧守孝，如今虽因朝廷起复而参与公务，但是这终究是一种礼仪有亏的事情。即使面对这样的个人攻击，吕大忠也隐忍下来。

之后，北宋划界官员向朝廷汇报：遭受挫折的萧素、梁颖告诉北宋使者，他们会向辽道宗汇报，然后请求再派使者。结果，就再没有见到契丹新谈判官员的到来。双方之间面谈转变为单纯依靠公文往来进行沟通。双方最后集中在天池、黄嵬山等地分上僵持不下。

北宋使者之所以在这个问题上不加退让，是因为事先得到过宋神宗的明确指示：


初，诏刘忱等与北人会议，天池庙、黄嵬山麓土断有明据，可以理譬喻之。其余地界如数议不谐，可以南北堡铺中间为两不耕地；又不可，则许以中间画界，其中间无空地，即以堡铺外为界。①


官员们自然不敢擅作主张，在天池和黄嵬山的问题上妥协。年底的时候，北宋朝廷召回刘忱和吕大忠等人。


## 萧禧再来

过完新年之后，面对双方划界残局，吕大忠在一〇七五年（熙宁八年）二月份上书朝廷：

---

① 李焘：《续资治通鉴长编》，卷二百五十六，《神宗熙宁七年》，中华书局，1995年，第6253页。

臣与刘忱再会北人大黄平，萧素、梁颖词理俱屈，虽议论反覆，迷执不回，窃原其情，技亦止此。为今之计，莫若因而困之。伏望就除刘忱一本路差遣，置地界局于代州，以萧士元为副，来则与之言，去则勿问，在我则逸，在彼则劳，岁月之间，庶可决议。久寓绝塞，人情皆非所堪，速希成功，实恐有害机事，而臣方在哀疚，弃几筵以将使事。今日素、颖言必顾惜欢好，决无仓卒起兵之端，臣之去留，似无所系，乞听臣罢归，以终丧制。[①]

吕大忠提议的拖延战略有些一厢情愿。因为仅仅上书十天后，北宋朝廷就听说契丹再次派遣萧禧前来的消息，于是，任命太常少卿向宗儒、皇城使兼阁门通事舍人王泽为契丹接伴使。

令接伴使宗儒和王泽头疼的是，契丹使者萧禧等人驻扎雄州白沟馆驿，一连十多天，不见启程的意思，而且不交马驼，声言希望一直到雄州城北亭。宋神宗批示他们：

萧禧于白沟住几十日，至今未闻起离，向宗儒等虽再三执以旧例，禧殊未有顺从之意，欲更迁延。深恐彼情愈肆强忿，或出不逊之言，或以巡马拥送南来，益难处置。雄州使人约阑，又致喧争，万一扰攘，或伤官吏，恐不可收拾。去岁蔡确接伴，已许马驮依常使车乘例，于雄州交割，今必难却其情，……特许依去年例作两节交换，庶几稍通其情，于疆事易为商议。[②]

后来宋神宗查明萧禧在雄州耽搁的实际原因：萧禧向宋的官员提出，使者的行李在雄州北亭交辖，宗儒等人态度生硬地加以拒绝，致使萧禧生气并放言：如果接伴使不同意，他就返回契丹。宗儒等人趁势要求朝廷与契丹商量约回萧禧。宋神宗认为宗儒等人为国生事，于是以尝奏请约回泛

---

① 李焘：《续资治通鉴长编》，卷二百六十，《神宗熙宁八年》，中华书局，1995年，第6334页。

② 李焘：《续资治通鉴长编》，卷二百六十，《神宗熙宁八年》，中华书局，1995年，第6344页。

使，及在道问萧禧是来理疆界否……[①] 的罪名，对他们处以罚铜。

三月八日，契丹使者萧禧抵达汴梁，宋神宗在紫宸殿召见他。萧禧递上国书：

> 昨驰一介之辖传，议复三州之旧封，事已具陈，理应深悉，期遵誓约，各守边陲。至如创生事端，侵越境土，在彼则继有，于此则曾微。乃者萧禧才回，韩缜续至，荐承函翰，备识诚悰，言有侵逾，理须改正。斯见和成之义，且无违拒之辞。寻命官僚同行检照，于文验则甚为显白，其铺形则尽合拆移。近览所司之奏陈，载详兹事之缕细，谓刘忱等虽曾会议，未见准依，自夏及冬，以日逐月，或假他故，或饰虚言，殊无了绝之期，止有迁延之意。若非再凭缄幅，更遣使人，实虞诡曲以相蒙，罔罄端倪而具达。更希精鉴，退亮至怀，早委边臣，各加审视，别安戍垒，俾返旧常，一则庶靡爽于邻欢，一则表永敦于世契。傥或未从擗割，仍示稽违，任往复以难停，保悠长而岂可，微阳戒候，善啬为宜。 [②]

契丹在国书中指责北宋故意拖延划界，并要求尽快委派官员，会商仍有争议的边界。

北宋朝廷迅速做出反应。第二天，宋神宗就任命兵部郎中天章阁待制韩缜、西上阁门使枢密副都承旨张诚一，负责前往河东与契丹会识地界。按照史料记载，宋神宗罢免前任划界谈判官员是由于他们反对屈从契丹要求。

尽管朝廷迅速任命了新官员，但是，出乎意料的是萧禧却迟迟不打算返回契丹。他此来的目的是要北宋同意他提出以分水岭为界的要求。

三月二十一日，北宋朝廷决定任命右正言、知制诰沈括假翰林院侍读学士，为回谢辽国使，西上阁门使、荣州刺史李评假四方馆使，担任沈括的副手。两人出使的目的是前往契丹商量萧禧不返回的问题。料想到契

---

① 李焘：《续资治通鉴长编》，卷二百六十一，《神宗熙宁八年》，中华书局，1995年，第6363页。

② 李焘：《续资治通鉴长编》，卷二百六十一，《神宗熙宁八年》，中华书局，1995年，第6358页。

丹会跟北宋使者讨论河东边界，沈括前往枢密院翻检双方历年来的文件档案，为出使做相应准备。

对于契丹使者未回而北宋派遣使者一事，宋神宗向中书省、枢密院提出七个问题需要预先考虑：

一、契丹萧禧没有回还，契丹阻止沈括一行不让入界。

二、虽然让沈括等入界，但是契丹接伴使久久不至。

三、沈括等人入界后行三四程路后，契丹突然命令他们停止，等待萧禧回还。

四、到了契丹，先派人问使者来意，并讨论河东地界，条件是使者答应以分水岭为界，才能拜见契丹皇帝。

五、或者虽然即时拜见契丹皇帝，但是在大帐中提出条件以分水岭为界。

六、北宋使者既然抵达，又答应契丹以分水岭为界，契丹立刻派人前往边界拆除北宋的口铺哨所，然后不紧不慢地放沈括等人回宋，使人持欺骗性的书信宣称：既然商量不成，就派人强拆了。这样朝廷不知道契丹是否真正想使关系破裂，怎么处理？

七、或者使者们抵达契丹，使他们遭受痛苦和侮辱，或者授予他们劣弱马匹，使他们在山谷中趔趄颠簸，或者暗中命人诈称盗贼，杀害使者，朝廷的意思无法传递给契丹，如何处理？

中书省和枢密院的大臣们计议之后，答复多虑的皇帝称：

分水岭既不可许，萧禧又未肯辞，欲通两国之情，则泛使不可不遣。彼以禧未还而不纳，或纳而接伴未至，容或有之，然且迁延境上，以示我无绝好之意，于义无伤，则彼亦难怪禧之稽留，无由发怒。若必邀使人以分水为界，则许与不许，岂使人所敢专？就令屈从，岂足为信？若不候使还，强移铺屋，前已详议，屈伸在我，且为后图。本朝与之通好，多历岁年，使人之来，礼义甚厚，今虽未允所求，固无激怒之事，苦辱使人，恐

无此理。 ①

三月二十八日，沈括向宋神宗报告称他通过检查枢密院文书，发现契丹最早提出的古长城与这次提出的黄嵬山两地相距三十多里，争论区域明确是在黄嵬山一带的分界。他的发现令宋神宗大喜过望。显然，契丹方面出现重大错误。宋神宗有足够证据证明该地的分界为黄嵬山脚，于是他亲自在地图上做了标识，然后派内臣将地图交给中书省和枢密院，命令他们持图与萧禧交涉。

既然北宋不等他返回就派遣使者，显然已经不打算再和他交涉，而且在宋神宗提供的新证据面前，他也没有足够的反驳理由。于是，萧禧决定返回契丹。四月四日，萧禧拜辞于紫宸殿，宋神宗赐酒垂拱殿，并附国书：

两朝继好，六纪于兹，事率故常，谊存悠久。比承使指，谕及边陲，已约官司，偕从辨正。当守封圻之旧，以需事实之分，而信介未通，师屯先集，侵焚堠戍，伤射巡兵。举示力争，殊非和议。至欲当中独坐，位特改于臣工；设次横都，席又难于宾主。数从理屈，缠就晤言。且地接三州，势非一概，辄举西陉之偏说，要该诸寨之提封。屡索文凭，既无据验；欲同案视，又不准从。职用乖违，滋成濡滞。窃虑有司之失指，曾非与国之本谋。兹枉招车，再垂函问，重加聘币，弥见欢悰。然论疆事之侵，尽置公移之显证；述边臣之议，独尤病告之愆期。深认事端，多非闻达。重念合天地鬼神之听，共立誓言；守祖宗疆土之传，各完生聚。不啬金缯之巨万，肯贪壤地之尺寻？特欲辨论，使无侵越，而行人留馆，必于分水以要求。枢府授辞，期以兴师而移拆，岂其历年之信约，遂以细故而变渝。已案舆图，遥为申画，仍令职守，就改沟封。退冀英聪，洞加照悉。 ②

---

① 李焘：《续资治通鉴长编》，卷二百六十一，《神宗熙宁八年》，中华书局，1995年，第6363页。

② 李焘：《续资治通鉴长编》，卷二百六十二，《神宗熙宁八年》，中华书局，1995年，第6376页。

这封国书中列举了契丹在谈判中的种种强横行为，然后将之归咎于具体的谈判官员，然后一再提醒双方应该以盟誓为大，文末提出北宋对划界的主张。


## 双方争议区域

北宋朝廷委任的吕大忠曾经提到过双方最初争议的整个区域范围：

北人窥伺边疆，为日已久。始则圣佛谷，次则冷泉村，以致牧羊峰、瓦窑坞，共侵筑二十九铺。今所求地，又西起雪山，东接双泉，尽瓶形、梅回两寨，缭绕五百余里。……①

吕大忠所描绘的地理范围是从西到东，其最西端是雪山，东部包括瓶形、梅回两寨范围。在契丹描述争议应州一带地理范围是从东向西，即从应州到天池。

经过双方的第一次会谈，争议地界的局部纠纷得到处理。萧禧再来的时候，双方存在争论范围非常具体。根据三月二十八日，资政殿进呈朝廷契丹所争界至地名白劄子记载：

一，蔚州地分，本朝元以秦王台、古长城为界，北人称以分水岭为界，所争地东西约七里以上。

一，朔州地分，往前已经定夺，以黄嵬大山北脚为界，今来北人称以黄嵬大山分水岭为界，所争地南北约三十里。

一，武州地分，本朝以烽火铺为界，北人称以瓦窑坞分水岭为界，所争地南北十里以上。

---

① 李焘：《续资治通鉴长编》，卷二百六十，《神宗熙宁八年》，中华书局，1995年，第6334—6335页。

一，应州地分，本朝以长连城为界，北人称以水峪内分水岭为界，其分水岭即无山名，元不指定的实去处，后来因刘忱等累行问难，须要指定分水岭山名，后来梁颖等对答，称自雪山照望黄嵬大山、牛头山一带分水岭为界，所争地南北约十七八里。①

萧禧来后，北宋朝廷对争议地区做出的相应安排为：

一，李福蛮地，许以见开壕堑处分水岭为界。

一，水峪内义儿马铺并三小铺，即挪移近南，以见安新铺山头分水岭为界。

一，自西陉寨地方，以第一、第二、第三、第四、第五远探、白草铺山头分水岭向西接古长城为界。

一，黄嵬山地，已经仁宗朝官与北朝官吏于聂再友等已侵耕地外，标立四至讫。及天池庙，顺义军牒称地理系属宁化军，并无可商议。

一，瓦窑坞地，前来两界官司商量未了，今已指挥韩缜等一就检视，擗拨处以分水岭为界。右已指挥韩缜等前去计会北朝所差官，依逐项事理擗拨结绝。所有合行标拨地内有见住人户处，即指挥挪移近来居泊外，仰馆伴所备录与北朝国信，听候到北朝具此闻达。②

从北宋对双方所争议的界至地名的文件和之后的妥协安排看，北宋所坚持的黄嵬山和天池庙仍是双方矛盾所在。

黄嵬山，在代北崞县阳武寨西，为一南北向山。③在这一地界上，契丹犯下一个地理错误。契丹最初对朔州地分划界要求指向代州—朔州之间的古长城（秦长城）一带。随着双方划界契丹方面坚持的以分水岭为界，

---

① 李焘：《续资治通鉴长编》，卷二百六十一，《神宗熙宁八年》，中华书局，1995年，第6368—6369页。

② 李焘：《续资治通鉴长编》，卷二百六十二，《神宗熙宁八年》，中华书局，1995年，第6378页。

③ 蓝克利：《政治与地理论辩：一〇七五年的宋辽边界谈判》收入田余庆主编《庆祝邓广铭九十华诞论文集》，河北教育出版社，1997年。

契丹使者遂指古长城一带为黄嵬山的分水岭。实质上古长城与黄嵬山之间东西距离三十里。这一点为沈括指出后，契丹方面放弃了黄嵬山分水岭为古长城分界的说法而坚持黄嵬山一带以分水岭为界，争论地点从古长城一带转移至黄嵬山一带。但是，北宋坚持双方此处地界在黄嵬山脚。争论的分歧点从黄嵬山山脚至契丹主张的分水岭大致南北长三十里。

天池，在宁武县，是一高山湖泊。也称为天池子，因其地有庙宇，也常称为天池庙，或天池神堂。天池在《太平寰宇记》有记载：

> 天池俗名祁连泊，在（静乐县）东北一百四十里，周回八里。水经注：桑乾水潜通太原汾阳县北燕京山之天池。池在京山之上，俗谓之天池。

静乐县，唐时属于岚州。北汉设置宁化军，天池在宁化军横岭铺地界。根据宋《地理志》：

> 宁化军，本岚州地，伪汉刘崇置军，控西北，至契丹界。宋太平兴国中，改今名。管安庆历蕃兵二百人，马二百足。东至徒合寨九十里，西至契丹朔州雪山，分界五十里，南至宪州界六十里，北至契丹朔州横岭界六十里，西北至朔州一百里，东北至代州阳武寨一百里，西南至岢岚军界锹贴岭四十里。

横岭铺所在位置大概在横岭一带。天池的位置也应该距离宁化军治所向北六十里左右，与契丹朔州地界相接。除了天池本身周长八里，可以大概知道其涉及的土地面积外，双方所争论的具体土地面积并不十分清晰。


## 沈括出使

沈括等人抵达雄州，因为契丹使者萧禧没有回还，因而契丹涿州守卫不准许他们入契丹地界。不久，涿州又发来文书，要求改沈括出使团名为"审行商议"，也就是由单纯回谢变为负责谈判地界。

……北界涿州牒雄州，称西陉寨、黄嵬山、天池子一带尚有占据，及言无可商议，缘久来并系当界地分，元初被南界将引数十兵众强来占夺，若是此起不再商量定夺了当，已后终须难绝往复。即日却称改差沈括等充回谢国信使、副，必虑相次到阙，别有推故，不肯商议，转致迟延，仰燕京留守司指挥涿州赍牒雄州，疾速闻达指挥。[①]

北宋雄州官员立刻向朝廷发出公文加以禀报。与王安石商量后，宋神宗批示雄州，沈括回谢，不可以审行商议为名。

二十多天后，萧禧回到契丹，沈括等人才获准入界。闰四月十九日，沈括等人离开新城县。五月二十五日，在永安山远亭子，契丹馆伴使琳雅、始平军节度使耶律寿，副使枢密直学士、右谏议大夫梁颖与沈括见面。五月二十九日这天，在入帐觐见辽道宗前，契丹就馆赐宴，契丹枢密副使杨益戒主持宴会，饮酒两通之后，杨益戒传语有契丹圣旨宣读，请北宋使者起立。契丹方面宣称河东蔚州和应州的地界已经在第一次划界时期有所解决，但是朔州地界没有了结。北宋方面认为整个河东地界争议都已经了结，他们只是回谢，并不负责朔州地界争论。

益戒云："今来系是圣旨宣问，侍读、馆使须合应报。"
臣括答曰："此事虽不是本职，不敢预闻，既是承准宣命，有所知者，不敢不对。昨来理辨三州地界，但北朝稍有照证处，尽已擗拨与北朝。如黄嵬大山、天池子，各是照据分明，难议应副。"[②]

杨益戒及馆伴梁颖坚称黄嵬大山、天池系北朝地土。根据沈括的记

---

① 李焘：《续资治通鉴长编》，卷二百六十三，《神宗熙宁八年》，中华书局，1995年，第6430页。

② 李焘：《续资治通鉴长编》，卷二百六十五，《神宗熙宁八年》，中华书局，1995年，第6498页。

载，双方先后进行了六次辩论。

契丹方面关于黄嵬大山坚称，在属契丹的顺义军给北宋的牒文中提到：

六番岭直南至鸿和尔大山四十里。
段家堡西南至鸿和尔大山三十里。

契丹方面由此认为，双方界限不在山脚。沈括辩驳道：

顺义军牒内称："六蕃岭直南，至黄嵬大山四十里。"此处无"脚"字，试请六蕃岭直南，打量四十里，看到得黄嵬大山甚处？又云"段家堡西南至黄嵬大山三十里"，亦无"脚"字，亦请打量看到甚处？假令去却"脚"字只将地里打量，也只打量得山脚下。[1]

契丹又指出，在双方文书中提到：

楼板寨西南鸿和尔大山南侧为界。[2]

沈括直接指出，这件文书恐怕是契丹伪造：

札子内言："楼板寨西南至黄嵬大山南侧为界。"不知楼板寨西南甚处得黄嵬大山？莫却在东北上无？学士更且子细勘会，这个是北朝自攀引底照据文字。[3]

沈括拿出双方对于黄嵬大山脚下划界的证据：

---

[1] 李焘：《续资治通鉴长编》，卷二百六十五，《神宗熙宁八年》，中华书局，1995年，第6506页。

[2] 李焘：《续资治通鉴长编》，卷二百六十五，《神宗熙宁八年》，中华书局，1995年，第6506页。

[3] 李焘：《续资治通鉴长编》，卷二百六十五，《神宗熙宁八年》，中华书局，1995年，第6506页。

……最先北朝重熙十一年，北朝差教练使王守源、副巡检张永、句印官曹文秀，南朝差阳武寨都监翟殿直、崞县令教练使吴臣同行定夺，以黄嵬大山脚下为界，自后顺义军累有公牒，皆称黄嵬大山脚下为界……①

而且，在康定二年，双方曾经就北人苏直、聂再友侵耕北宋地土界定过侵地范围，双方牒文明载该侵地范围为：

东至买马城，南至黄嵬大山脚为界，西至焦家寨，北至当界张家庄。②

沈括指出，牒文中"当界"即康定年间契丹与北宋旧界，应在黄嵬大山脚北的张家庄，勘定苏直、聂再友地块后，双方确认新边界为黄嵬大山脚。

由于北宋证据充分，契丹最终放弃了黄嵬山分水岭的要求，承认了康定二年的分界。

契丹对于天池地界的说法有三条理由：

天池本是北朝地土，昨因苏钤辖等强来侵占，今来只要依旧。③

这里苏钤辖是指北宋河东官员苏安静。据《宋故司徒兼侍中赠尚书令魏国忠献韩公墓志铭》记载：

北虏谋侵我天池之境，公（指韩琦）遣将苏安静至塞上，召虏人谕之曰："尔昔常借我天池庙焚香，文移具在，今何得妄言尔地！"虏人屈伏，

---

① 李焘：《续资治通鉴长编》，卷二百六十五，《神宗熙宁八年》，中华书局，1995年，第6499页。

② 李焘：《续资治通鉴长编》，卷二百六十五，《神宗熙宁八年》，中华书局，1995年，第6508页。

③ 李焘：《续资治通鉴长编》，卷二百六十五，《神宗熙宁八年》，中华书局，1995年，第6510页。

遂并退连冷泉村地十余里。[①]

这件事情在《长编》中也有记录：

天池庙属宁化军横岭铺。庆历中，北界耕户杜思荣侵入冷泉村，近亦有石峰为表。乃诏馆伴使王洙以图及本末谕扈等。[②]

但是，处理北人杜思荣侵入冷泉村的事件中，北宋没有保留下相关文书。

契丹另一条说法是：

天池子自来乙室王在彼下帐，若是南朝地土，何故乙室王在彼住坐？[③]

这里的乙室王是指契丹乙室部，隶属南院大王，乙室部王及都监镇驻西南之境，司徒居鸳鸯泊，闸撒狘居车轴山一带，属于游牧部落。

沈括回复辩称：

南朝地界文字分白，自是乙室王不当过界住坐，兼有其照据，岂可不据文字，只据口也？[④]

契丹并不同意沈括的说法。他们提出：

① 卫凯：《安阳新出土宋〈韩琦墓志〉及其史料价值》，《临沧师范高等专科学校学报》2014年03期，第127页。

② 李焘：《续资治通鉴长编》，卷一百八十四，《仁宗嘉祐元年》，中华书局，1995年，第4462页。

③ 李焘：《续资治通鉴长编》，卷二百六十五，《神宗熙宁八年》，中华书局，1995年，第6505页。

④ 李焘：《续资治通鉴长编》，卷二百六十五，《神宗熙宁八年》，中华书局，1995年，第6505页。

文字是在前，乙室王下帐在后，今合用前来照证，不知合用后来照证？①

对于天池，契丹的最后一条理由是：

既是南朝地土，因甚却要北朝行牒修葺？②

天池神堂是指天池庙，是祭祀高政的庙宇：

高政者，土豪也，有威名于北方，蕃汉目之为高天王。而天池庙神亦曰高天王庙。③

宋人记载中最早关于契丹请修天池庙是在太平兴国中：

兴国中，契丹移文天池县曰：遥祀天池庙有应，以属南朝地，未敢擅修。④

到大中祥符九年，契丹人再次请修天池庙：

令宁化军葺天池神堂。北界岁遣使一祀，至是颓圮，北界请加缮治故也。⑤

正是这一次修缮庙宇，北宋方面保留下契丹行文天池"地理属宁化

① 李焘：《续资治通鉴长编》，卷二百六十五，《神宗熙宁八年》，中华书局，1995年，第6505页。

② 李焘：《续资治通鉴长编》，卷二百六十五，《神宗熙宁八年》，中华书局，1995年，第6505页。

③ 李焘：《续资治通鉴长编》，卷三百七十一，《哲宗元祐元年》，中华书局，1995年，第8988页。

④ 范祖禹：《范太史集》，卷四十，《检校司空左武卫上将军郭公墓志铭》。

⑤ 李焘：《续资治通鉴长编》，卷八十七，《真宗大中祥符九年》，中华书局，1995年，第1988页。

军"的文字档案。这固然可以理解为天池属于北宋，但是，在契丹反而理解为天池庙的归属存在争议。

## 再次划界

四月六日，北宋朝廷就改命新知代州周永清替代张诚一，同韩缜分画地界。这次调整的直接原因是宋神宗考虑到承旨司及阁门缺官，所以留下张诚一。得到命令后，周永清入对朝廷，声言：

> 疆境不可轻以予人，臣职守土，不愿行。①

宋神宗却坚持让周永清前往划界。这一任命可能出于平衡划界官员们的工作倾向，因为他可能担心那些揣摩到朝廷希望息事宁人态度的官员对契丹过多让步。

韩缜负责再次分画地界的工作并不轻松。划界的最后决定权仍在宋神宗手中。当韩缜抵达河东后，将河东缘边山川、地形、堡铺绘制详细地图，上报朝廷，并谈到自己关于划界的设想，宋神宗下达指示：

> 双井水峪、瓦窑坞分画地开壕立堠，增置铺屋控扼处，并依奏。石门子铺如在三小铺外，更不拆移。其见安新铺以东，接胡谷寨地元非分画处，若北人言及，即以此拒之。如固争执，奏取朝旨。其白草铺，西接古长城，先从北与之议，毋得过分画地界。其古长城以北弓箭手地，听割移。②

韩缜的工作也受到朝臣的监督。这一年的十月份，朝廷派龙图阁直学

---

① 李焘：《续资治通鉴长编》，卷二百六十二，《神宗熙宁八年》，中华书局，1995年，第6401页。

② 李焘：《续资治通鉴长编》，卷二百六十六，《神宗熙宁八年》，中华书局，1995年，第6526页。

士、枢密都承旨曾孝宽往河东分画地界所计议公事。这是由于李评上书称义兴冶、胡谷、茹越、大石四寨堡铺分界，与韩缜所上画图不同，所以，曾受命前往检查是否有所出入。

双方地界划分接近尾声的时候，北宋又受到安南之役的拖累。

一〇七二年（熙宁五年），交趾李朝李乾德即位，是为李仁宗，并由检校太尉李常杰和兵部侍郎李日成辅佐。从一〇七三年起，北宋主张大力进攻李朝的沈起受到宰相王安石任命为知桂州。沈起自称受密旨准备讨伐交趾，依保甲法点集土丁。继沈起出任知桂州的刘彝更为激进，他阻断交趾方面给宋朝的表章，同样声称有朝廷密旨，加紧训练士卒。交趾李朝检校太尉李常杰主张先发制人，决定攻宋。一〇七五年十一月（熙宁七年），李常杰和宗亶分兵两路，进攻宋朝。连破钦、廉二州，并围困邕州。得到消息后，宋神宗于熙宁八年十二月，发布《讨交趾敕谕》，开始对南方作战。

一〇七七年（熙宁九年）正月，契丹辽道宗遣林牙、临海军节度使耶律孝淳到北宋告国母之丧。北宋委派主客员外郎朱温其为接伴使。可能对北宋朝野议论交趾事有所耳闻，耶律孝淳向朱温其打听消息。

> ……辽使耶律孝淳问温其南蛮有何事？温其曰："南蛮为寇，已遣人讨伐。"又问兵一二万乎？温其曰："无止一二千尔。"又问谁为将？曰："郭逵、赵卨。"[1]

朱温其故意少说北宋交趾用兵的数量，但是鉴于北宋委任郭逵这样级别的将领，实属欲盖弥彰。六月份，宋神宗批复南方作战指挥官郭逵：

> 代北疆事虽已分画，北人展转邀索不已，谍者多称北人缘朝廷方事南讨，欲乘时牵制。以此观之，安南之举惟万全速了为上。……[2]

---

① 李焘：《续资治通鉴长编》，卷二百七十五，《神宗熙宁八年》，中华书局，1995年，第6721页。

② 李焘：《续资治通鉴长编》，卷二百七十六，《神宗熙宁八年》，中华书局，1995年，第6753页。

大概在耶律孝淳等回去后，契丹在划界上给北宋制造了不少麻烦。对于契丹如何"邀索不已"史书没有记载更多的细节。

对于争论的天池，双方大概在熙宁十年达成一致。根据《辽史》：萧韩家在大康三年（一〇七八年，宋熙宁十年）经画西南边天池旧堑，立堡砦，正疆界，刻石而还，为汉人行宫都部署。[1]

"天池旧堑"大概是一座废弃的砦子，名称"横岭"。《长编》记载称：

> 河东分画地界所燕复等检踏天池西南无横岭地名，后再检视，有故寨岭亦名横岭。[2]

契丹对天池的划分结果比较满意，命令一名大臣撰写了一篇天池神堂之碑，记述取得的成功。

在一〇七七年六月，北宋负责划界的官员也得到了赏赐。考虑到官员们需要从河东返回朝廷复命的时间，双方划界完成的时间可能要早一些。

---

[1] 脱脱等：《辽史》，卷九十二，《萧韩家》，中华书局，1974年，第1370页。

[2] 李焘：《续资治通鉴长编》，卷二百八十三，《神宗熙宁八年》，中华书局，1995年，第6937页。

## 三、宋人的燕云情结

### 攻守易势与宋人心态变化

石敬瑭割让十六州之后，中原王朝处理与契丹的关系成为一个关键话题。即使是石敬瑭本人，由于契丹的索求无度和傲慢，也曾经对契丹耿耿于怀，经过桑维翰的劝解，才隐忍下来，与契丹保持了和平关系。石敬瑭的儿子石重贵继位后，在景延广等人的怂恿下，挑战契丹权威，导致耶律德光南下，攻占了后晋首都汴梁，并俘虏了石重贵。由于耶律德光处置失当，其直接统治中原的计划才流产。不久，耶律德光撤退并于路上病故。刘知远建立后汉政权的过于短暂，没有机会与契丹发生过多往来。郭威篡权后，后周政权则在周世宗柴荣的带领下夺回了三州和三关。赵匡胤黄袍加身后，北宋在南北用兵顺序上有所更张，但是，总体而言，从后晋到宋初，中原政权对于契丹并没有畏惧心理，宋太宗赵光义更是先后两次主动北伐，企图夺回幽州等地。

对于发动对契丹的战争，北宋内部始终有弭兵的声音存在。有一种弭兵论调，强调实力不足、人民困苦等现实困难，主张与民休息，同时强调与民休息的目的在于积蓄实力，然后有所作为。例如在宋太宗平定北汉用兵幽州之前，翰林学士李昉提出：

> 北鄙戎人，自古为患，乘秋犯塞，往往有之。陛下栉风沐雨，冲冒严凝，亲御戎衣，以攘民患。敌人震慑，畏威而逃，因而剪之，易于拉朽。况幽蓟之壤，久陷敌人，慕化之心，倒悬斯切，今若拥百万横行之众，吊一方偻后之民，合势而攻，指期可定。其如大兵所聚，转饷是资，且河朔之区，连岁飞挽，近经蹂践，尤极萧然，虽偶荐于丰穰，恐不堪其调发，属兹寒冽，益复罢劳。况今小寇宵奔，边陲宁肃，若亲巡塞下，震耀威容，固足惧彼残妖，亦恐劳于大举。伏望申戒羽卫，旋师京都，善养骁雄，精加训练，严敕边郡，广积军储，讲习武经，缮修攻具，俟府藏之充溢，泊间里之完富，期岁之间，用师未晚。①

而与之相对的另一种弭兵论，虽则强调与民休息，但是与民休息之后则是彻底的反对战争，这以左拾遗、直史馆张齐贤的上疏为代表，他提出：

> 自古疆场之难，非尽由于敌国，率由边吏扰而致之。若缘边诸寨抚御得人，但使峻垒深沟，畜力养锐，以逸自处，宁我致人，李牧所以称良将于赵，用此术也。所谓择卒不如择将，任力不及任人。如是则边鄙宁，边鄙宁则辇运减，辇运减则河北之民获休息矣。民获休息，则田业增而蚕织广，务农积谷，以实边用。且臣料敌人之心，固亦择利避害，安肯投死地而为患哉！
>
> 臣又闻家六合者以天下为心，岂止争尺寸之事，角强弱之势而已乎！是故圣人先本而后末，安内以养外。人民本也，疆土末也。五帝、三王未有不先根本者也。尧、舜之道无他，广推恩于天下之民尔。推恩者何？在

---

① 李焘：《续资治通鉴长编》，卷二十一，《太宗太平兴国五年》，中华书局，1995年，第482—483页。

乎安而利之。民既安利，则远人敛袵而至矣。陛下爱民利天下之心，真尧、舜也。臣虑群臣所闻，多以纤微之利，克下之术，侵苦穷民，以为功能者，彼为此效，相习已久，至于生民疾苦，见之如不见，闻之如不闻，敛怨速尤，无大于此。①

张齐贤主张与民休息，在边境上强化堡垒，不要为了尺寸土地而采取战争手段。他还提出通过使得安利民众，使远人自发地仰慕而来。

九八六年（雍熙三年），宋太宗第二次北伐失败，宋与契丹攻守易势。第二种弭兵论调逐渐占据优势。当宋太宗对北伐表示后悔的时候，已经是宰相的李昉就提出：

伏思用兵北伐，盖有其由。良以晋朝生灵仅逾百万，遭罹否运，役于北戎，迫其凶威，畜为奴婢。陛下内怀痛悼，将图拯救，而倚任之际，将帅非才，莫遵庙胜之谋，荐致舆尸之败。天声靡振，敌气弥骄，罔能救于沦胥，乃自致于狼狈，两河生聚，几陷兵锋。然悔既往而难追，事已成而不咎，未可与争，灼着于前经，姑务息民，何嫌于屈己。况天生北狄，为患中国，汉高祖以三十万之众，困于平城，卒用奉春之言，以定和亲之策。以至文帝，奉之弥优，外示羁縻，内深抑损，而边城晏闭，黎庶息肩，所伤匪多，其利甚溥矣。况獯鬻之性，惟利是求，傥陛下深念比屋之磬悬，稍减千金之日费，密谕边将，微露事机，彼亦素蓄此心，固乃乐闻其事，不烦兵力，可弭边尘。此所谓屈于一人之下，伸于万人之上者也。伏望陛下裁之。②

这实质上是希望北宋放弃燕云十六州，放弃主动进攻。在雍熙北伐之后，契丹开始不断南下，主动进攻，宋军损失惨重，弭兵论甚嚣尘上，畏

---

① 李焘：《续资治通鉴长编》，卷二十一，《太宗太平兴国五年》，中华书局，1995年，第484—485页。

② 李焘：《续资治通鉴长编》，卷二十七，《太宗雍熙三年》，中华书局，1995年，第618页。

惧契丹与畏惧战争的心态逐渐弥漫整个北宋朝野。代表例子是傅潜和宋真宗本人。

咸平二年，契丹兵锋深入河北。当时统率八万之众的宋军主帅傅潜坐守定州，畏惧避战。虽然宋真宗屡次遣使"督其出师"，但是傅潜因惧怕战争而抗命。等到宋真宗亲征，朝廷命石保吉、上官正从大名府领前军开赴镇、定与傅潜会师。傅潜也始终逗遛不发，致使契丹骑兵一度进军到德州和棣州，并渡过黄河，骚扰淄、齐一带。

至于宋真宗本人，我们已经提到在澶渊之盟商议过程中发生了"姑了事"这一典故，它充分展现出宋真宗宁愿提供给契丹巨大财富以结束战争的畏敌心态。

不仅如此，澶渊之盟达成之后，还形成了以谈论战争为忌讳、人人恬然自得的社会氛围。

> 当国大臣，论和之后，武备皆废。以边臣用心者，谓之引惹生事；以缙绅虑患者，谓之迂阔背时。大率忌人谈兵，幸时无事，谓敌不敢背约，谓边不必预防，谓世常安，谓兵永息，恬然自处，都不为忧。

在这种表象之下，实则是宋人对契丹的深深畏惧感。一〇七二年宋神宗亲口承认：

> 呼契丹为叔，契丹邻敌乃呼为皇帝，岂是不畏彼？岁赐与金帛数千万已六七十年，六七十年畏契丹，非但今日。[1]

在北宋与契丹发生关南十县、河东地界之争的时候，这种畏惧情绪使得北宋畏首畏尾，采取了妥协退让的立场。但是，由于处于下风，导致的屈辱感必然与由来已久的华夷之辨迎头相撞。

---

[1] 李焘：《续资治通鉴长编》，卷二百三十八，《神宗熙宁五年》，中华书局，1995年，第5791页。

## 石介中国论、地图及北宋的期待

华夷之辨的核心问题是华夷关系，究竟是谁高谁低，还是各自抗礼相敌的问题。汉代是华夷之辨的高潮时代之一，当西汉在匈奴的武力面前屈服，从而采取和亲政策的时候，激发出了贾谊最有影响的论点：

天下之势方倒县，窃愿陛下省之也。凡天子者，天下之首也，何也？上也。蛮夷者，天下之足也，何也？下也。蛮夷征令，是主上之操也；天子共贡，是臣下之礼也。足反居上，首顾居下，是倒县之势也。天下倒县，莫之能解，犹为国有人乎？非特倒县而已也，又类躄，且病痱。夫躄者一面病，痱者一方痛。今西郡、北郡，虽有长爵不轻得复，五尺已上不轻得息，苦甚矣！中地左戍，延行数千里，粮食馈饷至难也。斥候者望烽燧而不敢卧，将吏戍者或介胄而睡，而匈奴欺侮侵掠，未知息时于焉，望信威广德难。臣故曰："一方病矣。"医能治之，而上弗肯使也。天下倒县甚苦矣，窃为陛下惜之。 ①

贾谊用首足论来比喻天子和蛮夷的关系，其理论根源是诗经中所宣扬的"普天之下，莫非王土；率土之滨，莫非王臣"。通过强调天子权威的至高无上，强调天子施行征令，而臣下谨守贡职，而提出了华夷之间的册封一朝贡范式。这种关系根源于周天子与诸侯之间的册封一朝贡体系，但是，这一次的努力却是要驯服蛮夷，在两者之间建立册封及朝贡关系。

从两汉开始，经过魏晋、隋唐几近千年，中原王朝饱受来自北、西、南方面蛮族的挑战和骚扰。册封一朝贡范式时而成功，时而失败。而北宋澶渊之盟订立之后，宋人"录契丹誓书，颁河北、河东诸州军。始，通和所致书，皆以南、北朝冠国号之上"。南朝和北朝的互称表明，至少在官方层面承认双方政权的平等性。册封一朝贡范式不适用于契丹，北宋无力改变事实。于是，北宋内部开始产生一种新论调，官员兼学者石介在《中

---

① 贾谊：《新书》，卷三，上海古籍出版社，1986年，第42页。

国论》中提出：

> 夫天处乎上，地处乎下。居天地之中者曰中国，居天地之偏者曰四
> 夷。四夷外也，中国内也。天地为之乎内外，所以限也。夫中国者君臣所
> 自立也，礼乐所自作也，衣冠所自出也，冠昏祭祀所自用也，缞麻丧泣
> 所自制也，果蓏菜茹所自殖也，稻麻黍稷所自有也。东方曰夷，被发文
> 身，有不火食者矣。南方曰蛮，雕题交趾，有不火食者。西方曰戎，被发
> 衣皮，有粒食者。北方曰狄，毛衣穴居，有不粒食者。其俗皆自安也，相
> 易则乱。仰观于天则二十八舍在焉，俯察于地则九州分野在焉，中观于人
> 则君臣、父子、夫妇、兄弟、宾客、朋友之位在焉。非二十八舍、九州分
> 野之内，非君臣、父子、夫妇、兄弟、宾客、朋友之位皆外裔也。二十八
> 舍之外干乎二十八舍之内，是乱天常也。九州分野之外，入乎九州分野之
> 内，是易地理也。非君臣、父子、夫妇、兄弟、宾客、朋友之位，是悖人
> 道也。苟天常乱于上，地理易于下，人道悖于中国，不为中国矣。……曰
> 各人其人，各俗其俗，各教其教，各礼其礼，各衣服其衣服，各居庐其居
> 庐。四夷处四夷，中国处中国，各不相乱，如斯而已矣，则中国中国也，
> 四夷四夷也。①

这种论调将天的范围限定为"二十八舍"，与天对应的地理范围为
"九州"，这样"中国"的范围就被严格地限定并显著缩小了。在这个基础
上，"中国""四夷"的关系是"四夷处四夷，中国处中国"。相对于分封—
朝贡关系，这种论调抛弃了尊卑、优劣论调，转而强调相互独立，各不相
干。虽然仍旧提到中心与边缘，但是已经具有自然地理的意义，核心问题
集中在"九州"的地理范围。北宋中期兴起了以禹迹、华夷为名的地图绘
制热潮。现存最早的宋代古地图集《历代地理指掌图》开篇收录了《历代
华夷区域总要图》。最早的石刻地图有元丰三年的《禹迹图》。在这些地
图上，禹迹的九州范围视为"华"的基本区域。石敬瑭所割与契丹的州县

---

① 石介：《徂徕石先生文集》，卷十，《中国论》，四川大学古籍研究所，《宋集珍本丛刊》，
  线装书局，2004 年，第 243—245 页。

毫无疑问属于九州分野。所以，尽管石介的论调能使北宋摆脱册封—朝贡范式的道义束缚，免得孱弱的朝廷背负不可能完成的任务，但是，将"中国"界定为"九州"又不可避免地强化了北宋的燕云情结。正如宋室南迁后不久，新刻《地理图》中王致远的题记所称：

国朝自艺祖皇帝，栉风沐雨，平定海内。取蜀，取江南，取吴越，取广东，又取河北。独河东数州之地，与幽蓟相接，坚壁不下。王师再驾，讫无成功。群臣欲上一统尊号。艺祖曰："河东未下，幽蓟未复，何一统之有？"终谦逊不敢当也。盖至太宗之世，王师三驾，河东始平。而幽蓟之地卒为契丹所有，不能复也。祖宗之所以创造王业混一区宇者，其难如此。[①]

北宋对幽蓟须臾不忘，由于没有强大的武力支撑，只能望洋兴叹。但是，北宋始终幻想着《孟子》中曾经描绘的一幅画卷：

以万乘之国伐万乘之国，（百姓）箪食壶浆，以迎王师。岂有他哉？避水火也！[②]

历史的经验表明：没有始终兴盛的王朝，一旦统治者昏庸无能，使得百姓生活在水深火热之中，外来干涉和征伐就会名正言顺，并能取得成功。北宋期待契丹发生患乱。澶渊之盟的一百多年后，他们终于等到了机会。

---

① 林岗：《从古地图看中国的疆域及其观念》，《北京大学学报》（社科版），2010 年第 5 期，第 49 页。

② 朱熹：《四书章句集注》，《孟子·梁惠王下》，中华书局，1983 年，第 222 页。

第七章

宣和之战

　　尽管在澶渊之盟后，北宋与契丹之间发生了不少争斗，但没有发展成战争。到契丹天祚帝统治时期，发生了女真叛乱，加之国内暴乱不断，情势急转直下。当契丹发生危机的时候，宋徽宗联金灭辽，发动了宣和之战。这一章将叙述北宋联金灭辽的契机、双方的前期谈判，以及北宋两次进攻幽州的失败。

## 一、平燕之谋的兴起

### 契丹危局

一一〇一年，契丹第九位皇帝天祚帝继位。一一一二年（天祚帝天庆二年），天祚帝在混同江边举办"头鱼宴"。在宴会上，他命令诸部首领舞蹈助兴，女真首领完颜阿骨打拒绝了他。天祚帝认为完颜阿骨打桀骜不驯、必成后患，本想杀掉他。由于大臣的谏止，阿骨打不仅死里逃生，而且还和他的二弟吴乞买、粘罕、胡舍因为在打猎中能够呼鹿、刺虎、搏熊得到升职赏赐。

混同江宴会归来后，完颜阿骨打怀疑天祚帝猜疑自己，于是开始兼并女真部落。一一一四年（天庆四年）七月，女真夺占宁江州，天祚帝不以为意。十月派遣一支七千人的讨伐军征讨女真，结果在混同江大败。被击溃的契丹兵马四处劫掠。惧怕败军集聚为患，天祚帝赦免了他们。这一举动使舆论认为：战则有死而无功，退则有生而无罪，[①] 造成士无斗志的

---

① 脱脱等：《辽史》，卷二十七，《天祚皇帝纪一》，中华书局，1974 年，第 329 页。

严重后果。次年（天庆五年），天祚帝以骑兵五万、步兵四十万亲征女真，十二月，被女真击败于护步达岗。女真势力壮大，迅速攻占契丹大片疆土。契丹内部各地叛乱不绝，东京裨将高永昌据东京自立为帝，南京地区有董庞儿为乱。一一一六年（天庆六年），女真攻下沈州，接着攻克东京，消灭了高永昌，并收降其余部。一一一七年（天庆七年）春，女真攻占春州，契丹东北面诸军不战而溃。女古、皮室四部及渤海人都投靠女真。这年冬天，女真再次在蒺藜山大败契丹军队，完颜阿骨打称帝，建元天辅，国号金。女真已经从叛乱发展成契丹的心腹大患。

## 马植的投靠

一个叫作马植的人投靠北宋，并带来了契丹内乱外忧的确切消息。关于马植投靠北宋时间过程，历史记录比较混乱。

一种说法是，在一一一一年（宋徽宗政和元年），北宋派遣童贯和郑允中出使契丹，马植秘密会见了童贯，提出希望投靠宋朝。童贯同意并约马植归宋。马植大概于次年抵达宋朝，并换姓名为李良嗣。由于积极鼓动北宋讨伐契丹，受到朝廷的欣赏被赐姓赵。

而根据封有功《编年》记载，直到一一一五年（政和五年），马植才以"投蜡弹"的方式向北宋传达了希望投靠的信息。

这封蜡弹文书叙述了马植的家世：

良嗣，族本汉人，素居燕京霍阴，自远祖已来，悉登仕路，虽披裘食禄不绝如线，然未尝少忘尧风，欲襆左衽而莫遂其志。[1]

接着，他描述了契丹的内乱外忧：

---

[1] 徐梦莘编：《三朝北盟会编》，卷一，中国台湾，大化书局，1979年，第2页。

比者国君嗣位以来，排斥忠良，引用群小，女真侵陵，官兵奔北，盗贼蜂起，攻陷州县，边报日闻，民罹涂炭，宗社倾危，指日可待。迩又天祚下诏亲征女真，军民闻之，无不惶骇，揣其军情，无有斗志。①

最后，他向北宋表达了个人想法：

良嗣虽愚憨无知，度其事势，辽国必亡。良嗣日夜筹思，偷生无地，因省易系，有云："见几而作，不俟终日。"语不云乎："危邦不入，乱邦不居。"良嗣久服先王之教，敢佩斯言，欲举家贪生，南归圣域，得服汉家衣裳，以酬素志。②

封有功所记载的蜡丸书中提到"天祚下诏亲征女真"的确发生于政和五年（天祚帝天庆五年）春，足以证明蜡丸书内容的真实性。由此可以判断，马植投降应于政和五年而非政和二年。

马植投靠之后，北宋朝廷出现了北伐的议论。

蔡京、童贯力主之以图取燕。时薛嗣昌、和诜、侯益揣知朝廷有意幽蓟，并迎合附会，倡为北事。和诜知雄州，以厚赂结纳朔方豪隽，士多归之，以收燕山图来上。又中山守张杲，高阳关安抚吴玠亦献议燕云可取。河东经略薛嗣昌得河朔谍人之辞，往往润色，以希朝廷密意，每陛对，论及北事辄请兴师。嗣昌又委代州安抚王机探伺辽人之隙，陈攻取之策。时武应等州屡来投附，机悉接纳。又有王师中全家来忻代，上诏令师中知登州，以伺其事，然未有以发。③

从这一段记录来看，北宋朝廷内有蔡京与童贯，边防将领中则有薛嗣

①　徐梦莘编：《三朝北盟会编》，卷一，中国台湾，大化书局，1979年，第2—3页。

②　徐梦莘编：《三朝北盟会编》，卷一，中国台湾，大化书局，1979年，第3页。

③　徐梦莘编：《三朝北盟会编》，卷一，中国台湾，大化书局，1979年，第1页。

昌、和诜、侯益、张杲、吴玠等力主乘乱独立攻击契丹。鉴于朝廷内部的反对声音，宋徽宗迟迟没有采取行动。


## 海上来船

一一一七年（政和七年）七月四日，位于沿海的登州官员王师中向朝廷奏报，有辽国人蓟州汉儿高药师、僧郎荣等以舟浮海，抵达文登县。他们本来是乘船向高丽避乱，但是，海风却将他们吹到山东来，高药师等人给北宋带来女真攻打辽国的具体消息：女真军马与辽人争战，累年争夺地土，已过辽河之西，今海岸以北，自苏、复至兴、沈、同、咸州都已经被女真占领。

王师中的奏书抵达汴梁，宋徽宗命令童贯和蔡京商议。两人提出：

国初时，女真常奉贡，而太宗皇帝屡市马女真，其后始绝。今不若降诏遵故事，以市马为名，令人访其事体虚实如何。[1]

宋徽宗表示同意。命令王师中选派人员与高药师一块，乘船渡海，前往勘察。

王师中接到命令后，招募了七名将校。他们与高药师于八月二十二日重新下海，驶往辽东。一一一八年（政和八年）正月三日，高药师等人返回到登州，他们向朝廷回奏说：

虽已到彼苏州界，望见岸上女真兵甲多，不敢近而回。[2]

宋徽宗闻言大怒，他下令将原来负责招募的官员和应募的将校等人一

---

① 徐梦莘编：《三朝北盟会编》，卷一，中国台湾，大化书局，1979年，第2页。

② 徐梦莘编：《三朝北盟会编》，卷一，中国台湾，大化书局，1979年，第4页。

并流放到生存条件极为恶劣的边地，然后委派童贯全权负责派人联络女真的事务，并严令官员不得干预，否则以违抗御笔论处。

受命的童贯与王师中不再招募自愿者。他们亲自遴选了一名叫马政的官员和一名叫呼延庆的士兵，后者通晓多种语言。同时，给他们配备了八十七名战士，让他们伙同高药师再次前往女真军前。

八月四日，马政和呼延庆等乘船离开登州向北行进。他们接受到的命令是见女真酋领，声言恢复旧好，建议双方依循建隆雍熙以来双方贸易往来，慢慢切入话题，询问女真是否可以夹攻大辽，如果他们有这样的意向，可以邀请女真派遣使者前来秘密商议。为了稳妥起见，命令是口头传达。在这一时期，北宋朝廷内已经明确了联合女真夹攻契丹的战略构想。

闰九月九日，马政和呼延庆、高药师一行抵达辽东，女真的巡逻队捕获他们，起初士兵贪恋使者们的财物，企图杀掉他们，但是高药师反复向他们说明来意，巡逻士兵才将他们绑缚起来送往完颜阿骨打的大营。二十七日，马政等抵达女真所居的阿芝川涞流河。他们见到了阿骨打信任的三个得力助手：粘罕（完颜宗翰）、阿忽（完颜宗干）和兀室（完颜希尹）。三人讯问马政的来意。马政回复称：

先是贵朝在大宋太祖皇帝建隆二年时，常遣使来买马，今来，主上闻贵朝攻陷契丹五十馀城，欲与贵朝复通前好，兼自契丹，天怒人怨，本朝欲行吊伐，以救生灵涂炭之苦，愿与贵朝共伐大辽，虽本朝未有书来，特遣政等军前共议。若允许后，必有国使来也。[1]

阿骨打与粘罕、阿忽、兀室进行商量。其实早在一一一五年，一名投靠女真的契丹官员杨朴就向阿骨打进言南连大宋，西通西夏[2]，如此则能成就帝业。北宋来使为双方建立了直接联系，省得金人为联络北宋而费事。

几天后，阿骨打留下登州小校王美、刘亮等六人为人质，派遣渤海

---

① 徐梦莘编：《三朝北盟会编》，卷二，中国台湾，大化书局，1979年，第19页。

② 徐梦莘编：《三朝北盟会编》，卷三，中国台湾，大化书局，1979年，第28页。

人李善庆、女真人小散多、生女真勃达三人为使者同马政、呼延庆等返回登州。


## 呼延庆的往复

一一一九年（宣和元年）正月十日，一行人抵达汴梁。宋徽宗接见了使者，并加以封赏。我们不知道阿骨打的书信内容，但是，宋徽宗决定给予回复。对于回书的规格，北宋朝廷内部经过一番讨论，放弃了以"国书"——视金国与自己平等的形式，而采用诏书。三月十八日，归朝官朝议大夫直秘阁赵有开、忠翊郎王环，担任使者并且携带诏书、礼物和李善庆等前往登州，准备渡海。不料，他们抵达登州，尚未出发，赵有开就生病死亡。而且，河北的边防官员也奏报称，他们从间谍那里得知，契丹已割辽东地，并封女真阿骨打为东怀国主。宋徽宗中止了使者，而仅仅委派呼延庆和李善庆等前往女真探听情况。

六月三日，呼延庆至女真军前，阿骨打与粘罕责问呼延庆：宋朝提议的联盟为什么半途而废？呼延庆答：宋朝知道女真与契丹通好，如果女真不与契丹通好，宋朝一定会再派使者前来。阿骨打与粘罕不听呼延庆的辩解，拘留了他。因为，他们并没有与契丹和解。

到冬季的时候，阿骨打与粘罕、兀室反复商议，决定遣返呼延庆。呼延庆临行前，阿骨打对他说：

> 跨海求好，非吾家本心；共议夹攻，匪我求尔家；尔家再三渎吾家。吾家立国，已获大辽数郡，其他州郡，可以俯拾。所遣使人报聘者，欲交结邻国，不敢拒命。暨闻使回，不以书示而以诏诏我，已非其宜；使人虽卒，自合复差使人，止令使臣前来议事，尤非其礼；足见中辍。本欲留汝，念过在尔朝，非卿罪也。如见皇帝，若果欲结好，同共灭辽，请早示国书。若依旧用诏，定难从也。且大辽前日遣人来，欲册吾为东怀国者，盖本朝未受尔家礼，常（尝）遣使人入大辽，令册吾为帝，取其卤簿，使

命未归，尔家方通好。后既诺汝家，而辽国使人册吾为至圣至明皇帝。当时吾怒其礼仪不全；又念头与汝家，已结夹攻。遂鞭其来使，不受法驾，乃本国守尔家之约，不谓贵朝如此见侮。卿可速归，为我言其所以。①

二十六日，呼延庆怀揣阿骨打的书信离开女真。

一一二〇年（宣和二年）二月二十六日，呼延庆回到京师。他向朝廷回报阿骨打对他所讲的话，并上交阿骨打的书信。阿骨打书信中称：遣使大辽，讲好不成，已起兵攻上京。宋徽宗决定不再耽搁。三月六日，朝廷命令赵良嗣和王环（王师中之子）由登州出发，前往契丹面议：夹攻契丹、求燕云地、岁币等事情。

## 赵良嗣龙岗之约

赵良嗣一行从登州泛海出发，他们经过小谢矶、末岛、棋子滩、东城、会口、皮囤岛。四月十四日，抵苏州关下。恰好，女真已经出兵三路攻打辽上京。赵良嗣便从咸州出发，在青牛山见到阿骨打。阿骨达让使者们跟随身边，观看女真军队如何攻克上京。上京被攻克后，使者们与阿骨打相见于龙冈。

赵良嗣在《燕云奉使录》中记载了他们会面的整个过程。见到阿骨打后：

（赵良嗣）致议约之意，大抵以燕京一带，本是旧汉地，欲相约夹攻契丹，使女真取中京，本朝取燕京一带。②

阿骨打通过翻译回复他：

---

① 徐梦莘编：《三朝北盟会编》，卷四，中国台湾，大化书局，1979 年，第 31 页。

② 徐梦莘编：《三朝北盟会编》，卷四，中国台湾，大化书局，1979 年，第 32 页。

契丹无道，我已杀败，应是契丹州域，全是我家田地。为感南朝皇帝好意，及燕京本是汉地，特许燕云与南朝。候两三日，便引兵去。[1]

赵良嗣回复说：

契丹无道，运尽数穷，南北夹攻，不亡何待？贵国兵马去京西甚好。自今日议约既定，只是不可与契丹议讲和。[2]

阿骨打说：

自家既已通好，契丹甚闲事怎生和得？便来乞和，须说与已共南朝约定，与了燕京，除是将燕京与南朝，可以和也。[3]

赵良嗣回复说：

今日说约既定，虽未说盟誓，天地鬼神，实皆照临，不可改也。[4]

商量完结盟、土地问题，他们一同骑马观看契丹的宫廷居室，然后，阿骨打置酒于延和楼，赵良嗣还当场创作了一首诗歌。在酒席上，双方谈及岁币问题，赵良嗣许予女真三十万。阿骨打不同意，他说：

契丹时燕京不属南朝，犹自与五十万，而今与了燕京，如何只三十万？[5]

① 徐梦莘编：《三朝北盟会编》，卷四，中国台湾，大化书局，1979年，第32页。
② 徐梦莘编：《三朝北盟会编》，卷四，中国台湾，大化书局，1979年，第32页。
③ 徐梦莘编：《三朝北盟会编》，卷四，中国台湾，大化书局，1979年，第32页。
④ 徐梦莘编：《三朝北盟会编》，卷四，中国台湾，大化书局，1979年，第32页。
⑤ 徐梦莘编：《三朝北盟会编》，卷四，中国台湾，大化书局，1979年，第33页。

一场辩论之后，阿骨打坚持契丹旧数五十万。赵最后答应下来。

赵良嗣自称曾向阿骨打确认：

燕京一带旧汉地汉州，则并西京，是也？①

阿骨打回复说：

西京地本不要，止为去拿阿适，须索一到。若拿了阿适，也待与南朝。

赵良嗣又说：

平、营本燕京地，自是属燕京地分？

高庆裔（宴会上的一名女真官员）打断了赵：

今所议者，燕地也。平、滦自别是一路。②

阿骨打说道：

言约已定，更不可改。本国兵马，已定八月九日到西京，使副到南朝，便教起兵相应，趣归。且言缘在军上，不及遣使前去，止以事自一纸付良嗣回，约以女真兵自平州松林趋古北口，南朝兵自雄州趋白沟夹攻，不如约则难依已许之约。③

---

①  徐梦莘编：《三朝北盟会编》，卷四，中国台湾，大化书局，1979 年，第 33 页。

②  徐梦莘编：《三朝北盟会编》，卷四，中国台湾，大化书局，1979 年，第 33 页。

③  徐梦莘编：《三朝北盟会编》，卷四，中国台湾，大化书局，1979 年，第 33 页。

阿骨打派遣二百骑兵护送赵良嗣东归。使者们刚过铁州，阿骨打又派遣人快马追赶而来，重新请使者们回去，说别有事情商量。

　　赵良嗣等人回至女真所居地阿木火，阿骨打说：

　　本约到西京，以兵相应，却为牛疫死。且回，候来年，约日同举，惟恐失信，故请使副回见。[1]

　　而杨朴却告诉赵良嗣等人说：

　　郎君们意思，不肯将平州，画断作燕京地分，此高庆裔所见，如此须着一个方便。[2]

　　赵良嗣继续与粘罕商议，赵认为：

　　两朝议酌既定，务在明白，庶免异时计较。[3]

　　粘罕问他：有几事？

　　赵良嗣答复说：

　　将来举军之后，南兵不得过松亭古北榆关之南，免致两军相见，不测纷争，此最大事，一也。

　　其他界至临时可以理会。且先以古北松亭及平州东榆关为界，此其二也。

　　要约之后不可与契丹讲和，此三也。

　　西京管下，惟恐妨收捉阿适道路，所有蔚应朔三州，最近于南界，将来举兵，欲先取此三州，其余西京归化奉圣等州，俟拿了阿适回日，然后

① 徐梦莘编：《三朝北盟会编》，卷四，中国台湾，大化书局，1979年，第33页。

② 徐梦莘编：《三朝北盟会编》，卷四，中国台湾，大化书局，1979年，第33页。

③ 徐梦莘编：《三朝北盟会编》，卷四，中国台湾，大化书局，1979年，第33页。

交割，四也。

两国方以义理通好，将来本朝取了燕京，却要系官钱物，此无义理，可便除去，五也。

事定之后，当于榆关之东置榷场，六也。（在此处，赵为自己辩解道：榆关在平州之东，屡以榆关为言者，包平州在内也。）[1]

粘罕说：

所言都好，但蔚应州，尔恐阿适走去彼处，候我家兵马到日来商量。所要系官财物，曾思量来，也是不好。便待除去。[2]

粘罕和兀室又说：

我皇帝从上京到了，必不与契丹讲和。昨来再过上京，把契丹坟墓宫室庙像一齐烧了，图教契丹断了通和底公事。而今，契丹更有甚面目来告和也？千万必不通和。只是使副到南朝，奏知皇帝，不要似前番一般，中间里断绝了，我亦曾听得数年前，童贯将兵到边，却恁空回。[3]

赵良嗣答复说：

此探报传言之误。若是实曾领兵上边，便只恁休得？郎君们亦莫轻信。[4]

粘罕大喜说道：

---

[1] 徐梦莘编：《三朝北盟会编》，卷四，中国台湾，大化书局，1979年，第33—34页。

[2] 徐梦莘编：《三朝北盟会编》，卷四，中国台湾，大化书局，1979年，第34页。

[3] 徐梦莘编：《三朝北盟会编》，卷四，中国台湾，大化书局，1979年，第34页。

[4] 徐梦莘编：《三朝北盟会编》，卷四，中国台湾，大化书局，1979年，第34页。

两家都如此却甚好①。

阿骨打每次宴饮都会招呼召赵良嗣等人，并命令在上京俘获的契丹吴王妃作舞献酒。阿骨打还对北宋使者说：

此是契丹儿媳。且教与自家劝酒，要见自家两国欢好。②

阿骨打又与良嗣把盏酬酢，说：

契丹煞大国土，被我杀败。我如今煞是大皇帝。昨来契丹要通和，只为不著做兄弟，以至领兵讨伐。自家南朝是天地齐生底国王皇帝，有道有德，将来只恁地好相待通好，更不争要做兄弟。这个事，是天教做，不恁地，后怎生隔着个恁大海，便往来得？我从生来，不会说脱空，今日既将燕京许与南朝，便如我自取得，亦与南朝。③

赵良嗣还记载说，阿骨打还让他带来女真攻破上京时俘获的盐铁使苏寿吉，来献给宋朝，意思是，既然把燕地割隶宋朝，苏寿吉本是燕人，所以献上。先前作为人质的刘亮等六人也交付赵良嗣回朝。

## 金人再使

七月十八日女真使者斯剌习鲁、高随、大迪乌三人持国书来到宋朝。阿骨打的回书写到：

① 徐梦莘编：《三朝北盟会编》，卷四，中国台湾，大化书局，1979年，第34页。

② 徐梦莘编：《三朝北盟会编》，卷四，中国台湾，大化书局，1979年，第34页。

③ 徐梦莘编：《三朝北盟会编》，卷四，中国台湾，大化书局，1979年，第34页。

大金皇帝谨致书于大宋皇帝阙下，隔于素昧，未相致于礼容，酌以权宜，在交驰于使传，共计成于大事，盖备露于信华。昨因契丹皇帝，重遭败衄，竟见奔飞京邑，立收人民。坐获告和，备礼册上为兄，理有未敦，斥令更饰，不自惟度，尚有夸淹，致亲领甲兵，恭行顺伐。途次，有差到朝奉大夫赵良嗣、忠训郎王环等奏言，奉御笔，据燕京并所管州城元是汉地，若许复旧，将自来与契丹银绢转交，可往计议。虽无国信，谅不妄言，已许上件所谋燕地并所管汉民，外据诸邑，及当朝举兵之后皆散到彼处，余人户不在许数。至如契丹请和，听命无违，必不应允。若是将来举军，贵朝不为夹攻，不能依得已许为定。从於上京已曾遣回，转赴燕路复为敌人远背，孳畜多疲，已还士马，再命使人，用报前由，即日据捉到上京盐铁使苏寿吉留守同知王民效推官赵拱等，俱贯燕城，内摘苏寿吉先行付去，请发国书，备言银绢依准与契丹数目岁交，仍置榷场，及取前人家属并余二员，即当依应具形散福，冀亮退悰，令属秋初，善绥多福，有少礼物，具诸《别录》，今差宇董斯剌习鲁充使，大迪乌、高随充副，同回前去，专奉书披陈，不宣，谨白。[1]

显然，赵的说法与阿骨打国书中所允诺的条件存在很大差异。

从信件上看，宋徽宗御笔只提到燕京并所管州县，根本没有谈及其他区域。而赵良嗣声称，阿骨打许诺燕京和西京等地，至于平、滦和营州，虽然他尽量争取，金人没有同意。这也许是赵良嗣为摆脱责任伪造的。因而阿骨打的国书中仅仅同意交割燕京并所管州县及其人民，甚至连因兵戈逃离燕京地面的百姓也排除在外。

北宋意识到御笔失误，再次派出马政和他的儿子马扩，持国书及详细事项跟随习鲁等前去报聘，约期夹攻，求山后地（西京地区），许岁币等事。


## 马政的出使


---

[1] 徐梦莘编：《三朝北盟会编》，卷四，中国台湾，大化书局，1979年，第35页。

十一月二十九日马政等人抵达女真，他向阿骨打献上北宋国书。在国书正文中，宋徽宗提到：

已差太傅知枢密院事童贯领兵相应，使回请示举军的日，以凭进兵夹攻。所有五代以后所陷幽、蓟等州旧汉地及汉民，并居庸、古北、松亭、榆关已议收复，所有兵马，彼此不得侵越，过关外据诸邑，及贵朝举兵之后皆散到彼余处人户，不在收复之数。银绢依与契丹数目岁交，仍置榷场，计议之后，契丹请和听命，各无允从。[①]

在双方争议的归地范围，北宋在国书后附的书目内特意加以说明，声称：

书内所言五代以后所陷幽蓟等州旧汉地及汉民，即是蓟、涿、易、檀、顺、营、平、并山后云、寰、应、朔、蔚、妫、儒、新、武皆系旧汉地也。（内云州改为西京、新州改为奉圣、武州改为归化）除山前已定外，其西京、归化、奉圣、妫、儒等州，恐妨大金兵马夹攻来路，当朝未去收复，其西京、归化、奉圣、妫、儒等州，候将来大金国兵马回归之后，当朝收复……
一、今来国书内已尽许旧日所与契丹五十万银绢之数，本为五代以后所陷幽蓟一带旧汉地及汉民，所以言幽蓟一带便知西京亦在内地。不如此，则怎生肯与许多银绢？[②]

阿骨打立刻否认曾经许诺西京包含在旧地范围之内，而且说平、滦、营三州也不在燕京所管地面。马政并不了解先前双方如何会谈以及五代时期平州原属卢龙的情况，只能唯唯以对。

阿骨打连续召开会议讨论如何答复北宋。因为宋人极力要求全部占有

---

① 徐梦莘编：《三朝北盟会编》，卷四，中国台湾，大化书局，1979年，第36页。

② 徐梦莘编：《三朝北盟会编》，卷四，中国台湾，大化书局，1979年，第37页。

山前山后州县，女真方面普遍认为：

> 南朝无兵武之备，止以已与契丹银绢，坐邀汉地。且北朝所以雄盛过古者，缘得燕地汉民也。今一旦割还南朝，不惟国势微削，兼退守五关之地，以临制南方，坐受其敝。若我将来灭契丹，尽有其地，则南朝何敢不奉我币帛，不厚我欢盟？设若我欲南拓土疆，彼以何力拒我？又何必跨海讲好？在我俟平契丹，仍据燕地，与宋为邻，至时以兵压境，更展提封，又何不可？徐议未迟。[1]

从这些反复辩论中，可以看出女真杰出的政治家们对于燕京战略地位的认识逐渐深化。他们对北宋的军事实力也表示怀疑，进而质疑联盟的必要性。一些大胆的想法已经形成：即使目前跟北宋联盟，未来一旦接壤，完全可以像契丹曾经做过的那样，利用取得燕京的战略优势地位，进一步获得利益，不论是讹诈经济利益还是夺取更多的土地。

在这些议论中，唯有粘罕（宗翰）表示称：

> 南朝四面被边，若无兵力，安能立国？强大如此，未可轻之。当且良图，少留人使不妨。[2]

阿骨打赞同粘罕的意见，滞留使者一行，以便更好的计议。

马政等人被留在女真。他们跟随阿骨打打围狩猎。马政看到由于从辽国获得了许多乐师，许多女真贵族开始享乐，但是阿骨打不以为意，对音乐充耳不闻一样。在马政看来，阿骨打具备英明君主的素质。

次年正月，女真商议完毕，派曷鲁为使、大迪乌为副使携带国书与宋使一道返回。

---

[1] 徐梦莘编：《三朝北盟会编》，卷四，中国台湾，大化书局，1979 年，第 38 页。

[2] 徐梦莘编：《三朝北盟会编》，卷四，中国台湾，大化书局，1979 年，第 38 页。

## 二、宣和之战

### 方腊起义

当赵良嗣与阿骨打龙岗约定之后，北宋开始积极筹备夹攻事宜。朝廷将洛阳的将领召集回京师，并命令环州、庆州、延州的军队与河北军队军换防。因为西部的军队长期与西夏作战，朝廷认为他们的战斗力很强。但是，方腊起义打乱了北宋步伐。

方腊起义始于一一二〇年（宣和二年）十月九日。他们迅速占领了睦州、杭州、婺州、衢州、处州等五州，然后分兵四路，并进攻秀州，企图尽占江南，与北宋划江而治。宋徽宗忙派童贯领兵围剿，到次年也就是一一二一年（宣和三年）四月二十七日，童贯捕获方腊，递解京师。

女真使者曷鲁一行于一一二一年（宣和三年）二月十七日抵达登州，此时，北宋朝廷正忙于镇压方腊。他们不希望曷鲁知道这件事，命令登州的地方官员滞留使者。精明的曷鲁认为对他们的滞留颇为反常，他几次走出馆驿，扬言要步行进京。这给登州的官员造成很大困扰。方腊起义被镇压之后，登州方面不再需要滞留曷鲁，于是对其放行。

五月十三日，曷鲁抵达京师汴梁，向朝廷递上阿骨打的国书。在国书中，阿骨打强调：只应许与燕京并所管州镇，并催促北宋出兵夹攻。反复商议了三个月后，北宋朝廷交付曷鲁北宋国书，这一次没有委派使者同行。在北宋的国书中，宋徽宗再次强调：所有汉地等事，并如初议。俟问举军到西京的期，以凭夹攻。[1]

## 阿骨打的军事行动

曷鲁等人久未回国，阿骨打认为北宋打算断绝双方的交往，于是决定独立攻击辽国。

一一二一年底，阿骨打命令他的弟弟固论国相挞极列和粘罕、兀室各率军队，渡过辽河，并派降将余睹为前锋，一日一夜行三百里，进攻辽国的中都（内蒙古大宁县）。从早晨开始，到中午的时候，女真军队就攻陷中都。起初，女真人以为天祚帝在中都城内，等到攻破城池，才得知天祚帝听说女真来攻，在半夜已经逃窜，不知所在。其实，天祚帝已经逃奔燕山。他害怕女真的追兵，于是更向西逃奔到鸳鸯泊。

一一二二年（宣和四年）四月，女真人追至鸳鸯泊，天祚仓皇从云中府由石窟寺进入天德军，然后逃向渔阳岭，最后窜入夹山（今阴山），夹山在沙漠之北，这里的沼泽地连绵六十里，只有熟悉地形的契丹人能够进入该地，女真人进不去。于是，女真军队驻兵鸳鸯泊，准备攻击云中府及诸州。

## 耶律淳称帝

契丹的南京城此时由耶律淳驻守。耶律淳是辽兴宗的孙子、辽道宗耶

---

① 徐梦莘编：《三朝北盟会编》，卷五，中国台湾，大化书局，1979 年，第 43 页。

律洪基的弟弟耶律宗本的儿子。从辈分上论，耶律淳是天祚帝的叔父。耶律洪基曾经打算立耶律淳为继承人，结果天祚帝成为皇帝，耶律淳被委派到燕京驻守。在燕治理近十二年，耶律淳深得人心，号称燕王，又被人称为"九大王"。天祚帝蹿入夹山，辽国燕京官属劝耶律淳登基称帝，称天锡皇帝，改保大三年为建福元年。

耶律淳不再承认天祚帝是契丹的合法统治者，宣布降天祚帝为湘阴王。同时，派遣知宣徽南院事萧挞勃为使者将这件事通告北宋朝廷。北宋回复耶律淳称：

> 契丹天祚见在夹山，燕王安得擅立？[1]

这等于指责耶律淳是乱臣贼子。


## 北宋出师

一一二二年（宣和四年）三月，代州向朝廷奏报，他们收到女真的通知称：

> 大金彰国军牒：近白水泊击散契丹放鹅行帐，天祚皇帝脱身北走，本国军马已到山后，平定州县占守讫。诣代州戒守边人员，不得辄引逃去人民，为国生事，自取祸亡。[2]

得知女真军队已经抵达山后，北宋急忙调兵遣将进攻契丹。宋徽宗委派童贯为统帅、述古殿学士刘韐为行军参谋、保静军节度使种师道为都统制、武泰军承宣使王禀、华州观察使杨可世为副将，率领十万人马向北进

---

① 徐梦莘编：《三朝北盟会编》，卷五，中国台湾，大化书局，1979 年，第 45 页。

② 徐梦莘编：《三朝北盟会编》，卷五，中国台湾，大化书局，1979 年，第 47 页。

发。在临行前，宋徽宗亲自为童贯饯行，他交付童贯三策：

> 如燕人悦而从之，因复旧疆，策之上也。耶律淳能纳款称藩，策之中也。燕人未即悦服，按兵巡边，全师而还，策之下也。[①]

宋徽宗还向燕京所管地面发布诏书，其中，一面夸大其词，威胁燕京：

> 已遣领枢密院使童贯，领兵百万收复幽燕故地，与大金国计议，画定封疆，大信不渝，内举外应，维天之命，莫我敢承，王师霆击雷驱，数路并进，前角后犄，万旅一心，威以济德，孰敢有越厥志。[②]

另一面，宋徽宗则施以利诱：

> 秦晋国王如纳土来朝，待以殊礼，世享王爵，应收复州县城寨及长官，并依旧职任事，平第功不次擢用，军兵守戍之士，并加优赏，愿在军者，厚与存录，愿归农者，给复三年，收复之后，番汉一等待遇，民户除二税外，应该差徭科率无名之赋，一切除却。[③]

出兵之后，宋徽宗下严旨：禁止臣下上书质疑北伐，违者必罚无赦。


## 进军与招降

四月二十三日，童贯驻军高阳关，并揭榜示众。五月九日，宋徽宗任

---

① 徐梦莘编：《三朝北盟会编》，卷五，中国台湾，大化书局，1979 年，第 48 页。

② 徐梦莘编：《三朝北盟会编》，卷五，中国台湾，大化书局，1979 年，第 47—48 页。

③ 徐梦莘编：《三朝北盟会编》，卷五，中国台湾，大化书局，1979 年，第 48 页。

命蔡攸为北伐军的监军。十三日，童贯向朝廷奏报称：

> 河朔将兵，骄惰不练，征敌军须之用，百无一有，如军粮虽曰见在，粗不堪食，须旋舂簸，仅得其半，又多在远处，将输费力，军器甚阙，虽于太原、大名、开德，支到封桩，各件不足，或不适用，至于得地版筑之具，并城戍守御之物，悉皆无备。盖河朔二百年，未尝构兵，一旦仓卒，责备颇难。①

宋军边备的废弛已经非常严重。但是，童贯的报告没有引起朝廷的重视。

童贯抵达河间府后，兵分两路：以种师道负责东路军队，屯白沟；王禀将前军；杨惟忠将左军；种师道将右军；王坪将后军；赵明、杨志将选锋军；辛兴宗负责西路军队，屯范村；杨可世、王渊将前军；焦安节将左军；刘光国、冀景将右军；曲奇、王育将后军；吴子厚、刘光世将选锋军；并听刘延庆节制。

童贯在雄州召开军前会议。会议上将领们之间发生严重分歧，最后，童贯任命对进军抱有乐观态度的和诜为种师道的副手，并派归朝官（从契丹投奔北宋的官员）张宪前往燕京招降。张宪等持书入燕京，契丹得书后，立刻将劝降使者处死了。

童贯再次派遣马扩为使者，前往燕京招降。临行前，马扩建议童贯：要审量事势，乘机举用，不要因为使者而投鼠忌器。

## 刘宗吉

五月十八日，马扩一行过白沟，夜宿涿州小使驿站。一名叫刘宗吉的汉军夜半进见马扩，他告诉马扩：

---

① 徐梦莘编：《三朝北盟会编》，卷六，中国台湾，大化书局，1979年，第52页。

今燕京诸处，皆无军马。止是四军大王，有部曲二百余骑，曾历战阵，其余有马军，六七百，皆富豪儿郎，不识战斗。今白沟北岸下寨结草，人相间夜饮昼睡，马亦散放。若南军乘夜劫之，但闻军声，必自溃走。宗吉欲以此事，往见童宣抚，少立功绩，恐南军不察见害，若得一文信，庶得必达。[①]

马扩考虑再三，将童贯赠送他的新鞋一只授予刘宗吉，作为凭信。第二天，契丹接伴使护送马扩一行抵达燕京。契丹四方馆使萧奥、礼部郎中张觉将马扩安顿在净垢寺。他没有获得耶律淳的接见。到第三天的时候，燕京的官员在早上通知他，明日拜见耶律淳，傍晚的时候，接待他的契丹官员又聚集到净垢寺，告诉马扩：

南朝徒夸兵众，不思天理，不顺人情，师无斗心。昨日，种师道发杨可世一军过白沟，本朝小小迎击，南朝望尘退走。若非惜自来和好，已直入雄州矣。既一面遣使，又一面进兵，却容易退走，是何颜面？自此已往，如何可休？兼宣赞受刘宗吉之约，其人已陈首。[②]

契丹官员将从刘宗吉那里缴获的书信和鞋子摆在马扩面前。不过，契丹方面并没有进一步为难马扩。

马扩在南京见到了耶律淳。耶律淳命人向马扩宣读了宋与契丹澶渊之盟的双方誓书，并责备道：

舍人适闻两朝誓书，岂不怀于心乎！南朝君臣忍违此约？[③]

马扩辩解称：

---

① 徐梦莘编：《三朝北盟会编》，卷六，中国台湾，大化书局，1979 年，第 55 页。

② 徐梦莘编：《三朝北盟会编》，卷六，中国台湾，大化书局，1979 年，第 56 页。

③ 徐梦莘编：《三朝北盟会编》，卷六，中国台湾，大化书局，1979 年，第 58 页。

所以起兵者，只为燕王擅行废立，兄弟之情固宜问罪。①

耶律淳与手下重臣李处温商议对策。耶律淳满心忧虑，他对李处温说：

今者大宋重兵临境，与大金夹攻。朕观人事天时不敢当宝位，欲称藩南朝，与卿等同保血属，未审如何？②

或许是耶律淳认为杀掉使者无补于事，放遣马扩南还。马扩捡了条命。


## 宋军的溃败

契丹向马扩夸耀的是兰沟甸胜利。五月二十六日，种师道裨将杨可世听信和诜的说法：燕人早就想归附宋朝，宋兵一到，必然箪食壶浆，夹道欢迎。于是，他率领轻骑数千，直取燕京而来。行至兰沟甸，为林牙耶律大石掩袭，大败而还。

取得兰沟甸胜利之后，耶律淳增兵三万交付耶律大石。耶律大石便率军渡过白沟，挑战宋军。二十九日，种师道进兵至白沟。宋军统帅童贯竟然下令约戒将帅：敢杀一人一骑，并从军法。杨可世派遣骁将赵明举童贯发布的榜书前往招喻耶律大石。耶律大石在白沟桥头以矢石作为回答。

毫无准备宋军在兵刃相加的情况下，违抗童贯命令加以反击。杨可世把所部将士分予赵明，令他攻击桥头契丹军队。桥头激战的同时，部分契丹士兵跟随主帅耶律大石的指挥旗沿河向西进发。杨可世意识到，契丹进军方向的河流段有徒步可涉水而过的地方，他招呼种师道派遣来的泾原将

---

① 徐梦莘编：《三朝北盟会编》，卷六，中国台湾，大化书局，1979 年，第 58 页。

② 徐梦莘编：《三朝北盟会编》，卷六，中国台湾，大化书局，1979 年，第 59 页。

领赵德急速前行据守。赵德还没有来得及整军前往，契丹军队已经渡过河流。经验丰富的赵德避开契丹军队。杨可世舍弃河桥上的战斗，亲自迎战渡河而来的契丹军队。耶律大石将渡河军队分为左右翼，包围杨可世部。杨可世血战得脱。桥头赵明的兵力单薄，也被契丹军队击败。次日，宋军坚壁不战，耶律大石引兵而还。

西路宋军辛兴宗部驻扎范村。契丹将领萧幹看清军情后，决定进攻宋军。宋将王渊、刘光远、翟进、赵诩等各率所部兵马接战，被契丹包围。辛兴宗派遣杨可世前往救援，他则亲出在军门督战。契丹进攻不利，退兵。

两路宋军都受到挫败，宋军决定暂时撤退，结果撤退演变成大溃败。撤退的宋军人员损失惨重。自雄州之南、莫州之北，塘泊之间及雄州之西保州、真定一带，宋兵死尸枕藉，不可胜计。历史记载还提到：宋人自诩仁义之师，以招抚为名，下令中军不许妄杀。这一愚蠢的命令带来的后果是，当契丹骑兵追击的时候，宋兵竟然不敢施放矢石，听任契丹杀戮。这一命令的出台，已经反映出朝廷上下是如何的不求实际，并且全然忘记，在战争中，军队的作用就是在战场上消灭敌人。

对于谁应该为大溃败负责，有两种不同说法：

按照马扩的说法，童贯应该为军事灾难负责。因为是童贯命令种师道退军雄州。而种师道一再拒绝，并声称：兵可进，不可退。契丹军队近在咫尺，宋师退兵，契丹必然会追击。童贯则又派遣参谋刘鞈前来督促退兵。无奈之下，种师道宣布退兵，结果受到燕京契丹军队的袭击而大败。

另一种说法是，种师道应该为军事灾难负责，因为是他本人决定退军雄州休兵再议。杨可世曾经建议种师道：宋军应该选择半夜退兵，而且辎重先行，精锐殿后，以防备契丹的袭击。种师道没有听从杨可世的建议。他不仅选择早晨退兵，而且退兵的时候大鸣金鼓。判断宋军撤退的契丹人立刻派遣轻骑兵追击。结果，种师道所统辖的五军全部陷入混乱。

战后，童贯推卸责任，弹劾种师道与和诜。两人受到朝廷处分：种师道授予授右卫将军并致仕（退休），和诜调任亳州团练副使。

受到战败的打击，宋徽宗立刻命令班师，并诏统帅童贯、蔡攸进京。

## 李处温

马扩从南京全身而退。新败之后的宋军统帅童贯向马扩探听燕京政局消息。从马扩那里童贯得知：李处温主持燕京政务。赵良嗣劝说童贯招降李处温。根据赵良嗣的说法：他跟李处温关系密切，曾经约定一起南奔宋朝，并在北极庙中拈香为盟，誓言共灭契丹。童贯当即招募间谍，派他们进入燕京，招降李处温等人。

李处温回书称等待宋师再次北上的时候，愿意充当内应。恰好，燕京的耶律淳病死，四军大王萧幹拥立耶律淳的皇后萧氏主持军国。李处温通宋的事情被揭发出来，被赐自尽，其子被凌迟处斩，家财被充公。童贯的计划受挫。

## 宋师再次北进

童贯、蔡攸收到朝廷命令返回京城。他们经瓦桥关、莫州抵达河间府的时候，中山府官员詹度报称：耶律淳病死，燕人纷纷越境南来。这些越境者宣称，契丹无主，愿将燕京等地献与宋朝。童贯立刻将这一情报传递给朝廷，希望再次进军。

宋徽宗再次犹豫起来。经过宰相王黼（主张北伐的重要官员）的一再劝说，宋徽宗终于下令：调兵二十万，各部于九月份会师三关（瓦桥、高阳、益津），再次攻伐燕京。河阳三城节度使刘延庆被任命为都统制。此时，资政殿大学士宇文虚中提出朝廷应该考虑的问题：

一、兵有胜负乃古今之常理，若十万全军，出塞攻取，涿易未拔，或虽得涿易而守备未完，人心未固，聚兵至燕，燕未肯下，相守半月以上，攻之不拔，后无援军，粮道不继，利害如何？

一、今来夏人，竭国点集，次第甚大，若以此兵，逆旧虏酋，自西而来，我军攻燕未下，相遇於燕城之外，其利害如何？

一、女真兵马，见在中京，我军十万，必未能围合燕城，女真守约，不遣助兵入关，其利害如何？

一、若我兵未能下燕，女真入关，一举而拔，掠为空城，以地归我，不惟缮守费力，又恐为夷所轻，其利害如何？

一、契丹昨来遣使女真，愿为附庸，女真不纳，求附朝廷，观其意，盖是畏女真爱中国，避强悍归仁义，今西夏以重兵压云中，狡诈窥伺，托为存亡继绝之言，其意甚远。若契丹北为女真所拒，南为中国所弃，收拾余烬，翻然决计，乘夏人聚兵之地，割地以为约，积粮以进兵，不惟王师入燕为所牵制，亦恐他日西北边事，未有宁息之日。

一、若大军取燕，不得之后却与开纳许之以称藩，比之今日，未举大兵，其恩义两全，利害如何？

一、若果得燕地一府九州五关三十余县，又逐旋筑寨建堡，营置守备，人兵粮草调发措置，何所从出？

一、女真兵马或为夏国劲兵所挫，或以久客远征，一旦归国，我未得燕或得燕而守未固，与女真大兵声势相远，其利害如何？

一、若得燕之后，胡虏杂类，依附旁近险阻，或通款旧酋，或别立酋长，西兵不可久戍，北兵不可倚仗，永远警备，利害如何？

一、若西夏大兵，助送旧酋，不能入燕，不得志而归，蓄怒乘虚却于陕西河东出没，牵制作过，其利害如何？[1]

但是，宋朝主政没有人认真思考这些问题。

燕京的事情似乎变得顺利起来。耶律淳死后，燕京地面上人心浮动。二十日，驻守易州的契丹官员高凤投降宋朝。二十三日，契丹常胜军涿州留守郭药师以精兵八千、铁骑五百、一州四县投降宋军。燕京萧后也派来使者向宋称臣。宋廷自认为幽州指日可定，于是更定行政范围和地名：

燕山府，一十二县：析津、广平、都市、昌平、良乡、潞武清、安次、永清、三河、香河、漷阴；

---

① 徐梦莘编：《三朝北盟会编》，卷九，中国台湾，大化书局，1979年，第80页。

涿州，四县：范阳、归义、固安、新城；

檀州，二县：密云、行唐；

平州，三县：卢龙、古城、马城；

易州，三县：易县、涞水、容城；

营州，一县：都城；

顺州，一县：怀柔；

蓟州，三县：渔阳、三河、玉田；

景州，一县：遵化。

燕京被赐名燕山府，涿州赐名涿水郡、威行军节度使；檀州赐名横山郡、镇海军节度；平州赐名海阳郡、抚宁军节度使；易州赐名遂武郡、防御；营州赐名平卢郡、防御；顺州赐名顺兴郡、团练；蓟州赐名广川郡、团练；景州赐名滦川、军事。[①]

这就是后来所称的燕云十六州中的"燕"字由来。宋的"燕山府"将原非石晋割地的营、平、易州都划入其中。


## 宋军再次受挫

十月十八日，童贯令刘延庆率领宋军主力十五万兵马，向燕京进军。刘延庆从涿州出界杀奔良乡。刘延庆的行军方法是：军队每天行进三十里，然后立寨开壕，驻扎留宿。天亮之后，重新进军。这种缓慢而笨拙的进军方式招致一片嘲笑。尽管受到契丹军队的骚扰，刘延庆的军队仍然抵达良乡，并推进到泸沟河。契丹四军大王萧幹也率部抵达泸沟，双方夹河对垒。

契丹军队每天派出骑兵渡河出击，或击其前，或击其后，又派遣三五十骑或至千百骑渡河，邀击宋军运粮道，宋师不能前进。

童贯派使者催促刘延庆进军。郭药师向刘延庆献谋：四军大王率领燕

---

① 徐梦莘编：《三朝北盟会编》，卷九，中国台湾，大化书局，1979 年，第 93—94 页。

京的主力部队在良乡阻击宋军，燕京城内必然空虚，宋军可以选轻骑兵从固安渡泸沟河，进至安次，直捣燕京。刘延庆认为计划可行，于是派遣郭药师率领常胜军千人为向导，命赵鹤寿、高世宣、杨可世、杨可弼等人统兵六千，夜半渡河，倍道兼行，偷袭燕京。

郭药师率部偷偷抵达燕京城外。次日早晨，郭药师的部下甄五臣领常胜军五十人，混杂在早晨入城的郊区普通民众中，夺取了燕京迎春门。宋军大至，在悯忠寺附近列阵，并分遣七位将官把守燕城七门。郭药师遣人劝谕萧后：宋军大兵已经入城，她应该释甲拜降。萧后得知城内双方正在巷战，而且宋军军纪败坏，到处劫掠财物。守卫宫城的萧后秘密遣人，召回四军大王萧幹的军队。

萧幹急忙回师。郭药师望见大军，以为是刘延庆的援军，不料竟是萧幹的人马。宋军大败，六千精兵返回者仅仅数百骑，退屯到涿州。偷袭行动功败垂成。

二十五日，击败郭药师的萧幹重新出兵至泸沟河，他向对面的刘延庆出示燕京所俘获的宋军的全装甲马，震摇宋军军心。二十九日，契丹军队于泸沟河北四野放火，刘延庆以为契丹大军出击，烧营而遁。

史料记载说：宋军退无行伍，自相践踏，死者不计其数。宋军卢沟大寨及沿途各寨内的军需物资尽为契丹所得。这些物资是神宗皇帝以来宋朝累年集聚所得。宋军遭受人员与物质的双重损失。

历史记录下一个细节，可见宋军的狼狈程度。刘延庆进军的时候，每次下寨只开一个前面的北门，等到他烧毁卢沟大营逃遁，逃至先前使用的营寨稍加歇息后，准备再次南逃，复出北寨门的时候，恰好碰到契丹追兵，刘延庆重新退入旧寨。由于没有其他门口可以出去，宋军诸将只能在坚固的寨墙上掏出一个仅能通马的豁口，才逃脱出去。


## 金使前来与宋使往复

在宋军没有战败之前，女真探闻宋兵三路大军驻扎契丹与宋的边界上，阿骨打与手下进行商议。因为，女真不待使者曷鲁回国，即起兵攻击契丹，显然违背与宋约期共举的承诺。既然女真违约在先，他们担心，如果宋军独自攻取燕京，然后把守险隘，翻脸不认之前双方的约定，女真可能就得不到宋人的岁币。商议之后，阿骨打派遣徒姑坦乌歇、高庆裔为使者，乘船从海道前往汴京，向宋朝表示不负前约、仍旧议期夹攻。

九月三日，乌歇等至宋。当女真使者滞留汴京的时候，北宋朝廷屡以战胜契丹欺骗他们，却又告诉使者，他们没有办法制服四军大王萧幹，希望女真前来燕京击败四军大王。这些自相矛盾的说辞引起女真使者的怀疑。十八日，宋朝差赵良嗣及马政、马扩父子为使者前往女真军前接洽。

马扩接到命令后，在济南等候赵良嗣一行。他见到赵，询问此次出使要与女真商量什么事情。赵良嗣向他出示了宋朝写给金朝的国书和商议事目。马扩看后大惊失色。因为国书中要求使者：如果宋朝军马已经夺取燕京，就不要请求大金人马过关；如果没有，就要请求大金军马进于燕城之北，宋朝军马进于燕城之南，共同夹攻。在马扩看来这实在是失策。在他看来，女真人因为不通知宋朝，径直攻击契丹，恐怕宋人攻克燕京之后，把守关口，而得不到岁币。阿骨打派遣使者的目的无外乎两个：接续和议，邀求岁币；窥视宋军实力和动向。马扩认为：宋朝应当一面敷衍女真，一面催促童贯进兵，迅速攻克燕京，以振宋朝军威，以防引来女真的轻视。如果宋朝倚仗女真的帮助，许之入关，可能会引发女真觊觎北宋，祸患非轻。假如童贯不能独立攻取燕京，宋朝应该让女真自己攻打它，而宋兵则退守白沟，利用这段时间，修筑边界防御工事。他向朝廷提出免除自己使臣的任务，而调拨步骑万人归他指挥，进入燕京地面，攻克五关（榆关、松亭关等五个重要关隘），加以防守，杜绝未来女真窥觊之患。朝廷没有理会他的意见。

十月底，马扩等人在奉圣州见到了阿骨打。双方针对和议条件再次展开争论。

## 奉圣州之约

从宋人和女真在奉圣州的谈判，可以看出女真人的政治谈判技巧何等娴熟。宋朝国书首列两事：

一、昨遣赵良嗣计议及累次国书所载，并令马政赍执事录所议汉地等事，系五代唐以后所陷营、平、幽、涿、蓟、檀、顺、蔚、朔、应、云、新、妫、儒、武、寰等州旧汉地汉民。内幽州，系今契丹所称燕京，其余州县，有契丹废并及改正名号去处。候收复讫，彼此画定封疆。

二、自闻举兵到西京，即遣太师童贯等，领兵相应。大军自今年四月以后，屯驻河北路极边，累与接战，大获胜捷。依元约合夹攻，以未见金国进兵夹攻，未曾深入。缘契丹日近犯边，若因追袭乘势，尽收燕地，不须夹攻。外若未收复，即合依元约夹攻。所谓夹攻者，系本朝自涿易等处进兵至燕京，金国自古北口等处进兵至燕京。西京管下汉地，候收复燕京毕日，彼此夹攻。其汉地外地土，合属金国占据。①

宋使臣照本宣科，说明来意。

女真人先是指责宋朝失信：

去年，本国专遣使臣理会，恁大国情公事，屯着人马，专地等候，回使相报，打灭契丹，却留我使人一住半年，滞了军期，更不遣回使，只得空书令军人送过海来，已是断绝之意。此段休说，更说一段。②

接着为自己出兵加以辩解，并诋毁宋人：

且如夹攻。本国兵马，从今年正月已到中京，因甚不便来夹攻？本

---

① 徐梦莘编：《三朝北盟会编》，卷九，中国台湾，大化书局，1979年，第84页。

② 徐梦莘编：《三朝北盟会编》，卷十一，中国台湾，大化书局，1979年，第102页。

国自去年十一月出兵，今年正月到中京，三月到西京，已是半年，受了千辛万苦，贵朝才于五月出兵，慢慢地占稳脚跟，更说甚夹攻？此一段亦休说。皇帝（阿骨打）有指挥，去年不遣使，乃是失信；今年虽出兵，亦不如约。便画断休说。[1]

至于宋人所请求州县，女真只许让与西京一路，而将燕京等地的交割与否放在将来临时决定。

而今特将已收下西京一路州县与南朝，请先交割，外为契丹昏主犹领残兵，不先下了燕京，不惟为金国之患，亦恐去南朝作过。皇帝已定亲去收燕京，候收燕京了，却来商量，或与不与，在临时前遣元帅，就近代州议事，便是此意，已于王环处，仔细道来，更不可改。[2]

宋朝使者提出抗议，认为之前的约定是先交割燕京等地，再商议西京等地。赵良嗣甚至做出假如得不到燕京，宋朝连西京也不要的威胁。有鉴于此，女真妥协：

特与燕京六州二十四县汉地汉民，其系官钱物等，及奚、契丹、渤海、西京、平、滦州并不在许与之数。南朝自得燕京，亦借路平、滦以归。如南朝未得，我兵取之，悉如前约，更不论夹攻。六州，谓蓟、景、檀、顺、涿、易也。[3]

赵良嗣坚持要求山前山后十七州，并拒绝女真借道退兵的请求：

① 徐梦莘编：《三朝北盟会编》，卷十一，中国台湾，大化书局，1979 年，第 102 页。

② 徐梦莘编：《三朝北盟会编》，卷十一，中国台湾，大化书局，1979 年，第 102 页。

③ 徐梦莘编：《三朝北盟会编》，卷十一，中国台湾，大化书局，1979 年，第 103 页。

本朝果得燕，必分兵戍守，大国人马经由，莫敢专取。①

在双方谈判的时候，燕京萧后的请降使者抵达奉圣州。女真谈判态度
更加强硬，他们告诉宋朝使者：

汝家未下燕，已拒我如此，是不欲通和耳。况汝兵近为燕人击败，
若旬日未下，岂不仰我力耶？又云：皇帝更不说元约，只特许燕京六州
二十四县，每岁要依契丹银绢之数。却微笑云，有一事说与使人，莫道是
与了南朝燕京管下六州二十四县，如我取了燕京，都不与南朝，怎生不依
契丹一般与我银绢？②

出于谈判需要，女真还将燕京使者指给宋朝使者看，并称：

此燕京国妃遣来请降，如（大金）不许（燕京）称藩，止乞燕京只力拒
南朝，及言，契丹军虽寡弱，若止当南军，有余。只恐大金来，即不支也。③

赵良嗣失去谈判的筹码，转而声称：

钱物则不较，但借路事恐难从。④

女真谈判人员见赵良嗣不敢承担借路的责任，提出将派出使者前往宋
廷交涉。如释重负的赵良嗣大喜，他诗兴大发：

朔风吹雪下鸡山，

①　徐梦莘编：《三朝北盟会编》，卷十一，中国台湾，大化书局，1979年，第103页。

②　徐梦莘编：《三朝北盟会编》，卷十一，中国台湾，大化书局，1979年，第103页。

③　徐梦莘编：《三朝北盟会编》，卷十一，中国台湾，大化书局，1979年，第104页。

④　徐梦莘编：《三朝北盟会编》，卷十一，中国台湾，大化书局，1979年，第105页。

烛暗穹庐夜色寒；

闻道燕然好消息，

晓来驿骑报平安。①

赵良嗣认为取得了窦宪消灭北匈奴、勒石燕然山一样的成功。同行的马扩不认同赵的谈判结果，他讽刺性地回诗一首：

未见燕铭勒故山，

耳闻殊议骨毛寒；

愿君共事烹身语，

易取皇家万世安。②

十一月二日，女真留下马扩，而遣返赵良嗣，让他同女真使者同往汴梁。

## 金使在汴梁的交涉

十一月二十五日，女真使者抵达汴梁。宋徽宗命王黼负责谈判。双方谈判焦点仍是州县数目。

王黼出示宋徽宗的书面文书，要求所有幽、蓟、平、滦地盘。

女真使者李靖回复：

却是和西京平滦都要，靖等来时，只听得许燕京六州二十四县地与南朝，今来却和西京、平、滦都要，怎生了得？③

---

① 徐梦莘编：《三朝北盟会编》，卷十一，中国台湾，大化书局，1979年，第105页。

② 徐梦莘编：《三朝北盟会编》，卷十一，中国台湾，大化书局，1979年，第105页。

③ 徐梦莘编：《三朝北盟会编》，卷十一，中国台湾，大化书局，1979年，第107页。

王黼表示：

自赵龙图涉海北，从贵国来到上京，已如此商议。本只为五代以后所陷汉地，更无二三。①

女真使者摆出一副决裂的态度：

若是，和燕京、西京、平、滦州都要后，方许契丹旧日银绢之数，如此则空费往来，和合不得。②

王黼表示宋朝已经一再让步，表现了诚意，希望女真也做出让步：

某天性爽快，士大夫所共知。今来商议国事，须要说尽。已得圣旨，便将西京画断，别做一项。此亦顺贵国之意。只以燕京、平、滦三州，尽许契丹旧日银绢之数。此乃是本朝一一相就之意。如燕京系官钱物、汉户人口、西京画断，一一相就贵国，只有平、滦一事，自可相从。③

女真使者却不认为宋朝在燕京系官钱物、汉户人口、西京等事项上的妥协可以换取平州和滦州，他们回复称：

本国八九年来方尽得契丹旧地好处，惟是一个燕京，已许与贵朝。平、滦等州，本国要做关口。④

他们还建议：

---

① 徐梦莘编：《三朝北盟会编》，卷十一，中国台湾，大化书局，1979年，第107页。
② 徐梦莘编：《三朝北盟会编》，卷十一，中国台湾，大化书局，1979年，第107页。
③ 徐梦莘编：《三朝北盟会编》，卷十一，中国台湾，大化书局，1979年，第107页。
④ 徐梦莘编：《三朝北盟会编》，卷十一，中国台湾，大化书局，1979年，第107页。

先将燕京六州二十四县为定，岁交契丹银绢之数。其平、滦等州，别作一头项，再觅去，或肯时，亦不可知。若一概言之，徒苦往来。①

王黼非常不满意，回复称：

此已是委曲相就。若更分平、滦，岂有是理？②

双方不欢而散，各自上马返回居处。十二月三日，由于没有谈拢，女真使者决定离开。宋徽宗则再次派遣赵良嗣出使金国，答应依契丹旧例银绢，而求营、平、滦三州并西京州县。

## 金克燕京

当金使在汴梁交涉的时候，战场形势又发生变化。

十一月二十七日，燕京契丹军队在四军大王萧幹的带领下，攻克涿州的安次和固安两县，并俘虏了宋的守将。打败宋军后，燕京萧后再次遣使者阿骨打请和。使者告诉阿骨打：契丹在十月份击退宋军对燕京的偷袭，并打败刘延庆的大军，追杀至雄州。阿骨打以已经答应宋朝双方不得与契丹约和为借口，拒绝了萧后的请求。

阿骨打与粘罕计议之后，决定分兵三路进攻燕京：阿骨打出兵居庸关方向，粘罕出兵南暗口方向，挞懒出兵古北口方向。恰好，宋军统帅童贯也派来使者约女真出兵。

童贯是在宋徽宗的压力下做出的选择。宋徽宗在军中安插了密探耳目。密探将童贯等人在燕京的败绩和涿州属县得而复失的情况报告了朝廷。宋徽宗亲自手书责备童贯。感到恐惧的童贯因为派遣使者到女真那里

---

① 徐梦莘编：《三朝北盟会编》，卷十一，中国台湾，大化书局，1979年，第107—108页。

② 徐梦莘编：《三朝北盟会编》，卷十一，中国台湾，大化书局，1979年，第108页。

催促相约夹攻燕京。阿骨打与童贯约定：十二月一日，女真大发兵马；至初五日午刻，女真军队度居庸关；至六日午刻，双方军队齐到燕京城下。

出兵之前，阿骨打询问宋朝使者马扩说：

契丹国土十分，我已取其九。只有燕京一分地土，我著人马三面逼著，令汝家就取。却怎生受，奈何不下？初闻南军已到卢沟河，已入燕，我心下亦喜。南家故地教他收了，我与他分定界分，军马归国早见太平。近闻都统刘延庆一夜走了，是甚模样？[1]

马扩辩解道：

使人留此不得，而知兵家进退常事，恐亦非败。纵使刘延庆果败，亦别有大军在后。[2]

阿骨打继续发问：

似恁统领底人败了军国大事，汝家有甚赏罚？[3]

马扩回答称：

将折兵死，兵折将死。延庆果是退败，使便做官大亦行军法。[4]

阿骨打赞同军法所列的处罚办法，他进一步向马扩说：

① 徐梦莘编：《三朝北盟会编》，卷十二，中国台湾，大化书局，1979 年，第 111 页。

② 徐梦莘编：《三朝北盟会编》，卷十二，中国台湾，大化书局，1979 年，第 111 页。

③ 徐梦莘编：《三朝北盟会编》，卷十二，中国台湾，大化书局，1979 年，第 111 页。

④ 徐梦莘编：《三朝北盟会编》，卷十二，中国台湾，大化书局，1979 年，第 111 页。

若不行军法，后怎生使兵也。待一两日到居庸关，尔看我家兵将战斗，有敢走吗？[①]

这番对话清楚展示了阿骨打对宋军军力的怀疑和对自己军队战斗力的自信。

十二月一日，阿骨打率领军队经妫州、儒州，初五日抵居庸关。契丹守军弃关而走。六日，女真军队抵达燕京城下，阿骨打三面布阵准备次日先派使者招降，结果发现燕京的契丹军队已经弃城。燕京所留的汉臣左企弓、曹勇义、刘彦宗等开门迎降阿骨打入城。占据燕京后，阿骨打派遣马扩向宋朝报捷。

综观宣和之战，北宋将自己认为最精锐的陕西军队调集一处，进攻南京。但是，反复被契丹驻守南京的少量军队击败。这些军事败仗彻底暴露了北宋的虚弱。

---

① 徐梦莘编：《三朝北盟会编》，卷十二，中国台湾，大化书局，1979 年，第 111 页。

第
八
章


成
盟
败
盟


　　契丹快要灭亡了，宋金就盟誓继续谈判。金人如何进行各种财物讹诈和勒索？而北宋为得到土地，对于金人的条件又如何一一应允？双方最终达成怎样的盟誓，又如何进行了土地、人口和财物的交割？北宋怎样在新获州县内委员治理？契丹残余势力被消灭后，金宋联盟如何破裂？有关燕云十六州问题的这些历史将在这一章中叙述。

# 一、履约谈判与结盟交割

## 金人对赋税的勒索

十二月十五日，宋使赵良嗣抵达燕京。他献上宋朝国书。国书写于金兵占领燕京之前，因此，宋徽宗提出的条件在女真人看来更加不合时宜。国书中提到：

自初遣良嗣以至于今，所议正为五代以后，所陷汉地，内燕京六州及属县已载来书，并承谕：如本朝已取了燕京，自依今来已许；如未取了，贵国取得亦与本朝，更不与夹攻外，所有营、平、滦并西京管下州县，并系五代所陷地土，合依元约，本朝收复，爰念自贵朝未取上京之时，越大海一通交好，使聘往来，累年于此，所当曲务允应，以善初终。除营、平、滦三州本朝收复外，其西京地土，候收复燕京别行计议。契勘马政所赍事目，已曾具言，缘收复燕京一带并西京地，所以尽契丹岁交银绢，今若西京别作一段计议，理合减定，深念久已相许，义不可渝，将岁交银绢数目多少交割等，并依契丹旧例施行。①

阿骨打根本不同意宋朝对营、平、滦三州的请求，他回复称：

自前年相约夹攻契丹，及至寡人领兵到燕京城下，并不见一人一骑。更寡人自来不许与营、平、滦等处州城，今来都要，怎生去得？若坚要平州，不是好意，和燕京都怕别了。②

赵良嗣碰壁之后，晚上到粘罕那里探寻情况。粘罕态度与阿骨打一致。金人急迫地打发使者返回。在辞别的时候，兀室向他们传达阿骨打的意见：

坚要平州，莫是待闭定关口，不与通好？此是皇帝已不许，众人皆不肯，坚不许。③

除了坚决不给平州外，对于同意交付的州县，金人节外生枝，提出，这些州县是金人取得，城池土地可以交给北宋，但是这些地方的赋税由金人征收。粘罕进一步表示：

为我家自著兵马取得，所以须要赋税。肯时便肯，不肯即休。即不肯时，请勾退过界人马。④

赵良嗣抗议女真对燕京州县的赋税索求：

---

① 徐梦莘编：《三朝北盟会编》，卷十二，中国台湾，大化书局，1979年，第110页。

② 徐梦莘编：《三朝北盟会编》，卷十二，中国台湾，大化书局，1979年，第115页。

③ 徐梦莘编：《三朝北盟会编》，卷十二，中国台湾，大化书局，1979年，第115页。

④ 徐梦莘编：《三朝北盟会编》，卷十二，中国台湾，大化书局，1979年，第115页。

税赋自古随地，岂有得地而不得税者？①

女真却不与他理论，粘罕的态度非常强硬：

不须理会，只是要税。②

兀室在旁帮腔：

许多田地州城人民都与了南朝，这些赋税计较甚。③

赵良嗣无奈地提出一个操作难题：

赋税之内有诸般色数（各种实物税的物品）。若细豆率杂之属，地里相远，如何搬运得？莫须计算折纳。④

兀室告诉他，如果宋朝答应赋税要求，具体操作的困难很容易解决。赵良嗣无权决定赋税问题，女真派遣使者李靖等人前往汴梁商议税赋问题。

一一二三年（宣和五年）正月，女真使者李靖等人抵达汴梁。金人国书中主要内容是：

爱念大信，不可轻失，且图交好，特许燕京六州随县，所有银绢一依契丹旧例交取。兼燕京自以本朝兵力收下，所据见与州县合纳随色税赋，每年并是当朝收纳。如可依随，请差人使。不过向前，正旦受礼贺，功及

---

① 徐梦莘编：《三朝北盟会编》，卷十二，中国台湾，大化书局，1979 年，第 115 页。

② 徐梦莘编：《三朝北盟会编》，卷十二，中国台湾，大化书局，1979 年，第 115 页。

③ 徐梦莘编：《三朝北盟会编》，卷十二，中国台湾，大化书局，1979 年，第 115 页。

④ 徐梦莘编：《三朝北盟会编》，卷十二，中国台湾，大化书局，1979 年，第 115 页。

赉送今岁合交银绢外。据平、滦、营三州，亦不在许与之限。所有次年已后，银绢交割处所立界至及其余事等，姑俟大事议妥告成，献庙奏凯，惠劳叙录，优恤部落外，再遣人员续议画定。如难依随，请于已后无复计议燕京。[1]

宋徽宗命令王黼负责处理赋税问题，并要求早见了结，以享太平。

王黼在府邸接见李靖等人，他责问李靖等：

两朝计议累年，大事已定。今却忽于元约之外，顿生税赋一事，何故如此？[2]

李靖回答道：

只为本国自用兵马，取得燕京献与宋朝，所以要税赋。[3]

王黼劝喻李靖说：

今来元约之外，顿然复更要税赋，本朝官员上下以至朝廷议论，都不肯。黼亦以此为难。惟是上意，要成交好，特地允从。黼性明白，自来不隐事，人所共知，自家心里事亦须说与使人。且如初议取燕地，本要复汉地、救汉民，今来贵国却于元约之外，生此税赋一事。且如自来与契丹十五万银绢，已是煞多。今若更要税赋，须是又添物事，如何出得？委是难以依随。若便断绝，即是许多年岁往来计议交好不成。两国如此，各不稳便。今来选置官吏屯驻兵马，与贵国出地税有何所利？实是止欲成就交好。且如地税，自燕中计脚乘对贵国，如何般运得？莫须别以银绢代税

---

① 徐梦莘编：《三朝北盟会编》，卷十二，中国台湾，大化书局，1979 年，第 116 页。

② 徐梦莘编：《三朝北盟会编》，卷十三，中国台湾，大化书局，1979 年，第 117 页。

③ 徐梦莘编：《三朝北盟会编》，卷十三，中国台湾，大化书局，1979 年，第 117 页。

赋。①

李靖见北宋妥协，紧抓住核心问题不放，说道：

如此则甚好，却是省力。不知待著多少银绢代税赋？②

王黼表示：

燕地税赋自来素有定数。已得圣旨，令赵龙图等前去议定。③

正月初五，金使李靖面见宋徽宗。宋朝在赋税问题上对金做出让步，不过希望金人在营、平、滦州问题上让步：

税赋本实难从，只缘成就交好，待议依应，然亦须酌中商量，方可了得。所有营平滦三州地理不多，只是要抵敌四军。且是一道了结甚好。本朝与贵朝交好累年，且如朋友觅一般物也，需与卿等到日，但子细奏知。④

在临离开前，女真使者向宋朝提出要求，索要去年的岁币。双方从上年开始交涉，但是并没有达成一致意见。女真索要去年岁币极为无理。宋朝虽不情愿，最后也同意了。讹诈成功后，女真使者欢欣鼓舞高兴得跳起来。

赵良嗣、马扩充等奉命与金国使者李靖等一道，往金营商量北宋以银绢代税赋的具体数额，兼带商量营、平、滦三州。

负责商量税赋的宋使赵良嗣等人抵达南京，在城内一所废寺庙中住

---

① 徐梦莘编：《三朝北盟会编》，卷十三，中国台湾，大化书局，1979年，第117页。

② 徐梦莘编：《三朝北盟会编》，卷十三，中国台湾，大化书局，1979年，第117页。

③ 徐梦莘编：《三朝北盟会编》，卷十三，中国台湾，大化书局，1979年，第117—118页。

④ 徐梦莘编：《三朝北盟会编》，卷十三，中国台湾，大化书局，1979年，第119页。

下。随后，他们见到阿骨打。

赵良嗣谈到赋税一事：

税赋一事，即非元约，又非近所计议，本难相从。朝廷大臣议论皆以谓不可，惟主上圣断，欲成就交好，特许别交银绢，以代税赋。专遣某等来定议。税赋所出，都要赡养军民，须以分数酌中参定，方可了结。①

阿骨打没有开口，兀室答复赵良嗣：

此不难。据燕地所出税赋并课程计数兑换，自然不错。②

赵良嗣指出兀室的不当之处：

国书内止言税赋，今日却并课程言之，岂有此理？③

兀室狡辩说：

所谓税者，商税、盐税、诸般皆是也。④

赵良嗣反驳说：

税赋、课程，自是两事。其理甚明。兼前番临时曾言，夏税、秋赋如率杂油豆之类，如何般运。设若本朝委曲从之，莫须折当。元帅与郎君皆言甚好。此本为税赋，元不曾说及课程。却又生此一节。况自来与契丹

---

① 徐梦莘编：《三朝北盟会编》，卷十三，中国台湾，大化书局，1979年，第121页。

② 徐梦莘编：《三朝北盟会编》，卷十三，中国台湾，大化书局，1979年，第121页。

③ 徐梦莘编：《三朝北盟会编》，卷十三，中国台湾，大化书局，1979年，第121页。

④ 徐梦莘编：《三朝北盟会编》，卷十三，中国台湾，大化书局，1979年，第121页。

五十万银绢，皇帝圣旨甚厚，欲成交好，尽数许了，已是煞多。今来又将银绢折当税赋，一定之后，不论凶荒水旱，每年依例送来。如是酌中，方可成合。[1]

兀室也不辩解，而是拿出两件文书。一件文书上记录，南京地区税赋二百种，原来每年旧额四十万，后来增加到四百多万；另一件文书上记录课程共约六百万贯。然后问宋使：

却待以多少银绢代之？[2]

赵良嗣表示不相信这些数目，他说：

燕地褊狭，岂有元约额只四十万贯，后来便顿增许多？承平时，斗粟不过百钱。今兵火荒歉，凋残之余，斗粟千钱自应十倍，岂可以此为定？[3]

兀室表示愿意听听宋朝的意见。
赵良嗣出示宋徽宗御笔，同意提供十万贯。
兀室不同意，他说：

十分未有一分。燕地税赋共收六百万贯。且如旧与契丹银绢五十万贯，尚有五百万贯。奉圣旨，于内留四百万贯养赡军民，只收一百万贯。[4]

赵良嗣又出示宋徽宗第二道御笔，同意出二十万贯。

---

① 徐梦莘编：《三朝北盟会编》，卷十三，中国台湾，大化书局，1979 年，第 121 页。
② 徐梦莘编：《三朝北盟会编》，卷十三，中国台湾，大化书局，1979 年，第 122 页。
③ 徐梦莘编：《三朝北盟会编》，卷十三，中国台湾，大化书局，1979 年，第 122 页。
④ 徐梦莘编：《三朝北盟会编》，卷十三，中国台湾，大化书局，1979 年，第 122 页。

兀室再次拒绝，赵良嗣拿出宋徽宗第三项御笔，同意增添二万匹绢。

兀室对这种填灯油的做法表示不满，他威胁说：

不若都休，更无商量，请使副回去。只依契丹与贵朝旧日两地供输人户，勾退涿州、易州见存兵马。若不退，便将兵巡边。①

良嗣说：

两国继好累年，本朝自以兵下涿易，今乃云尔，岂无曲直？②

兀室：

不是本朝要断绝，自是贵朝惜物。若相就作百万，便见了当。③

不仅如此，兀室还拿出燕京地图，告诉赵良嗣：

招、延州是渤海住坐，本朝拘收外。有居庸、金坡等关，贵朝占据。古北、松亭关，本奚家族帐，自本朝为主。西京一节候大事了，可以商量也。④

金人的这种分割，别说营、平、滦三州，金人连古北口、松亭关也不打算交给北宋。不过，在以后的南京地区交割时，古北口、松亭关交给了北宋，表明金人只是以进为退的谈判策略。

最后阿骨打接见赵良嗣，对他说：

①　徐梦莘编：《三朝北盟会编》，卷十三，中国台湾，大化书局，1979 年，第 122 页。

②　徐梦莘编：《三朝北盟会编》，卷十三，中国台湾，大化书局，1979 年，第 122 页。

③　徐梦莘编：《三朝北盟会编》，卷十三，中国台湾，大化书局，1979 年，第 122 页。

④　徐梦莘编：《三朝北盟会编》，卷十三，中国台湾，大化书局，1979 年，第 122 页。

我已言定，岁添一百万贯，一字不依，更休来商量。便请发常胜军来，及出涿、易州兵马，后来别讲通和礼数。我欲二月初十日巡边，使人疾出，应期复来，不得碍我举军。[①]

赵良嗣等人无奈，只好返回雄州，回奏朝廷。北宋答应了金人银绢代赋税额为一百万贯的要求。

## 关于西京的争论

双方虽然就赋税问题谈妥，但是还有西京问题未决，因此，赵良嗣等人再次前往金营，商量西京交割事项。宋徽宗对给赵良嗣亲笔命令是：山后事力争，如不可，争别作一段商议。

二月十一日，赵良嗣见到阿骨打，献上北宋国书，其中提到西京：

缘与贵朝通好，天下所知，前后计议，每务曲从贵朝所欲，以成交契。诚意之厚，谅能深察。所有西京管下郡县，非务广土，以近日边报，契丹昏主，数领兵马出没，本朝当议就便计度，力图备御，为彼此之利。[②]

阿骨打命令兀室和捷鲁负责谈判西京事项。对于西京谈判的过程，赵良嗣与马扩记载不同。

根据赵良嗣的记载，他非常积极为北宋争取西京利益。他记载称，当他见到女真谈判官员兀室、捷鲁时，是他先提出的西京问题：

本朝皇帝大度，一言许尽。今平州又不肯商量，惟有西京一道许了。

---

① 徐梦莘编：《三朝北盟会编》，卷十三，中国台湾，大化书局，1979年，第126页。

② 徐梦莘编：《三朝北盟会编》，卷十四，中国台湾，大化书局，1979年，第127页。

又语兀室曰：贵朝所须不赀，本朝一无所吝。惟西京早与，庶人情无亏。①

兀室回报阿骨打后，回复道：

得圣旨，将西京地土与贵朝，所有人户本国收系。②

赵良嗣继续争取户口人民，他宣称：

西京州城，已蒙见许，既是与了地土，岂有不与人户之理？如只空得田地，都无人户，怎生做得？况兵乱之后，所在残破，些小人户一道许了甚好？③

兀室不肯松口，回复道：

我国里军人厮杀八九年，受了苦辛不少，方得西京，已是将西京地土，与了贵朝，本国只要人户，有何不可？便如西京地土，两家分割一般，我亦合得一半。④

赵良嗣坚持道：

两朝既是通好如一家，已许了地土，乃是信义人情，却不与人户，实不完全。何似把人民一齐许了，做个人情，也是完备。⑤

---

① 徐梦莘编：《三朝北盟会编》，卷十四，中国台湾，大化书局，1979 年，第 127—128 页。

② 徐梦莘编：《三朝北盟会编》，卷十四，中国台湾，大化书局，1979 年，第 128 页。

③ 徐梦莘编：《三朝北盟会编》，卷十四，中国台湾，大化书局，1979 年，第 128 页。

④ 徐梦莘编：《三朝北盟会编》，卷十四，中国台湾，大化书局，1979 年，第 128 页。

⑤ 徐梦莘编：《三朝北盟会编》，卷十四，中国台湾，大化书局，1979 年，第 128 页。

兀室则不同意：

与了地土，更要人户，却待着个甚么道理？如何商量？大抵地土重于人民，地土已许了，更和人民要，更别无酬答，更无致谢，怎生了得？①

双方没有谈拢，一同去见女真的重臣粘罕。粘罕的态度同兀室一样，他宣称：

西京地土亦是不少，已与地土，又要人民，更道本国贪财，莫不相应么。且如西京地土，都是两国皇帝道，不须添物乃是；或金国皇帝道便与西京，更不要一物，贵国皇帝却道须添些物，乃是相顺。使副只言道百万之物已多也。更添不得，便著多少银绢，怎生买得地土？兼契丹旧银绢也，不当人情，大抵契丹地土一齐都得，岂有不得银绢的道理？②

而马扩不识时务地打断粘罕，说：

郎君们岂不知，契丹银绢从初厮杀了数年，后因讲和，方才与了三十万。后来又因河西家兵，契丹说谕，得教称臣，添了二十万。③

粘罕笑着回答他：

贵国与契丹家厮杀多年，直候敌不得，方与银绢。莫且自家门如今且把这事放着一边，厮杀则个？待你败时，多与银绢；我败时都不要一两一匹，不知何如？④

---

① 徐梦莘编：《三朝北盟会编》，卷十四，中国台湾，大化书局，1979年，第128页。

② 徐梦莘编：《三朝北盟会编》，卷十四，中国台湾，大化书局，1979年，第128页。

③ 徐梦莘编：《三朝北盟会编》，卷十四，中国台湾，大化书局，1979年，第128页。

④ 徐梦莘编：《三朝北盟会编》，卷十四，中国台湾，大化书局，1979年，第128页。

见粘罕笑里藏刀，赵良嗣忙出来打圆场，称：

马宣赞之意无他，盖以谓本朝与契丹曾厮杀，后来讲和，未若自家两朝本无相争，便通交，万世所无，乃是好事。①

他们停止争论，前往阿骨打的居处，听从他的指示。阿骨打派人答复宋朝使者：

百寮军人等，都不肯许西京。惟是皇帝要与贵朝永远交好，特与西京地土并民户。更不欲逐年要物，只是军人厮杀，夺得西京不易，请特与个赏设数目多少。②

阿骨打还告诉使者：

信誓事须要便了。此所系万年，永远须是，各说得重则好。③

宋使询问双方交割日期。阿骨打回复称：

为立誓书事大，兼大事已定，待差一个煞近上底官人去，只候来则便交割。④

而马扩的记载却是另一番景象。当他们见到金人后，赵良嗣对西京谈判并不积极，只是在马扩的催促下，赵良嗣才提出西京问题。
赵良嗣对兀室说：

---

① 徐梦莘编：《三朝北盟会编》，卷十四，中国台湾，大化书局，1979年，第128—129页。

② 徐梦莘编：《三朝北盟会编》，卷十四，中国台湾，大化书局，1979年，第129页。

③ 徐梦莘编：《三朝北盟会编》，卷十四，中国台湾，大化书局，1979年，第129页。

④ 徐梦莘编：《三朝北盟会编》，卷十四，中国台湾，大化书局，1979年，第129页。

贵朝所须本朝一一从了，却有山后西京地土人民，并系旧汉地，今燕京已了。若将西京一同割还，乃是契义。①

兀室回答说：

西京路，前在奉圣州时，曾许，龙图言不要。后来所以只言燕京事，今更不须再言也。②

马扩则否认宋使不要西京的说法：

山后故地，自海上理会，使人岂敢言不要？但每言燕地，则西京在中矣。兼贵朝已许本朝收取，今燕京既已割还，西京却在西南，贵朝却要去远，却如何占守？或闻欲与别家，何若并还南朝，使得故地，亦见交欢诚意。③

兀室前去汇报宋使的意见。而赵良嗣等人却担心，在山后州县事情上过于强硬会导致原本在山前州县的商议结果也受到拖累。马扩认为山前山后在军事地理上相为表里缺一不可。并提醒他们，宋徽宗有要求使者力争山后的命令。

兀室去后三天不见回复宋朝使者。赵良嗣再次埋怨马扩，并准备主动与女真重谈西京事项。马扩威胁他，如果赵良嗣准备将西京划为一个单独事项，留待将来再与女真谈判，他将弹劾后者。赵良嗣解释道：

某意但了燕山事，即吾曹成功，恐因山后坏却。宣赞何苦相戾？④

---

① 徐梦莘编：《三朝北盟会编》，卷十四，中国台湾，大化书局，1979 年，第 129 页。

② 徐梦莘编：《三朝北盟会编》，卷十四，中国台湾，大化书局，1979 年，第 129 页。

③ 徐梦莘编：《三朝北盟会编》，卷十四，中国台湾，大化书局，1979 年，第 129 页。

④ 徐梦莘编：《三朝北盟会编》，卷十四，中国台湾，大化书局，1979 年，第 130 页。

马扩不认同赵良嗣所说的成功：

吾曹苟能为朝廷得全燕之地，尽复五关，止出契丹岁赐，使国家幅员万里，因机借势，控制强虏，弭久远表里里单之患，则粗可言功。今既不得平滦营三州。又失榆、松亭二关，每岁别增一百万缗，耗竭中国，当自此始。又复不要山后，则燕人志向不一，争端在即，祸衅巨量，尚何自谓功耶？[①]

赵良嗣问马扩：

纵使虏人见许，必复邀增岁赐，朝廷之力已竭，如何可出？[②]

马扩回答道：

使朝廷罢浮费不急之用，以为守边之资，则有余矣。公见西边争战形势，虽一城一堡必力战取之，缮筑之功，在所不计，盖要塞必争之城，期于必得而后已。仆料虏人之意，西京已在其西南数千里，彼必不能守，将必归我。姑少迟之。[③]

赵良嗣对前途没有信心，他反问马扩：

纵使虏人见还，公观今日朝廷事势，如何守得？[④]

马扩却不与他多说，回答称：

---

① 徐梦莘编：《三朝北盟会编》，卷十四，中国台湾，大化书局，1979 年，第 130 页。

② 徐梦莘编：《三朝北盟会编》，卷十四，中国台湾，大化书局，1979 年，第 130 页。

③ 徐梦莘编：《三朝北盟会编》，卷十四，中国台湾，大化书局，1979 年，第 130 页。

④ 徐梦莘编：《三朝北盟会编》，卷十四，中国台湾，大化书局，1979 年，第 130 页。

得而弃之，此在上意。①

此时，女真兀室、杨璞回来答复宋朝使者：

西京地土，据诸郎君与臣下议言，当初得西京时，攻围四十日，军人死伤无数得来。不若与河西家，却煞得进奉。惟是皇帝言，赵良嗣大度，我要岁添一百万贯物色，一字不违，千年万岁，却是多少？今却觅西京，如何违得？兼我在奉圣州时，心上许了，不若与去，共他大朝交欢，也胜似与河西家（谓夏国也），然其间人户，却待起遣将去。②

赵良嗣坚持女真不能将人口迁走。
兀室顺势要求称：

此事亦得皇帝处分。民土尽割还贵朝。只却要些答荷。③

马扩也就坡下驴：

若贵朝应付西京民土，朝廷岂无相谢礼数？④

兀室说明了女真索要的财物数目：

此中亦遣使人，须当道破。只得一年之数，赏此军人，便是礼数了也。⑤

---

① 徐梦莘编：《三朝北盟会编》，卷十四，中国台湾，大化书局，1979年，第130页。

② 徐梦莘编：《三朝北盟会编》，卷十四，中国台湾，大化书局，1979年，第130页。

③ 徐梦莘编：《三朝北盟会编》，卷十四，中国台湾，大化书局，1979年，第130页。

④ 徐梦莘编：《三朝北盟会编》，卷十四，中国台湾，大化书局，1979年，第130页。

⑤ 徐梦莘编：《三朝北盟会编》，卷十四，中国台湾，大化书局，1979年，第130页。

粘罕和兀室却又指示地图，告诉宋朝使者，从宁边州以西横斜至西京之北，德州之南及天德云内州，这一区域要交给西夏国，又在西京地图上指示：天德、云内、德州及龙门望云两县，宋朝要允许夏国使者作为往来道路。

尽管两人记载有许多不同，但是，总体上，宋金双方总算就西京达成基本意向，金人差大使银术可、副使耶律松等持誓书的草稿，与宋朝使者一并南下前往汴京。

## 草誓往返

二月二十八日，赵良嗣与银术可等人到达汴梁。三月五日，宋徽宗在崇政殿接见银术可。银术可献上国书，国书事目和双方誓书的草稿。金人国书事目中提到：

> 昔者，赵良嗣到上京军前计议，五代已后陷入契丹旧汉地州县，特许燕京。再差马政更议西京，回书，"只请就便计度收复"。寻为不能收复，致本朝收了，又差良嗣等来议，称燕西、南京已曾计议，为西京不在许限，不经许与，只许燕京所辖六州。
>
> 来书云，"其西京别作一段"，今来又令良嗣等许议西京一就收复。虽贵朝不经夹攻，而念两朝通和，实同一家，必务交欢，笃于往日，特许与西京、武、应、朔、蔚、奉圣、归化、儒、妫等州，并地土民口。其已西并北一带，接连山后及州县土地，不在许与之限。
>
> 据所许民户地土甚多，自来攻伐抚慰，将帅士卒难苦不少。今来无别再索经略，请差人交割，其诸事理已宣谕良嗣等去讫。来书称契丹出没，今差人押领大军往彼。幸踏地里交割，发行月日，已谕使人省会。所有盟誓，候交割日议定。[1]

---

① 徐梦莘编：《三朝北盟会编》，卷十四，中国台湾，大化书局，1979 年，第 131 页。

宋徽宗见金人同意将燕京和西京大部分土地归还,便令银术与王黼商量其他具体细节。经过一番商议,金人又获得了两千栲栳绿矾,确定北宋给予二十万银绢犒赏金人夺取西京。双方同意以"知友"的平等关系签订和平条约。北宋依然希望取得宁边州等地,银术可表示不清楚这件事,搪塞过去。

商量以定,卢益、赵良嗣、马扩与银术可等人离开京师,去往燕京。但是,金人没有让使团入燕京地界,而是让他们停在涿州,仅仅把誓书草稿送往燕京。

三月十八日,阿骨打派遣韶瓦和翻译高庆裔到涿州,他们传达阿骨打对北宋修改的誓书草稿意见,并向北宋提出索求逃亡到南边的契丹人户。

为了修改誓书的字句,赵良嗣不得不在涿州与汴梁之间来回奔波,以至于最后搞得蓬头垢面,疲惫不堪。又过了十多天,北宋将二十万银绢犒赏财物运达,誓书修改才告一段落。北宋使者获准携带誓书前往面见阿骨打。

## 契丹逃亡人户问题与财物交付

在宋使前往面见阿骨打之前,金人又提出索要契丹逃亡到北宋的人户。因为根据双方第一次约定,双方同意契丹人户归女真,汉户归北宋。因此高庆裔告诉北宋使者:

誓书所字体且休说,如誓书中所载两界逃人,彼此无令停止,今来所取户口,只推道不见,不肯发来,岂不是违誓,许大天犹自不怕,更要誓书则甚?且如,近有燕京职官赵温讯、李处能、王硕儒、韩昉越境来南,张轸带了本朝银牌,走过南界,须先以见还。[1]

---

① 徐梦莘编:《三朝北盟会编》,卷十五,中国台湾,大化书局,1979年,第138页。

面对女真指名道姓地提及南投北宋人员，赵良嗣转告主持河北军政事务的宣抚司，让他们负责缉拿这些人，以便交给金人。同行的卢益、马扩不同意，他们说：

诸人闻已达京师。若悉还之，不惟失燕人之心。且彼必见衔，尽告吾国虚实，所系非细。况今已四月，虏亦难留，何虑不交，奈何随所索即与之，彼得一询十，何时已耶？[①]

北宋使者抵达南京，双方再次为人户问题发生争论。兀室指责北宋违反誓言：

两朝誓书中不纳叛亡，今贵朝已违誓矣。[②]

卢益回答：

且勿言诸人未尝有至南朝者，借使有之，在立誓后耶？立誓前耶？五六年计议大事已定，本朝所有并已依从应副，如些小人口，岂有吝惜，只是有变更姓名，或在远地，或闻得根取，因而逃窜或藏匿山谷，或走过山西，如此之类，如何决要取足？[③]

兀室：

且如远者，尽是契丹奴婢。且道不知姓名，道寻不见。如知名人郭药师、董庞儿两个，莫道不见，只将此二人来折当。[④]

---

① 徐梦莘编：《三朝北盟会编》，卷十五，中国台湾，大化书局，1979 年，第138—139 页。

② 徐梦莘编：《三朝北盟会编》，卷十五，中国台湾，大化书局，1979 年，第139 页。

③ 徐梦莘编：《三朝北盟会编》，卷十五，中国台湾，大化书局，1979 年，第139 页。

④ 徐梦莘编：《三朝北盟会编》，卷十五，中国台湾，大化书局，1979 年，第139 页。

马扩回复道：

郭药师、董庞儿系是契丹时投降过来，即干贵朝甚事？若如此说，即数十年前事，岂可套在誓书中，有甚涯际。[1]

在没有解决人户争论的情况下，北宋使者询问金人交割燕京的时间。兀室回答宣称：

只为所取户口未足，即无交割月日。

赵良嗣不愿意将两个问题绑定在一起，他表示：

本朝自来每事相就，无不曲尽至诚，然贵朝每一番来，一事未了，又生一事。此当以大事为念，不可以细故相妨，两朝所系，利害甚重。况两日只是理会誓书一事，若今且把复盟了当，些小人口，只可商量。且如向日自海外计议，虽未立誓，天地神明实已临察，宜各存信义，本朝并无事未尽，两朝敌国，义均一体，更宜思之。[2]

金人却明白只有两者一起绑定才好谈判，于是兀室与杨璞宣布：

有圣旨，朕以天地眷佑，并有辽国，所有涿易尽属燕地。若户口不尽数发来，便请勾回涿易人马，朕欲将军马，前去巡边，恐两军相见，不测生事。[3]

接着，他们催促北宋使者回去，前往河北宣抚司索取人户前来。

---

① 徐梦莘编：《三朝北盟会编》，卷十五，中国台湾，大化书局，1979年，第139页。

② 徐梦莘编：《三朝北盟会编》，卷十五，中国台湾，大化书局，1979年，第139页。

③ 徐梦莘编：《三朝北盟会编》，卷十五，中国台湾，大化书局，1979年，第139页。

在没有获得交割燕京的具体答复之前，北宋使者当然不能回去，于是赵良嗣回复称：

> 未议之事有五，一回答誓书，二交燕日分，三符家口立界，四山西进军日时，五西京西北军未定，兼赏军银绢二十万，在涿州未交，安得便辞？所有宁边州至天德云内一带是旧汉地，兼有黄河限隔，不知贵朝，欲待自守，惟复待与夏国？若自守，与贵朝为邻，甚无害。若是与夏国时，恐西人出没，常为边患。兼符家口系属南界，有新会、永济两盐场在内，朝廷岁增百万贯，正为此盐场在其中，莫须改正。[①]

因为金人答应以宁边州至天德军一带交割给西夏，以换取西夏不再支持天祚帝，于是兀室回复赵良嗣：

> 我以山西全境与汝，岂不能易此尺寸之地耶？[②]

北宋使者无言以对。金人告诉北宋使者：

> 适来，三相公（谓粘罕）再奏，已差下撒卢毋、杨天寿同龙图（赵良嗣）去，不须尚书（卢益）、宣赞（马扩）行。[③]

赵良嗣只好同撒卢毋等人前往雄州索取契丹户口。在路上，撒卢毋劝告北宋使者：

> 两国议如许大事，已十八九成，止为人口毫末。[④]

---

① 徐梦莘编：《三朝北盟会编》，卷十五，中国台湾，大化书局，1979 年，第 139—140 页。

② 徐梦莘编：《三朝北盟会编》，卷十五，中国台湾，大化书局，1979 年，第 140 页。

③ 徐梦莘编：《三朝北盟会编》，卷十五，中国台湾，大化书局，1979 年，第 140 页。

④ 徐梦莘编：《三朝北盟会编》，卷十五，中国台湾，大化书局，1979 年，第 140 页。

赵良嗣无奈地回答：

若张瑴、赵温讯、韩昉等果到本朝，良嗣必知之，今实不闻，奈何？①

同行的金人使者暗示赵良嗣：

若只得一两个紧要人来，便了得。②

得到金人的暗示，赵良嗣抵达雄州后告诉河北宣抚司：交出一两个金人指名道姓的人员，就可以解决争论。

河北宣抚司颇感为难，认为如果送出一两个，金人会紧咬不放，继续要求北宋交出更多人员。

经过三番五次商量，河北宣抚司终于同意差人到汴京提取一名叫赵温讯的契丹官员。四月初五，赵温讯抵达雄州。他向赵良嗣长跪请求不要将他交给金人，赵良嗣宽慰赵温信：

本朝固不欲谏议（赵温讯）过去，然金国必因此而寻兵。大丈夫死生皆有道，生亦为民，死亦为民，借谏议一身，以解两国之兵，为利亦不浅。③

四月七日，赵温讯被送往金营。就这样，契丹逃亡人户问题结束了。

双方开始点交北宋送来的赏军银绢。兀室派人送了一连称到宋营，并传话称：

---

① 徐梦莘编：《三朝北盟会编》，卷十五，中国台湾，大化书局，1979年，第140页。

② 徐梦莘编：《三朝北盟会编》，卷十五，中国台湾，大化书局，1979年，第140页。

③ 徐梦莘编：《三朝北盟会编》，卷十五，中国台湾，大化书局，1979年，第140页。

旧例交割银五十两五分者，皆不曾受，直到五十一两方受。今来此秤，系五十一两，却大一两，贵朝秤却只五十两。莫如别造一连五十两五分秤，将五分作钱耗，五分作润官，如何？[①]

对金人的这种贪占行为，北宋加以拒绝：

凡度量权衡皆系朝廷所定，颁之四方，莫敢私造，况此银绢系朝廷特赏贵朝军兵，非岁赐之物，且依秤交割。[②]

誓书既已送达，财物也已交付，赵良嗣、卢益、马扩一同辞别阿骨打。阿骨打对他们说：

卿等归去，传语皇帝，时热善保圣体。如今军兵两处屯劄，讨伐夔离不并天祚，与你家勾当疆土，欲借米粮十万石，搬送至檀州、归化两处。且不要疑，应早些交来，已专差使人。[③]

赵良嗣、卢益、马扩询问交割燕京时间。阿骨打回复道：

十一日，先令交割底官员过来，其军兵只于泸沟河南下寨，更待等数日，得我指挥，便发过河来。[④]

阿骨打还告诉北宋使者：

好去，候到阙日，传语大宋皇帝，立誓已定，各守信约，永保万世长

---

① 徐梦莘编：《三朝北盟会编》，卷十五，中国台湾，大化书局，1979 年，第 141 页。

② 徐梦莘编：《三朝北盟会编》，卷十五，中国台湾，大化书局，1979 年，第 141 页。

③ 徐梦莘编：《三朝北盟会编》，卷十五，中国台湾，大化书局，1979 年，第 141 页。

④ 徐梦莘编：《三朝北盟会编》，卷十五，中国台湾，大化书局，1979 年，第 141 页。

如今日甚好。①

北宋使者与金人使者一同返回。

## 宋金盟誓

一一二三年（宣和五年）四月十一日，卢益、赵良嗣引伴金国使人杨璞来到北宋。杨璞带来金人国书和誓书。誓书全文如下：

维天辅七年，岁次癸卯，四月甲申朔八日辛卯，大金皇帝致书于大宋皇帝阙下：惟信与义，取天下之大器也，以通神明之心，以除天地之害。昨以契丹国主失道，民坠涂炭，肆用兴师，事在诛吊。贵国遣使航海计议，将来并有辽国，愿还幽燕故地。当时曾有依允。乃者，亲领兵至，全燕一方不攻自下。尚念姑欲敦好，与燕、京、涿、易、檀、顺、景、蓟，并属县及所管户民与之如约。今承来书，缘为辽国，尚为大金所有。以自来与契丹银二十万两、绢三十万匹、并燕所出税利五六分中，只算一分，计钱一百万贯文。合直物色常年般送南京界首，交割色数，已载前后往复议定国书。每年并支绿矾二千栲栳。两界侧近人户不得交侵，盗贼逃人彼此无令停止。亦不得密约间谍诱扰边人。若盗贼并赃捉获，各依本朝法令科罪，讫赃罚贼，虽不获踪迹，到处便勒留偿。若有暴盗，或因别故，合举兵众，须得关报沿边官司，两国疆界，各令防守两朝界地内如旧，不得遮堵道路。至于将来殊方异域，人使往复，无禁阻。所贵久通欢好，庶保万世，苟违此约，天地鉴察，神明速应，子孙不绍，社稷倾危。本朝志欲协和万邦，大示诚信，故与燕地，兼同誓约，敬或违之，天地鉴察，神明速殃，子孙不绍，社稷倾危，如变渝在彼，一准誓约，不以所与为定。专

---

① 徐梦莘编：《三朝北盟会编》，卷十五，中国台湾，大化书局，1979年，第141页。

具披述，不宣。谨白。①

在这一誓书中，宋金达成通好条件，包括：

北宋获得燕京、涿州、易州、檀州、顺州、景州、蓟州。

北宋向金国提供财物。即原来向契丹贡纳的银二十万两、绢三十万匹转与金国。

北宋每年缴纳一百万贯钱绢代替燕京赋税课程。上述财物每年搬送南京界首进行交割。

北宋每年向金国提供绿矾二千栲栳。

宋金两国交界的民户，不能侵犯对方疆界。

双方不能派遣间谍，诱惑鼓动扰乱边界。

对于一般盗贼，双方要相互协助捕拿。

如果有大暴动或其他需要使用军队的情况，双方要事先通报。

而在国书中，金人提出：希望北宋提供十万石粮草，用于消灭契丹皇帝和四军大王。这是阿骨打曾经向北宋使者提到的。


## 南京的交割与换户

双方已经议定交割燕京。负责此事的童贯、王安中担心金人再行刁难，于是预先从军中选出姚平仲、康随等辨博之士，派遣他们前往接洽交割的具体事项。姚平仲抵达燕京，金人提出常胜军人户问题：

依元约，将松亭、榆关外民户妇国数内，索取常胜军、郭药师等八千余户，元系辽东人也。②

---

① 徐梦莘编：《三朝北盟会编》，卷十五，中国台湾，大化书局，1979 年，第 142—143 页。

② 徐梦莘编：《三朝北盟会编》，卷十五，中国台湾，大化书局，1979 年，第 143 页。

因为常胜军前身是契丹"怨军"。一一一六年（天庆六年），天祚帝命燕王耶律淳招募辽东饥民，分为前宜营、后宜营、前锦营、后锦营、乾营、显营、乾显大营、岩州营共八营两万八千人，取报怨于女真之意，谓之"怨军"。一一二一年（保大元年），怨军将领董小丑因为征讨利州叛乱不利被处死，其手下罗青汉、董仲孙等率怨军作乱。契丹都统耶律余睹、萧幹率兵平叛。郭药师等人杀了罗青汉数人，接受招安。辽从中选出两千人编为四营，任命郭药师、张令徽、刘舜仁、甄五臣各自统领。一一二二年（保大二年）三月，天祚帝逃奔夹山，留守南京的耶律淳称帝。耶律淳改"怨军"为"常胜军"，任命郭药师为都管押常胜军、涿州留守。六月，耶律淳病故，七月，宋军第二次攻打南京城的时候，郭药师率部投降。理论上，常胜军应该归金人。

宣抚司认为常胜军先自归朝有功，授官，难以发遣。点检文字的官员李宗振献上一策（另一种说法是参谋宇文虚中献策）：

> 若以燕人代之，则不惟常胜军得为我军。又复燕民田产自可供养，不须国家应办钱粮，此一举而两得之。[1]

出于贪图富人田产以赏赐、笼络常胜军的需要，北宋朝廷居然接受了这一建议。

> 申奏朝廷，遂从其议。请以燕人代之。金人亦从之。因而概括燕山府所管州县百五十贯已上家业者，得三万余户，尽数起发，合境不胜残扰。[2]

金人只提出常胜军八千户，而起发的代换燕京户却达到三万户，远远超过了应有之数目。一方面北宋此时尚未进城，另一方面，双方也没有对如何代换进行任何讨论，于是，燕京换户的惨相不啻兵灾：

① 徐梦莘编：《三朝北盟会编》，卷十五，中国台湾，大化书局，1979年，第143页。

② 徐梦莘编：《三朝北盟会编》，卷十五，中国台湾，大化书局，1979年，第143页。

（金人）将燕城职官、民户、技术、嫔嫱、娼优、黄冠、瞿昙、金帛、子女等席卷而东。或告燕人曰："汝之东迁非金人意也。南朝留常胜军，利汝田宅给之尔。"燕人皆怨。[1]

金军按照阿骨打的命令，卷甲移灶于燕京城外三十里外。童贯命令李嗣本率领河东军马五万为前军，种师中、杨可世率领陕西诸道兵马三十万为中部，河北与京城兵马殿后，另差郭药师率领常胜军进驻固安。

四月十七日中午，宋军李嗣本部进入燕京城内。发生一件事情，可以看出宋人交割燕京时期的恐金心情。

初，李嗣本提兵先入燕城，其次宣抚司方来，以郭药师为先锋。嗣本军望见之，以为金人兵至，外军即遁，营中大扰。药师使人往抚之，方定。[2]

童贯等人进入燕京，此时的燕京满目疮痍，只有一些残民羸卒捧香夹道表示欢迎。金人将燕京城的军事防御措施破坏殆尽。离开前，金人还放出话来：中国修理三二年间，却取之。[3]

## 西京：武州与朔州

尽管完颜阿骨打同意将西京地区交割给北宋，但是实际上双方仅仅交割了武州和朔州。

一一二三年（金天辅七年、宋宣和五年）六月，完颜阿骨打在鸳鸯泊的时候患病，不久驾崩。九月，其四弟完颜吴乞买即大金国皇帝位，改天

---

① 徐梦莘编：《三朝北盟会编》，卷十六，中国台湾，大化书局，1979年，第148页。

② 徐梦莘编：《三朝北盟会编》，卷十六，中国台湾，大化书局，1979年，第145页。

③ 徐梦莘编：《三朝北盟会编》，卷十六，中国台湾，大化书局，1979年，第145页。

辅七年为天会元年。

继位的完颜吴乞买暂时维持了宋金联盟。当年的十一月份，完颜吴乞买下诏割武、朔二州入于宋，完成了在西京地区的部分交割。第二年，春正月，西南西北两路都统宗翰，宗望请勿割山西郡县与宋。

宗翰的说法是：

宋人不归我叛亡，阻绝燕山往来道路，后必败盟，请勿割山西郡县。[①]

完颜吴乞买再次下诏：

是违先帝之命也，其速与之。[②]

完颜吴乞买可能顾虑到仍有契丹遗患未除。在西方天祚帝投奔了西夏，可能东山再起；在东南四军大王萧幹也率领残部盘踞奚人故地。但是，就在当月，西夏与金达成了协议：金人以下寨以北、阴山以南、乙室耶；刺部、吐禄滦西之地让与西夏，而西夏奉表称藩，并不再收留、支持天祚帝复国。闰三月，金与西夏完成誓书换文。宗翰再次劝说完颜吴乞买终止西京其他州县交割：

先皇帝征辽之初，图宋协力夹攻，故许以燕地。宋人既盟之后，请加币以求山西诸镇，先皇帝辞其加币。盟书曰："无容匿逋逃，诱扰边民。"今宋数路招纳叛亡，厚以恩赏。累疏叛人姓名，索之童贯，尝期以月日，约以誓书，一无所致。盟未期年，今已如此，万世守约，其可望乎。且西鄙未宁，割付山西诸郡，则诸军失屯据之所，将有经略，或难持久，请姑置勿割。[③]

---

① 脱脱等：《金史》，卷七十四，《宗翰传》，中华书局，1981年，第1695页。

② 脱脱等：《金史》，卷三，《本纪第三》，中华书局，1981年，第49页。

③ 脱脱等：《金史》，卷七十四，《宗翰传》，中华书局，1981年，第1696页。

完颜吴乞买同意了宗翰的请求，西京其他地区的交割随之终止。（见图 8-1）

图 8-1　宋金交割区示意图

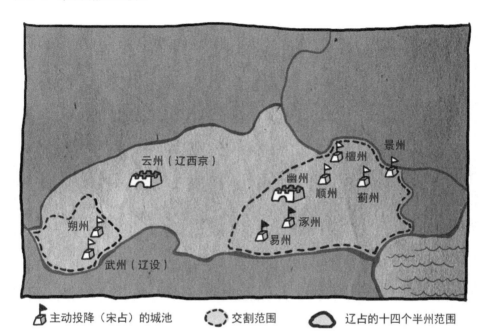

## 二、北宋对燕京的短暂治理

### 治理燕京的构想

北宋对如何治理燕京并没有什么预想，反而是一直担任使者的马扩曾提出过一些建议。根据马扩《茆斋自叙》记录，他曾经见到燕京最高行政长官王安中，与他讨论如何治理燕京。他向王安中建议：

> 燕地新边，必知所以治之之序。首当缮篱落，次招抚归民，又次当置弓箭手，最后授常胜军田也。至如罢常胜军请受，犹宜款缓，待其辟田就绪，乃可罢也。
>
> 仆初入燕，诸路正兵有十五万余，童宣抚带还外尚有八九万人，选三万备战，余尚五六万，除诸处占破外，可以入役者三万人，离而为四。又以于诸处雇募万人，每城得二万余人，齐举贴筑，蓟、景、檀、顺四州，每州计雇工不过五万缗，更以五万缗充犒。设通用四十万缗，一月可以就绪。边固则土疆可守，人心自然安处，善于安抚，此缮篱落，乃为最要者也。燕地自女真入关，军民士庶，往往逃窜山谷间，宜招诱宽恤，使

之归业，此招归民为次也；燕中自罹兵火，田地荒旷，招置弓箭手如陕西新边法，许诸色有武勇少壮人投充，每户给田二顷五十亩，官给耕牛战马种子，分官统隶，不惟荒田得耕，兼藉兵威守边，压服新附人心，此置弓箭手，又其次也；常胜军见请钱粮，亦不宜遽罢，使无所恋，将契丹自来特留放牧牛间田，分授与常胜军，依仿弓箭手法，官给耕牛种子，俟三两岁耕垦有成，渐次减罢请。受则无侵夺民田之患，外有开垦之功，候塞外宁息，议减戍兵，此治燕至要也。[1]

不过，此时朝廷已经将燕京土地授予常胜军，而常胜军贪求不已，到处侵占土地。北宋朝廷手中没有掌握更多的土地资源，王安中无奈地告诉马扩：

天荒旷土皆为（常胜军）所占，无复措画，如公所论，何以加之？[2]

没有富裕的资源加以支撑，马扩的治理方略被搁置一旁。不仅如此，北宋的一系列举措更使其丧失民心。

## 治燕三失

北宋接收燕京等地后，朝廷招童贯、蔡攸返回，而王安中被任命为河北河东燕山府路宣抚使、知燕山府，詹度同知府事。北宋朝廷还任命刘逸知景州，惠州团练使阳可升知檀州，忠州防御使任宗尧知蓟州。这些官员在治理收复的州县方面简直一塌糊涂，搞得人心尽失。

宋人许采在其《陷燕录》中指出北宋在治理燕京过程中丧失民心的三

---

[1] 徐梦莘编：《三朝北盟会编》，卷十九，中国台湾，大化书局，1979年，第175—176页。

[2] 徐梦莘编：《三朝北盟会编》，卷十九，中国台湾，大化书局，1979年，第176页。

件事：

何谓失燕人之心者三？一换官，二授田，三盐法。换官失士人心 授田失百姓心，盐法并失士人百姓心。①

换官，是指在获得幽云后，宋将原在辽朝各州县汉官及属民大量调至内地，而另行指派宋朝官吏前往管理其地。在实际执行中，宋朝对迁徙人群饮食起居照顾欠佳：

换官者，初自燕山之朝廷，又自朝廷之燕山，复自燕山之太原宣抚司。困苦于道路者，相系也。②

因此，宣和七年，朝廷不得不下诏规定：

河北东路发运养济归朝人，往诸并在一州有及千人者，深虑人数太多，钱粮阙少，养济不足，可令逐路安抚、钤辖司、转运司官，见养济人从长措置，量度州军大小、丰熟去处，可以存泊照管人数，分擘往逐处安泊，务要养济足备。③

这些"归朝人"进入宋境后，受到各种非难。在上述诏书中，朝廷虽然要求从饮食起居上照顾他们，但是也附加一条：

即不得并在一州，亦不得令远去。④

---

① 徐梦莘编：《三朝北盟会编》，卷二十四，中国台湾，大化书局，1979年，第231页。

② 徐梦莘编：《三朝北盟会编》，卷二十四，中国台湾，大化书局，1979年，第231页。

③ 徐松辑：《宋会要辑稿》，《兵一七》，中华书局，1957年，第7045页。

④ 徐松辑：《宋会要辑稿》，《兵一七》，中华书局，1957年，第7045页。

这实际上使换官处于受监视状态。不仅如此，对于换官人员的任命也由于腐败的官僚体制一再拖延：

……官司人吏又沮格之，累年不能结绝……[1]

换官及内迁人员鱼龙混杂，与内地居民相处也不融洽：

燕云两路官吏散处中国，其啸聚之民，并引处内地。中国之民，日夜疑之，而官吏亦不复以礼待遇，两相怨恨，数至喧争。[2]

换官非但未能培养幽州上层人员对宋廷的忠诚，反而因朝廷的监视、官员的排挤以及内地居民的怀疑，使两者之间的裂痕和矛盾进一步加深，结果：

……此曹怨望，往往遁归平州，将京师事体，中国虚实，一一报之刘彦宗，彦宗遂教金人有窥中国意。[3]

授田，是指给予常胜军房屋田地。

收回燕京之后，为了安抚常胜军，北宋还把原来属于燕地百姓的土地，侵夺过来，交给常胜军。但是，不久，由于平州军阀张觉攻击了金人的护送队伍，这些被掳掠的燕京人户得以返回，返乡人户与常胜军发生严重矛盾。许采指出：

授田之事，内则屋业，外则土田，悉给常胜军，而燕山土著洎平州遁还之人，悉无居止生业，而常胜军所至，豪横四邻，不能安居，此燕民之

---

① 徐梦莘编：《三朝北盟会编》，卷二十四，中国台湾，大化书局，1979 年，第 231 页。

② 徐梦莘编：《三朝北盟会编》，卷二十四，中国台湾，大化书局，1979 年，第 231 页。

③ 徐梦莘编：《三朝北盟会编》，卷二十四，中国台湾，大化书局，1979 年，第 231 页。

尤怨者。①

盐法，是宋朝在燕京地区设置的食盐专卖。中国从汉代开始施行朝廷盐铁专卖制度，通过垄断，从百姓手中获得高额利润，搜刮财物。

……旧虏中每贯四百文，得盐一百二十斤，提举官都不念新附之民，贪功生事，每斤至二百五十文足，或二百八十文足，仍引其亲旧密借官引令兴贩牟利，上下通同，如黄友、张退举、莫模、（阙）伍、陈念四之徒，数十人，于新仓、枯河间络绎成市。是数人者，本空手而来，至此丰富，有至巨万者。伍等赌博，敢将通货场钱一二千缗，出九和合，燕人以为口实。余尝亲见……②

盐价腾升以及北宋官吏以权谋私导致燕京地区怨声载道。

## 燕京的守备力量

宋金交割燕京之后，宋将杨可世、姚平仲分派陕西、河北诸道兵马以及郭药师的常胜军，把守松亭关、古北口、居庸关等重要关隘。而北宋主力退兵。常胜军的战斗力较北宋军队强，朝廷对其统帅郭药师加以拉拢。当童贯南还汴京的时候，命郭药师同行。宋徽宗亲自接见了郭药师并提升他为燕山府同知。这一任命提升了郭药师的权威。郭药师则利用一切手段扩张势力：

（郭药师）若须马，则尽括内官马委与之。药师拣马之法，作尼潦半里，使人不御辔而驰焉，能过则为良马，不然则又退又选，大率类此。又

---

①　徐梦莘编：《三朝北盟会编》，卷二十四，中国台湾，大化书局，1979年，第231页。

②　徐梦莘编：《三朝北盟会编》，卷二十四，中国台湾，大化书局，1979年，第231页。

遣部下商贩诸路舟车遍矣。又聚天祚昔时工作之人，为奇巧之物，多以玉带、玛瑙器、捻金、纴珍异，以奉权贵、下及小珰，无不喜者，及其得志，自擅燕山一路。有常胜五万，食粮军乡兵号三十万。①

反观北宋政府军则少得可怜：

中国虽有戍兵，唯九千人，无能为也。②

势力强大之后，郭药师膨胀起来：

药师及燕人终不改其左衽，亦无如之何，时人窃比之安禄山。③

郭药师和常胜军有脱离朝廷管控倾向，引发北宋朝廷的担心。权臣童贯曾经咨询马扩：

吾窃虑常胜军将来为患，欲与削了，如何？④

马扩不赞成直接裁撤常胜军，建议善加利用：

某至愚，亦知常胜军他日必为患，然而自今女真顾虑未敢辄肆举者，盖忌此项军也。若遽削之，不唯金人窥觊，兼此军即便起变，是自引惹。莫若因而用之。⑤

---

① 徐梦莘编：《三朝北盟会编》，卷十七，中国台湾，大化书局，1979年，第161—162页。

② 徐梦莘编：《三朝北盟会编》，卷十七，中国台湾，大化书局，1979年，第162页。

③ 徐梦莘编：《三朝北盟会编》，卷十七，中国台湾，大化书局，1979年，第162页。

④ 徐梦莘编：《三朝北盟会编》，卷十九，中国台湾，大化书局，1979年，第177页。

⑤ 徐梦莘编：《三朝北盟会编》，卷十九，中国台湾，大化书局，1979年，第177页。

童贯追问，如何善加利用。马扩回答：

今药师之众，止是三万余人，多是马军武勇，太师诚能于陕西、河东、河北三路，选摘精锐马步十万人，分为三，遴择有智勇器识可及药师者，三分统之，一驻于燕山，与药师对营相制，一驻于广信军或中山府，一驻于雄州或河间府，犬牙相临，使药师之众，进有所扼，退有所忌，则金人虽肆他意，岂易敢前。①

童贯表示：

甚好，但十万人不易那借，我当别有措画。②

由于北宋军事力量有限，童贯无法抽调十万骑兵平衡郭药师的常胜军。不久，谭稹又想出另一种方法制衡郭药师：

谭稹初至燕山，闻常胜军恣横，药师辈不为约束。稹虑生事，奏朝廷，乞于河东，别创一军，分作权势，如云朔之人，以五万为率，屯于州县要径处，号为义胜军。令李嗣本、耿守忠为帅，欲俾常胜军有所畏惧。朝廷从之。既而嗣本、守忠选归朝人中少壮者，籍其姓名，其月粮衣赐倍于他军，后常胜军知其请给丰厚，往往潜来投附。郭药师等忧惧其亡，皆涅其面，常胜军大怨。人人思乱矣。③

从大的方面讲，谭稹的做法或许能强化河东防守力量，但是，义胜军兵源却来自燕京地区的常胜军，实则是拆东墙补西墙，削弱了燕京的力量。从小的方面讲，这种与常胜军争兵源的做法侵害了郭药师等人的利

---

① 徐梦莘编：《三朝北盟会编》，卷十九，中国台湾，大化书局，1979年，第177—178页。

② 徐梦莘编：《三朝北盟会编》，卷十九，中国台湾，大化书局，1979年，第178页。

③ 徐梦莘编：《三朝北盟会编》，卷十九，中国台湾，大化书局，1979年，第176页。

益，使得他们与朝廷离心离德。

　　无疑，北宋朝廷对付常胜军的做法仍旧是弱枝强干、守内虚外军事政策的延续。"人人思乱"的常胜军竟然是燕京军队主力而北宋朝廷浑然无感。虽然金人尚未南下，结局已经可以预料。

# 三、寒盟

## 宋人败盟有状

宋金虽然达成和平盟约，但是，随着时间的推延，金人认为宋人出现违反撕毁盟约的迹象，也就是"败盟有状"。双方主要的矛盾纠葛起于张觉叛金事件。

张觉是平州人，辽进士及第，累升至辽兴军平州节度副使。当金军节节胜利、天祚帝西奔、燕王耶律淳自立为皇帝之时，平州发生变乱，节度使萧谛里被杀，张觉奉命招安息乱，因功升为平州知军州事。

南京的耶律淳死后，张觉认为辽国必亡，因此检括管内州县户口，将军队扩充至五万人，成为一股割据势力。金军攻克辽南京后，他接受金人的招降。金人升平州为金南京，并任命张觉担任同中书门下平章事、南京留守等官职。

一一二三年（宣和五年）四月，金人将燕京及其六州土地交给宋朝之后，驱赶燕地之民北返。当经过平州的时候，被掳掠的燕民劝说张觉起兵反金：

左企弓等，更不谋守燕城，使吾民迁徙流离，不胜其苦。今相公临巨镇，拥强兵，尽忠于辽国，必使我复归乡土，而人心亦望于公也。[①]

张觉也认为自己兵强马壮，又听闻天祚帝兵势复振，出没于松漠之南，似有恢复契丹王朝的样子，于是叛金，据地独立。

宋徽宗听说张觉叛金，他亲自写书信给南京的詹度，命他试探张觉的意向。詹度派遣张觉的姻亲说服张觉，并提出让他世袭平州的条件。张觉也想依宋为援，因此顺水推舟，接受了宋朝的招徕。宋徽宗大喜，改平州为泰宁军，任命张觉为泰宁军节度使，同时还将泰宁军牌敕书及张觉之诰命诏书送到平州。

诏命至，觉喜，远出迎。金人谍知，举兵来，觉不得返，同其弟挟所被诏敕奔燕。母妻先寓营州，为金人所得，弟闻之，丞往降，献其诏敕。金人围平州，觉之从弟及侄固守，金人以纳叛为责，且求饷粮，凡攻击数月，州民数千溃围走，莫肯降。[②]

金人攻下平州之后，向宋人索要张觉。宋朝妄杀一个貌似张觉的人，企图蒙混过关，但是被金人识破，宋朝最后斩杀了张觉，函首于盒，送与金人。

张觉事件造成两个严重后果。第一，北宋违反了与金人的盟誓，双方不得招诱归款。金人攻克平州，缴获宋徽宗给张觉的亲笔书信等违盟证据，对北宋产生怨恨不满。

初欲徙国，籍燕地所得臣民仪物，立都于显州而已，初未敢有意窥中原。及觉邀其辎重仪物，且得中原与觉诏诰等，始怨，谓违盟，因生

---

① 徐梦莘编：《三朝北盟会编》，卷十七，中国台湾，大化书局，1979年，第157页。
② 脱脱等：《宋史》，卷四百七十二，《奸臣二》，中华书局，1977年，第13737页。

不逊志。①

张觉事件的另一个影响是导致常胜军人心浮动。

（张觉）既死，函首送之，燕之降将及常胜军皆泣下，郭药师曰："若
来索药师，当奈何？"自是解体。②

因为张觉的袭击，导致燕民离散。这些燕民本来是代替常胜军的，因
此常胜军担心金人以此为借口，重提旧事，北宋可能出卖他们。

此外，北宋在河东纳叛行动也违反与金人的盟约。

阿骨打在世时，金人追逐辽天祚帝入夹山，攻陷西京，西京管内州
郡，纷纷投降金朝。一一二三年（宣和五年）二月，阿骨打将西京一带土
地特许与宋朝，准备派人向宋交割，自己则率军从燕京北返，不幸于途中
病逝。西京金军主将不得不北返奔丧。就在金军统帅暂时离开的时候：

朔州节度使韩正、应州节度使苏京、蔚州土豪陈翊等，争叛金人，纳
土归大宋。③

北宋对叛金归宋之人全部收纳，还派遣河东将李嗣本以兵戍守。
一一二四年（宣和六年）八月，粘罕、斡离不重返云中后，立刻采取报复
性军事行动：

分遣军马，逐去苏京、孙团练，取蔚州，杀陈翊，复取上畔州郡。又
陷飞狐、灵丘两县。④

---

① 徐梦莘编：《三朝北盟会编》，卷十八，中国台湾，大化书局，1979 年，第 172 页。

② 脱脱等：《宋史》，卷四百七十二，《奸臣二》，中华书局，1977 年，第 13737 页。

③ 徐梦莘编：《三朝北盟会编》，卷十九，中国台湾，大化书局，1979 年，第 178 页。

④ 徐梦莘编：《三朝北盟会编》，卷十九，中国台湾，大化书局，1979 年，第 178 页。

在金人答应将西京一带土地交割北宋的情况下，北宋未与金人商量，单方面接受这些人叛金来归，非常不恰当。因为接纳叛金州县，双方已经发展到发生局部军事冲突，而北宋没有认识到问题的严重性。

地方官员擅自主张，处理双方关系因应不当也加重了双方怨恨。宣和六年四月，宗望遣使来宋，求北宋之前赵良嗣应许的粟二十万斛。继童贯之后任河北燕山府路宣抚使的谭稹态度强硬：

> 二十万斛粮，岂易致耶？兼自宣抚司未尝有片纸只字许粮之文。[①]

对于金使宣称双方有口头约定，谭稹则回复：

> 赵良嗣口许，岂足凭耶？[②]

宋人的这些举动都被金人认为其"败盟有状"，只是由于金人顾忌萧幹和天祚帝的势力犹在而隐忍未发。

## 萧幹之死

南京契丹军队弃守之后，在松亭关分成两股。奚、渤海诸军跟随四军大王萧幹前往奚王府故地，而耶律大石跟萧后率领一部投奔天祚帝。

萧幹的军队抵达卢龙岭，便滞留该地，召集奚人聚会，称帝，改元天复，设立奚、汉、渤海三枢密院，改原契丹设置的奚人东西节度使为东西二王。他盘踞在奚人故地（青龙满族自治县）一带，为了扩充实力，他征召渤海、奚和汉人丁壮为军。当张觉袭击金人，导致所迁徙燕京人口离散的时候，萧幹只留下金人的车马，而纵放了燕京人口。

---

① 徐梦莘编：《三朝北盟会编》，卷十九，中国台湾，大化书局，1979 年，第 177 页。

② 徐梦莘编：《三朝北盟会编》，卷十九，中国台湾，大化书局，1979 年，第 177 页。

萧幹拒绝了阿骨打的招降,但是,鉴于金人的强大,萧幹也没有采取主动进攻的行动,而是希望与平州的张觉合兵攻打北宋的燕京地区。一一二三年(宣和五年)六月,奚国内部发生粮食危机,萧幹领兵出卢龙岭,攻破了景州,并在石门镇大败了北宋常胜军张令徽和刘舜仁部,接着攻陷蓟州。一时间,燕京地区人情汹汹,放弃燕京的舆论甚嚣尘上。景州、蓟州失守,北宋朝廷大为震怒,河北宣抚司童贯亲自发文书给王安中、詹度和郭药师,强烈要求他们采取行动。宋军调集大军讨伐。八月十五日,双方在峰山发生战争,萧幹遭遇失败,损失数千人。十七日,宋军追至卢龙岭,奚人投降两万余人,萧幹部下很多人的家属成为俘虏。失去家属的兵丁认为这都是萧幹的过错,于是杀死了萧幹,传首北宋。金人趁机出兵,消灭了奚人残余力量。

## 天祚帝的被俘

金人攻克契丹中京大定府后,天祚帝遁入夹山。金人不熟悉地理,无法深入这一片沼泽地带,天祚帝获得喘息之机。耶律大石率领南京军马抵达夹山,天祚帝宽恕了他,但是处死了耶律淳的皇后萧氏。他还得到了阴山室韦谟葛失部落支持。

一一二四年(保大四年),天祚帝谋取燕云。耶律大石强烈反对:

> 自金人初陷长春、辽阳两路,则车驾幸广平甸而都中京;及陷上京则都燕山;及陷中京则都云中;及陷云中则奔夹山。向以全师不谋战备,以至举国汉地全为金人所有。国势微弱至此,而方求战,非计也。当养兵待时而动,不可轻举。[1]

天祚帝一意孤行,命令部队离开夹山,攻取天德军、东胜、宁边和云

---

[1] 徐梦莘编:《三朝北盟会编》,卷二十一,中国台湾,大化书局,1979 年,第 198—199 页。

内州，向南攻击武州，路遇金兵，再次溃败。天祚帝逃往山阴。

一一二五年（保大五年）八月份，穷途末路的天祚帝被金人俘虏并递解上京。金太宗完颜吴乞买将其贬为海滨王。


## 童贯、郭药师治军

萧幹和天祚帝政权相继败亡，马扩立刻意识到危险。当他在莫州迎接北上的童贯时，他告诉后者兀室已擒获天祚帝一事并提醒道：

宜急备边以防女真为患。彼怀张觉之憾，恐粘罕回来不测作过。[1]

童贯回答马扩：

我今去燕山葺治兵马，盖为此也。[2]

童贯的回答表明，北宋朝廷对于金人的意向有所警觉。童贯也抵达燕京后，安抚犒赏郭药师的常胜军，罢免王安中，而升蔡靖为宣抚使兼知燕山府。同时奏请朝廷在河北路置四总管：辛兴宗担任中山府总管、任元担任真定府总管、杨惟忠担任河间府总管、王育担任大名府总管。四路总管负责招集逃亡军人和赤贫游手人员充军，以强化军备。

童贯和郭药师在燕京大张旗鼓地整顿军备引起金人注意：

（宗望）闻童贯、郭药师治军燕山。宗望奏请伐宋，曰："苟不先之，恐为后患。"宗翰亦以为言。故伐宋之策，宗望实启之。[3]

---

① 徐梦莘编：《三朝北盟会编》，卷二十二，中国台湾，大化书局，1979 年，第 208 页。

② 徐梦莘编：《三朝北盟会编》，卷二十二，中国台湾，大化书局，1979 年，第 208 页。

③ 脱脱等：《金史》，卷七十四，《宗望传》，中华书局，1981 年，第 1704 页。

金人决定先发制人。北宋在九月份得到金人准备南下的消息，但是他们不相信，而是依然希望收回西京未交付的州县。

## 南下攻宋及檄文

十月甲辰，金太宗完颜吴乞买任命完颜杲兼领都元帅，宗翰兼左副元帅先锋，完颜希尹为元帅右监军，耶律余睹为元帅右都临，从西京大同方向进攻太原。宗望为南京路都统，阇母为副都统，刘彦宗兼领汉军都统，从平州方向进攻燕山府（辽南京）。

十一月份金人发布伐宋檄文：

全燕既下，割之如约，其为恩信不谓不多，于是约之以天地，质之以神明，乃立誓文："盗贼逃人，无令停止，亦不得间谍，诱扰边民，俾传之子孙，守而勿失。"洎宸舆北返，宰辅东行，不意宋人贪婪无厌，稔其奸恶，忽忘前施之义，潜包幸乱之谋，遽渎誓约，结构罪人，使图不轨，据京为叛，贼杀大臣，邀回户口，啖以官秩，反令纳土，仍示手诏，窃行抚谕，遂使京畿之地鞠为寇场。才天兵临境，魁首奔亡，而又接引，辄相保蔽，更易姓名，授之官爵。及至追索，传以伪首，既杀无辜，又贷有罪，不仁不耻于此可知。朝廷方务含容，不彰其恶，但诫边臣，户口之外，一无理辨，此所以必欲久通欢好之故也。彼尚饰以伪辞，终为隐讳，仍招纳逋逃，反扰居民，更使盗贼出没为患，所有岁贡又多愆期，背恩莫斯之甚！朝廷亦不咎之，依前催索，犹不听从，牒称："本朝幅员万里，人居散漫，若再行根究，难指有无，况事皆已往，请别计议。"据彼迷辞，意涉夸谩，至于本境行发文字，辄敢指斥朝廷，言多侮谤。虽累曾移文，俟其改过，终然不悟，罔有悛心。矧又夏台，实为藩辅，忱诚既献，土民是赐，而彼宋人忽起无名之众，辄行侵扰之事。因其告援，遂降朝旨，移牒解和，俾复疆土，仍以狂辞，不为依应，反云夏人纳款，曲有陈请。大金方务恩抚初附之国，且料不无曲意，姑行顺从，既出一时私恩，画与夏人，则大金顺从夏人，已为周至，自今不烦干预，自当以道里所在，且朝廷方隆恩造，下浃群邦，彼之两国，各蒙其赐，所与之地，裁之在我，肯致私曲，以为周至，岂期诡诈，昧于道理，不为稟从，如是之甚者哉？斯则非止侵陵夏国，实关不惧朝廷，此朝廷所以罪也。盖闻古所重慎者，兵也。兵而无名，非三代仁义之谓也，其或仗顺临逆，以直加曲，斯用兵之王道焉，反是，则甚无谓也。今奉宣命，兴师问罪。[1]

这一段遍数宋人过错，主要包括四项：结构罪人，使图不轨；招纳逋逃；岁贡愆期；侵凌夏国。所有这些行为都表示宋人"不惧朝廷"，所以金朝加以兵戈。


## 燕山府的陷落

宗望率东路军先行出兵。十一月二十六日，金军占领檀州，二十八日占领蓟州。二十八日早晨，燕山府确认金军已大举入侵。蔡靖将全部希望寄托在郭药师身上。

郭药师决定主动迎战。十二月初六，双方在白河西岸大战：

是夜分后，药师率人马并进，色未辨，已渡白河。而金人初见药师军亦惧，二太子斡离不（宗望）乃东向望日而拜，号令诸部即犯药师军。药师不意来犯，军稍却，是时两阵东西相对。药师从南而往，斡离不（宗望）与令徽、舜仁适相直。药师乘锐东去，鏖战三十余里，金人已北，而令徽乃先自遁，斡离不（宗望）力追之，已而舜仁亦遁。药师独至金人寨，凡数处竟无火以焚其垒，或谓药师曰：头重矣。药师遂回。初，药师

---

① 佚名：《大金吊伐录》，卷一《元帅府左副元帅右监军右都监下所部事迹檄书》，《笔记小说大观》第十编，中国台湾，台北新兴书局，1983年，第678—680页。

硬军三百人，所余一百二十人而已，其他军可知。[①]

郭药师战败而回，导致燕京城内恐慌情绪蔓延。有些官员甚至携带家属准备弃城南逃。一些明智的官员认为南逃并不能保证安全。因为，此时郭药师的败兵盘踞在卢沟桥和涿州之间，他们由于失败而情绪低落，并将愤怒发泄在平民身上，肆意掳掠杀人。

在明确了宋朝没有援军和粮草供给之后，郭药师的手下将领开始筹划投降金人。把守燕京东北门的刺史皇贲暗中派人到金军统领宗望那里，向他表示愿意充当内应打开城门并询问：

不知太子要生郭药师，要死郭药师？[②]

郭药师很快知晓这一阴谋。他并未诛杀皇贲，而是命令儒林郎王枢起草投降书。十二月初八，郭药师假意派人请蔡靖等燕山府主要官员来自己家中议事，之后软禁了他们。晚上，常胜军的食粮敢战等军四散劫掠燕京城。初十，金军抵达城下，郭药师开城投降。

无论如何，燕京是在进行过三河之战后陷落的，而燕京府之外的其他几个州县则令人大跌眼镜。

大军南向，是时泾州守郁中正为金人所囚，景州守吴震由海道而遁，蓟州守高公干、倅曾评率牙队南奔，檀州守徐杰倅黄文相继亦遁，顺州守林良肱倅路扩趋燕山，涿州守葛逢于此先遁，易州守黄烈坠城折其左足，人又折其右足而死。[③]

北宋在燕京的统治画上了句号。

---

① 徐梦莘编：《三朝北盟会编》，卷二十三，中国台湾，大化书局，1979年，第227页。

② 徐梦莘编：《三朝北盟会编》，卷二十三，中国台湾，大化书局，1979年，第227页。

③ 徐梦莘编：《三朝北盟会编》，卷二十四，中国台湾，大化书局，1979年，第230—231页。

## 朔州、武州陷落

十二月三日，宗翰率西路军出西京（今山西大同）南下。
金军首先指向朔州。朔州守将名叫孙翊：

（孙翊）勇而忠，出与之战，战未决，汉儿开门，献于金人。[①]

金军又进至武州：

汉儿亦为内应，遂失朔、武。[②]

这些倒戈的汉儿是北宋招募的当地壮丁。他们曾经是契丹的属民。但是，宋朝并没有处理好军队内部的矛盾。

初，宣抚司招燕云之民，置之内地，如义胜军等，皆山后汉儿也，实勇悍可用。其在河东者，约十万余人，官给钱米赡之，虽诸司不许支用者，亦听支使，久之，仓廪不足，以饥而怒，出不逊语。时我军所请，皆腐余，亦怨，道路相逢，我军骂辱之曰："汝，番人也，而食新；我，官军也，而食陈，吾不如番人耶？吾诛汝矣！"汉儿闻之惧，其心益贰，俟衅且发。[③]

北宋通过谈判拿回的两个州也被金人占领，随后宗翰开始进攻宋的代州。宋金战争进入新阶段。

---

① 徐梦莘编：《三朝北盟会编》，卷二十三，中国台湾，大化书局，1979 年，第 223 页。

② 徐梦莘编：《三朝北盟会编》，卷二十三，中国台湾，大化书局，1979 年，第 224 页。

③ 徐梦莘编：《三朝北盟会编》，卷二十三，中国台湾，大化书局，1979 年，第 224—225 页。

## 另外的可能

宋金海上之盟破裂后，由于发生了"靖康之难"：宋徽宗、宋钦宗被金人俘虏，黄河以北被金人占领。这一坏的历史结果导致后人对北宋联金攻辽的策略多持批评态度。在我看来，北宋至少有五种选择。

第一种选择：北宋谨守自备，对于契丹和女真的厮杀听之任之。

据邓洵武《家传》记载，当朝廷内掀起北伐呼声的时候，担任枢密院重任的邓洵武不断上书反对北伐。他向宋徽宗提出"宜保境息民，谨备自治，无启边衅"的主张。他的基本理由是北宋的兵力孱弱，不应该背弃盟誓，介入战争。他指出：

> 雍熙中，尝有此举。是时，曹彬出河北，潘美出河东。赵普在南阳闻之，上疏切谏，彬美卒无功而还。因出赵普疏本与曹潘传进读。曰：陛下审视今日谋政之臣，孰如赵普、将帅之良，孰如彬美甲兵精练，就如国初？以太宗之神武，赵普之谋略，彬美之为将，百战百胜，征伐四克而独於燕云乃尔。况在今日？何可轻议。且百年盟誓，一朝弃之，何以令吾必告敌国乎！诚恐兵革一动，中国昆虫草木皆不得休息矣。自西方用兵，禁旅减耗，近差郊祀立仗人不能足数，使天下常如今日，治安固无可言，设有风尘之警，可为寒心。[1]

听到这些后，宋徽宗有些犹豫。邓洵武提出他的主张：

> 宜保境息民，谨备自治，无启边衅，王黼言当兼弱攻昧，臣独谓不若推亡固存也。方今非独兵势如此，而又财用匮乏，民力凋弊，人皆知之，无敢言者，臣今取诸路廉访使者所奏，去年兵食实数，作旁通册。愿陛下置之御座，暗赐御览，则天下虚实可知。且与强女真为邻，孰若与弱契丹乎！[2]

---

[1] 徐梦莘编：《三朝北盟会编》，卷一，中国台湾，大化书局，1979年，第6页。

[2] 徐梦莘编：《三朝北盟会编》，卷一，中国台湾，大化书局，1979年，第6页。

在契丹内乱刚起的时候，北宋一度采取这种态度。但是高药师漂海而来后，北宋采取了联络女真人的策略。

第二种选择：帮助耶律淳。

在天祚帝逃奔阴夹山之后，北宋真定府安抚使赵适曾经向朝廷提议：

耶律氏既有沙漠，历年甚多。虏人习熟，贵其种类，设有奸雄，谁肯推服？仰惟朝廷与虏，兄弟之国，共守盟好，百有余年，今虏酋叔兄子弟众，若虏酋真遂不还，愿陛下用家人礼，特遣重臣，将命彼国，推急难之义，念外侮之虞，慰其宗族臣下，厚加抚劳，勉以忠孝、雪耻、戡难，就其虏酋叔兄弟子取虏酋之所爱，国人之所慕，择贤立孤，以主虏众。隆其恩礼，赐之封册，申结信誓，以继好息民，俾之知戴中国。虏既以中国为重，得存其宗社，则中国有大造于虏也。陛下虽不责报虏归故地，减岁币，必有一以报陛下矣。如是，则中国不待汗马之劳，遗镞之费，万无失一、而安享大利，机会之来，间不容发，伏望圣慈，特加采择，速奋睿断施行，实天下大幸。[1]

契丹随后发生分裂，控制南京的耶律淳称帝。耶律淳称帝之后，立刻派遣使者前往北宋加以通告，同时还主动提出免北宋岁币以示好。当北宋拒绝耶律淳起兵之后，派去招降使者，耶律淳曾经对赵处温透露出打算"称藩南朝，与卿等同保血属"。由于北宋兵临城下，可能使得耶律淳和大臣产生了心理障碍，从而未加施行。如果北宋承认耶律淳称帝的合法性，为了生存和回报，耶律淳所控制的南京成为北宋的藩属是有可能的。

第三种选择：帮助天祚帝。

天祚帝受到女真攻击，逃奔夹山，但是仍旧控制着西北和西南两路，具备一定实力。即使北宋受到正统观念的影响，拒绝承认耶律淳，也可以支持天祚帝。而天祚帝本人对依靠北宋也存在幻想。在一一一八年（天庆八年）契丹实力大减的时候，天祚帝曾经私下对左右说：

---

[1] 徐梦莘编：《三朝北盟会编》，卷五，中国台湾，大化书局，1979 年，第 46 页。

今日苟能却强敌、安宗社，使吾终身不失，亦足矣。若女真必来，我有日行三五百里马若干，又与大朝为弟兄，夏国为甥舅，皆可以归，亦不失一生富贵。[1]

一一二二年，天祚帝逃入夹山，西夏国主李乾顺派三万人马援助契丹。一一二三年，女真袭击天祚帝，天祚诸王、妃、女都成为俘虏，天祚帝逃奔云内州，西夏遣使请求天祚到他那里。这固然是因为双方之间有姻亲关系（天祚帝将族女耶律南仙封成安公主下嫁李乾顺），另外，更主要的是西夏较早意识到女真的威胁甚于契丹。西夏援助契丹也并非固执不变。当西夏遭受到军事打击并收到女真发出的笼络条件后，李乾顺抛弃了天祚帝从而换得土地和地位。

第四种选择：契丹分裂之后，不要急于进兵。

契丹分裂之后，北宋不急于进兵。而是驻兵北界，引而不发，使契丹能够全力抵抗女真。待其独立击退女真之后，契丹两派必然内讧，此时北宋可以收卞庄刺虎的利益。这一策略由一个名叫翁彦深的官员指出：

今辽主犹存，而守燕者自立，此其乖乱之时也。徒以女真内侵，隔绝其间，是以未至争国。为吾之计，莫若驻师境上，养威饬备，俟女真退却，匈奴两主必且交兵，吾勿有所助，彼兵挐不解，人畜耗尽，猛敌时发，势力皆穷，当有款塞称臣者，然后抚而定之，使向风慕义，永为宋藩。[2]

第五种选择：各守所得。

在北宋举兵之后，虽然屡次兵败，但是契丹瓦解，涿州和易州主动投靠北宋。北宋朝廷如果意识到形势已经远远不同于海上约定之时，可以选择各守所得，放弃原来海上约定。这一点在双方谈判燕京赋税时，马扩向

---

① 徐梦莘编：《三朝北盟会编》，卷二十一，中国台湾，大化书局，1979 年，第 198 页。

② 胡寅：《斐然集》，卷二六，《右朝奉大夫集英殿修撰翁公神道碑》，长沙岳麓书社，2009 年，第 553 页。

宰相王黼提到：

> 燕地乃中国北户，自祖宗以来有志恢复。比者海上交结女真，已许割还。但因刘延庆遁走，失入燕之机会。今女真先入据之，轻我兵弱，已肆侮慢。当此形势，于复地未为急，而防后患乃急务也。愚请于复地之间，条画徐制女真三策，以杜后日之患：若女真果以山前山后故地故民，尽还本朝，将用我故民，守我故地，关山险阻，易为捍御，虽倍益岁赐，则所入足偿所出，得以复境土而绝後患，是为上策。倘女真必欲割留平滦营三州，不全归燕地，则宜各守所得，彼得燕山使守燕山，我得涿易，即守涿易。比类高丽、夏国，少益岁赐，彼必欣然听命。若虑日后侵陵，则于广信以北，横斜多筑城垒，严屯军马，仍开掘涿易两河，为塘泺，连接沮洳，直抵雄霸，彼来则御之，退则备之，是为中策。若且听金人奉圣州之约，止割燕京六州二十四县，全与契丹旧币，姑苟目前之利，徐为善后之计，是为下策。[①]

马扩的建议被王黼否决，他向马扩表明，下策恰恰是朝廷认为的上策，不仅如此，还要增添给金人许多财物。北宋由于贪求燕京土地而军事力量不济，所以在谈判中对于女真的索求无不应允，进一步加深了女真对于北宋国力外强中干的认识，为其寒盟南下提供了胆量。

除了以上五种可能之外，对于北宋的进攻策略还可以讨论一下。宣和之战北宋两次进军都采取了直攻南京的方式。那么北宋是否可以像李存勖消灭刘守光那样进军：剪除羽翼，后拔巢穴。在女真进攻契丹时，契丹内部已经开始四分五裂，如果北宋先进攻较易攻克的外围军州，最后包围南京，是否结局会有所不同呢？另外，北宋初年双方交战始终在河东与河北两个方向同时展开，宣和之战是否一定寻求在南京方面而非在河东方向的突破？这些都值得商榷和重新考量。

总而言之，北宋收复燕京的军事行动中面临着很多选择和机会，但是

---

[①] 徐梦莘编：《三朝北盟会编》，卷十三，中国台湾，大化书局，1979 年，第 118 页。

宋徽宗和他的主政大臣们却选择了联金攻辽。历史证明，这一选择的结局非常糟糕。当然，将宣和之战的责任推诸宋徽宗君臣也不应该，就如元代刘因《白沟》一诗中所言：

宝符藏山自可攻，儿孙谁是出群雄。
幽燕不照中天月，丰沛空歌海内风。
赵普元无四方志，澶渊堪笑百年功。
白沟移向江淮去，止罪宣和恐未公。

第九章

战略要地

　　从残唐五代至金朝兴起，燕云十六州两百多年的历史，如前所述。我们可以结合燕云十六州的这一段历史，提出一些问题并试图给出一些答案。首先，我们将战略要地的概念加以实例化，即将其放在具体的各种因素之后进行考量。在这里，我们结合北京地区的具体情况来谈战略要地：什么是战略要地；成为战略要地的先天条件有哪些；战略要地的主要功能；战略要地地位的升降情况；如何经营战略要地以及如何在和平时期利用战略要地，等等。

# 一、战略要地的简单定义

我们所说的战略要地是指，相互冲突的政治力量为取得军事优势而必须加以占领的地区。

连接文化核心区域的通道地带是战略要地的主体。因此，处于通道地带是能否成为战略要地的先天条件之一。而通道地带有两层含义。

第一层含义，通道地带的本质在于连接两个或多个核心文明区域。文明核心区域的重要性（广义的）越强，该地的战略意义越大。全球性的文明层面上的核心区域，其通道地带的战略意义最大。

第二层含义，通道地带的地形必须足够险要。通道地带是由控制通道的一系列据点和前置基地构成的。据点通常位于狭长的山谷通道两端、中间某一处或河流的渡口。前置基地则位于通道之外，从通道涌出的军队可以安全进入该基地之内，同时它又能依靠自身的防守力量坚守以等待后方的援军抵达。据点和基地相互支撑，据点为基地提供缓冲时间，基地为据点提供后勤保障。因为，如果通道地带是一片坦途，易攻难守，那么它基本上不能成为战略要地。当然，即使位于核心文明之间的通道地带，也不意味着一定是战略要地，因为，没有不同政治力量的相互冲突，就无所谓战略要地。所以，通道地带必须处于不断的冲突前沿。这是成为战略要地的第二个条件。

## 二、北京地区满足作为通道地带的条件

北京地区是十足的通道地带。首先，北京地区位于三大文明——农耕文明、游牧文明、渔猎文明——的交会边缘。北京的南边是农耕文明核心区。东亚农耕文明的核心区即中原地区。狭义的中原主要指华北区。放在游牧、渔猎与农耕的大概念下，东亚农耕文明的核心区则还应该包括华中和华南地区。这个区域的北部边界，大致沿着3000℃活动积温等值线与东北区和内蒙古区接近；西部在黄河青铜峡至乌鞘岭一带与西北相接，从乌鞘岭向南沿着祁连山东麓、姚河以西至白龙江；东部至大海。这个农耕区域内分成南、北两部分，北方以黄河流域的中部为中心，南部以长江流域的中部为中心。这个区域的人们聚族而居，利用灌溉技术，开发最好的土地，种植谷物。北京的北面是游牧文明的核心区。这个区域的南界与活动温度积温3000℃等值线相当，这个草原地带横贯亚欧大陆，东抵大兴安岭，西至欧洲的克里米亚，北界俄罗斯中部以及西伯利亚的北部大森林地带。就中国古史所记载，以外蒙古戈壁滩分界为漠南和漠北。这个区域内分布着质量不等的草原，既有林间草原、沙生草原，也有针茅草原、冷蒿草原。生活在这个区域内的人们主要是马背上的游牧族裔，包括上古的匈奴、柔然、突厥。他们逐水草而居，放牧牛羊。北京的东北边是渔猎文明核心区。从历史地理的角度看，其范围应该跨越今日的国境线延伸扩展，

向北与北冰洋的苔藓地带相连接，东北延伸到大海。就国境内东北区而言，其地势呈现环状，最外一环是黑龙江、乌苏里江的河谷地带，西部山地以大兴安岭为主干，东部与伊勒呼里山、小兴安岭等山地连接；在山地间环抱松嫩平原，东部松花江下游和乌苏里江左岸是三江平原。南部与华北区的辽东半岛接界。东北区可以分为大兴安岭北部区、小兴安岭及东部山地区、松嫩平原区。这个区域内的民族属于肃慎—东胡系统，包括上古的肃慎、东胡（公元前三世纪至公元三世纪），高句丽（公元一至七世纪），鲜卑（公元三至四世纪），靺鞨（公元六至七世纪），以及建立了辽的契丹与奚族等。在这里，农耕之外的经济活动比中原要更丰富。采集浆果和坚果，打猎和捕鱼是这些族裔重要的生活物资来源。北京地区处于这三个文明形态的交界带，因而形成了独特的燕代（赵）文明。（见图9-1）

图9-1　北京地区位于游牧区、渔猎区、农耕区的三区交会处

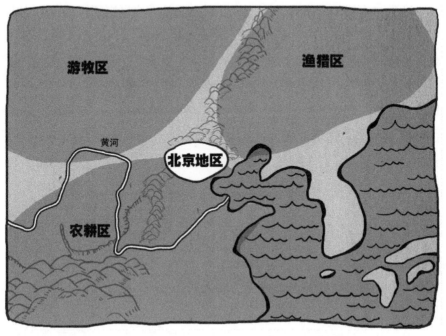

其次，北京地区的山水形胜构成符合通道地带特征。北京的西面
是太行山，北面是燕山山脉，在这两道绵长雄峻的山脉之间，仅有少
数崎岖狭隘的通道，把其他两个文明核心区与北京南方的农耕核心区
连接起来。（见图9-2）

图9-2　北京的交通图，太行山八陉，北部设有五个关口

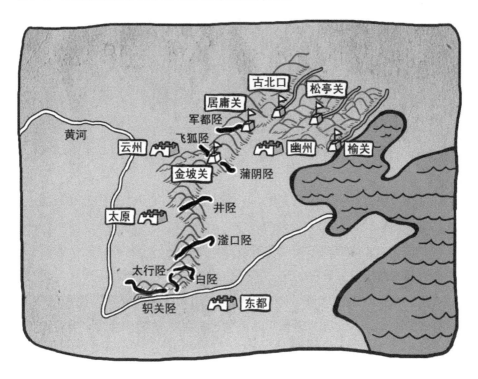

## 三、北京地区处于始终不断的冲突地带

没有冲突，就没有战略要地。只有不断的冲突，才凸显出战略要地的重要性。

在古代，北方族裔不断南下进攻农耕地带是一个常态。关于为什么北方民族会不断南下，众说纷纭。按照传统些的看法，如司马迁认为北方族裔只是在生活艰难的时候，才南下掠夺，这种掠夺具有偶发性和间歇性。也有一派人认为，北方族裔南下是因为他们生性贪婪。当然这都是比较传统的看法。

现代研究中一种看法认为，草原民族无法自给自足，因而需要不断从外部获取生活必需品；[①]另有一种说法是草原政权需要通过掠夺和贸易获得财富，以构建政治体系。[②]还有一种看法从气候的冷暖干湿变化入手，研究北方民族南下，认为北方的气候周期性由温暖湿润转向寒冷干旱，使地处干旱半干旱地区的游牧民族面临牧草枯竭、水源干涸、生态环境恶化的

---

① 谷苞总编：《西北通史·序言》，兰州大学出版社，2005 年，第 1 页。

② 蔡凤林：《游牧民族军事性形成原因初探》，《中国边疆史地研究》，1996 年第 4 期，第 108 页。

严重威胁，于是向南部的农耕世界发起攻击，寻找扩大新的宜牧地区。尤其到封建社会后期，由于寒冷气候周期的延长和寒冷程度的加剧，促使北方游牧民族向农耕世界深入进攻，出现了北方游牧民族统治农耕世界的统一王朝。[①] 这些解释见仁见智。不过，草原民族南下的现象是常态的，即冲突是不间断的。

我们简略回顾契丹崛起以前草原上的势力更替，以理解北京地区此时相对次要的战略地位。

匈奴是战国末期草原上兴起的第一个统一的政权。其统治区域东达辽河、西至葱岭，北抵贝加尔湖，南达长城。而它面对的是中原的两汉政权，双方战争不断，直到九一年，东汉大破北匈奴于金微山，北匈奴单于率部逃亡乌孙和康居，匈奴政权瓦解。

北匈奴溃败之后，东胡系的鲜卑控制了漠北。一五六年，檀石槐被选为鲜卑的最高首领。他南抄汉边，北拒丁零，东却扶余，西击乌孙，尽据匈奴故地。东西一万二千余里，南北七千余里。到二三五年，幽州刺史王雄奉魏明帝曹丕的命令，派遣刺客刺杀了鲜卑大人柯比能，此后，鲜卑种落离散。

鲜卑之后，柔然势力在草原上崛起，其势力西至焉耆，东达朝鲜，北穷瀚海，南临戈壁滩。而此时的中原处于西晋十六国时期，内迁中原的少数族裔（匈奴、鲜卑、羯、氐、羌）借着朝廷内讧崛起，纷乱扰攘之后，拓跋鲜卑以平城为根据地崛起，统一黄河以北，对抗更北方的柔然。

柔然在草原上的统治时期较为短暂。其最终被突厥人取代。南部的中原政权也经过了北魏—北周、北齐—隋、唐的演变。南北双方相争长达三个世纪。七四五年，东突厥第二汗国的最后一位可汗白眉可汗被回纥人杀死后，突厥在草原的统治结束。

取代突厥回纥人统治区域东极室韦，西至金山，南控大漠，尽得古匈奴地。而与之相对的唐朝经过安史之乱，处于虚弱状态，经常受到回纥的敲诈勒索。八四〇年，回纥帝国受到黠戛斯部落的攻击而覆灭。

---

① 王会昌：《2000 年来中国北方游牧民族南迁与气候变化》，《地理科学》第 16 卷第 3 期，1996 年 8 月。

纵观唐代之前的南北冲突有几个特点：

一、汉代的匈奴、汉末三国时期的鲜卑、元魏时期的柔然，隋唐时期的突厥、唐中期之后的回纥王庭，这些政权多以中部大草原为核心统治地带。相对应地，中原政权大体以西安和洛阳为统治中心。

二、草原政权与中原政权之间的分界大体以长城为界。它不是一条纯粹的线条，其中间存在过渡带。这反映在历代修建的长城南北有所波动上。

三、双方的分界线即是南北冲突线。这条冲突线大致呈东西向延展。东起大海、西至新疆的绿洲。由于第一个特点，在南北争斗中，长城线中段是最重要战略地区，而东部和西部处于相对次要地位。因为草原力量常常取道陕西或山西太原南下进攻长安或洛阳。

基于以上几条，北京地区的战略重要性相对不高。不过，九世纪和十世纪之交，北京地区战略地位却得到极大提升。

## 四、北京地区战略地位重要性极大提升的两个因素

五代十国和两宋时期，开封汴梁成为中原政权的首都，这是北京地区战略地位极大提升的一个因素。

开封城的历史可以追溯到战国时期魏国的都城大梁。公元前二二五年，秦将王贲利用河水灌城，大梁城遭受严重破坏。在沉寂了几百年后，它又从隋代运河中获得新生力。七六四年，唐代刘晏改革了江南赋税漕运到京师的办法，改直运为分段接运。运河各段上漕运船只以十艘船为一纲，江南段的船只不入汴水，汴水段的船只不入黄河，黄河段的船只不入渭水，各段在各交接之地修建粮仓，贮存运来的漕粮。七八二年，唐朝廷又以汴州为中心，设立东西两个水路运盐铁租庸使。汴州成为重要物资中转站。安史之乱后河北藩镇时叛时服，为保护京城生命线，唐朝廷将汴州城扩大为周长二十里一百五十五步的坚固堡垒，同时，宣武军节度使的治所也从宋州（今商丘）迁至汴州，驻军达十余万。唐末时期，汴州这一王室屏藩最终沦落为军阀割据势力，并成为朱温的崛起之地。

九〇七年夏四月，汴州集团的朱温废黜傀儡皇帝唐昭宗，自立为帝，建梁朝（史称后梁），并升汴州为开封府，建名东都。而唐代的东都洛阳

改为西都，唐代的西京改为雍州佑国军节度使。后唐灭后梁之后，以洛阳为都城，汴梁都城地位被废。石敬瑭攻灭后唐之后，初都洛阳。但是到九三八年（天福三年），他将都城迁往汴梁。汴梁的都城地位重新确定下来。实际上统治者没有更多的选择。昔日传统的、具有战略地位的都城长安和洛阳被战乱蹂躏得残破不堪。如石敬瑭定都诏书中所言：长安和洛阳处于战伐之余，伤残之后，漕运不给，而汴州有漕运之便，万庾千箱之地。建都之法，务要利民，选择汴梁定都是合宜的。后汉、后周因汴梁为都而未改。

宋太祖赵匡胤曾经起念迁都。在平定南唐之后，宋太祖赵匡胤亲到洛阳举行了郊祀活动，提出迁都。但是这一提议遭到大臣们的反对。一名叫李符的大臣上书，提出迁都的八种困难：京邑凋弊、宫阙不完、郊庙未修、百官不备、畿内民困、军食不充、壁垒未设、千乘万骑，盛暑从行。宋太祖没有回应李符。他的弟弟晋王赵光义也反对迁都，当面劝谏。宋太祖赵匡胤进一步告诉赵光义迁都设想：先迁到洛阳，最终迁到长安。还向他解释迁都的依据是想据山河之险而去冗兵，循周、汉故事以安天下。晋王赵光义坚决反对并宣称：都城在德不在险。赵匡胤不得不最终放弃迁都，汴梁的京师地位确定下来。

从地理形势看，开封建都并不符合传统中国立都据险的原则。宋代秦观在《安都》一篇文章中讨论过汴梁的地理形势，他说：

> 开封地平，四出诸道辐辏，南与楚境，西与韩境，北与赵境，东与齐境，无名山大川之险，而汴、蔡诸水参贯其中，车错毂击，蹄踵交道，舳舻衔尾，千里不绝，四通五达之郊也。故其地利战，自古号为战场。[①]

汴梁周边没有天然屏障，属于四战之地，因而较远的燕山和太行山反而成为其最近的地理屏障。

结合我们提到的燕山和太行山通道，可知从长城以外攻击汴梁的途径

---

① 秦观著，徐培均注：《淮海集笺注》卷一三，《安都》，上海古籍出版社，1984年，第522页。

不外三条：一条途径是突破燕山一带，抵达北京后南下；一条途径是先攻破或占据山西，沿太行八陉东出华北平原，然后南下；一条途径是先攻破或占据山西，沿太行八陉南下，绕道洛阳东进。这三条路线均有使用，分别是后唐灭梁、后晋灭唐、后汉夺取汴梁。

相较于唐代以前，取道陕西或山西进攻西安或洛阳，形势已然不同。而且，契丹崛起更加重了北京地区在战略地位上的重要性。

在回鹘政权覆亡之后的半个世纪内，草原地带处于强权空当期。公元九世纪与十世纪之交，在耶律阿保机的带领下崛起于东北农耕与游牧的杂错地带崛起。与此前草原帝国不同，契丹的统治核心区更偏东北，其南下路线以取道北京地区为近，势必使北京地区在战略地位上更为吃重。因此，北京地区战略地位得到极大提升。

## 五、通道地带战略要地的三个功能维度

通道地带性质的战略要地是点、线、面的结合。一个通道地带的战略要地需要实现在战争中的三个功能，即防御的阻滞功能、进攻的跳板功能、资源功能。

### 防御的阻滞功能

有很多原因需要阻滞敌人的进攻。受攻击方战争准备不足，需要一定时间进行战争动员；消耗强敌的战斗有生力量，平衡双方之间的差距等等。在冷兵器时代，自然障碍的阻滞作用更为强大：高大的山脉、深而湍急的河流都可能形成无法逾越的天险。人工建筑的工事也可以形成敌人前进途中的障碍，特别是堡垒式城镇。有充足的兵力、粮食储备的城镇横亘在敌人前进的必由之路上时，前进中的军队需要时刻为自己的后方及物资供应担心。

以幽州城为中心的北京地区，其对于防御一方而言，其具有对进攻之敌的阻滞功能。一个例子是九一六年，耶律阿保机以三十万之众南下，河东镇将领周德威野战失利之后，退守幽州城。耶律阿保机围困它长达二百

多天，各种攻城战术均有使用，但是幽州城的防守仍然屹立不倒。这半年多的时间给在南部与后梁作战的李存勖充足的时间考虑、处理平衡两条战线的问题，最终从南部战线抽调七万人马援救幽州。因为幽州城的坚守，在援军抵达之前，耶律阿保机已经将主力部队撤离。正是幽州城的阻滞作用保护了后晋的北方防线。幽州对于中原政权有这样的功用，同样对于北方政权的作用也一样。如北宋初年两次北伐，幽州城都成为契丹阻滞宋军北进的坚固堡垒，从而使得其有时间从长城以外聚集兵马驰援，然后里应外合，击败宋军，使得北宋夺回燕云十六州的战略流产。


## 进攻的跳板功能


所谓战略要地的跳板功能是基于保持军队战斗力的考虑。如果能在靠近战场的地方安全地集中兵力，就能节省士兵的体力和物资成本，从而保持军队的战斗力。尤其是当敌人与己方之间存在地形上的不便的时候，前出于障碍地带之外军事据点的优势就更明显。军队可以轻松在自然障碍地带中行军，而非必须经过艰苦战斗。

北京地区在进攻时期的跳板作用在契丹与中原政权的战争中表现最为明显，以至于在元代编修《辽史》的时候，对契丹南下几乎进行了规律性的描述。基本上的路线是：朝廷在鸳鸯泊附近南伐点兵（发布征调命令），然后各路南下兵马从居庸关、曹王峪、白马口、古北口、安达马口、松亭关、榆关等路越过燕山山脉，聚集在幽州，然后兵分三路，分别取道广信军、雄州和霸州方向，南下进攻，分进而合击大名府（唐代魏州）。对于契丹而言，其可以轻松越过燕山障碍地带，以幽州为前置军事跳板，组织南下进攻。在这一军队的聚集过程中，契丹军队在通过燕山山脉时，士兵的体力和精神基本上无所耗费，而且能在幽州进行短期休整。幽州的前出位置使得契丹军队保持了良好的战斗状态。

## 战略要地的资源功能

战略要地的资源功能是指，当战略要地涵盖足够大的区域，则该区域内存在的既有资源：人口、食物和产品，获得该地本身就具有巨大的利益。而且，通过区域治理还可以获得向军事力量转化的财力、物力和人力价值。

在辽代，包含北京在内的燕云十六州人口占很大的比例。这一点，从五京乡丁的数目上可见一斑。辽国五京乡丁是契丹兵力来源之一，按照《辽史》记载，辽国五京乡丁总数为一百零二万六千一百人，而南京和西京乡丁约八十万，其中南京乡丁五十六万六千，西京乡丁三十二万二千七百人。相较于北宋，元丰年间河东、河北与陕西的整个北部保甲数目不过都保三千二百六十六，正长、壮丁六十九万一千九百四十五，而不及辽的西京和南京。

与畜牧业相比，农业生产相对平稳且可预见。燕云十六州是传统的农耕区，水甘土厚，蔬果、稻粱、桑柘、麻麦之类，靡不毕出，它的取得改变了契丹军队依靠掠夺（打草谷）获得补充的模式，逐渐完善了国家粮食储备和军队后勤供应制度。史料记载，北汉政权曾经因为粮荒向契丹乞援，契丹一次性赐粟二十万斛。如果没有燕云地区，契丹想要提供数目如此庞大的粮食援助是不可能的。

除了人口和粮食，燕云十六州地区还有盐、铁之利。契丹在未取得燕云地区的时候，多用池盐，其盐池在炭山（后魏滑盐县，闻名可知其特产）。石晋献十六州之地，契丹得到煮海之利，于是置榷盐院于香河县，燕云以北得以食用沧州海盐。契丹产盐极多，私盐贩子甚至将之倒卖到北宋地面，以致影响北宋食盐专卖的利润，于是北宋制定了倒卖食盐五十斤处流刑、一百斤则上报朝廷处置的苛律。金属手工业是契丹族强项，铁器既是农业生产工具，也是军事装备的基础材料。在未取得燕云地区时候，契丹铁器产地主要是渤海故地。辽太祖征伐幽、蓟，在该地山区发现新的铁矿，设置了冶铁官。近年来在河北以及北京昌平发现了辽代冶铁遗址群，规模巨大。铁的产量也很大，也有人将之走私到北宋，辽朝野曾经下令南京（也就是北京）不得私自售卖铁。

除了人口、粮食、盐铁这些封建时代统治的最基本资源，燕云十六州是瓷器生产、布料服装生产、金银奢侈品生产中心，为契丹雄踞中国北方提供了丰厚的物资基础。

## 六、和平时期对战略要地的运用

战争与和平总是交替出现。在战争时期，通道地带战略要地可以实现其防御的阻滞功能、进攻的跳板功能、资源功能，契丹在关南十县和河东地界上的表现则向人们展示出如何在和平时期运用占据战略要地的优势以获取利益。这种利用战略优势获取利益而不爆发战争可以看作是利益讹诈，即借助弱势一方对战争的恐惧获得有形、无形的利益。从契丹的表现可以得出利益讹诈的几条原则：

利益讹诈的核心在于使弱者相信强者战争的现实性。在两次争端中，契丹都有意无意地表明不排除通过战争解决双方争端的方式。当然，契丹朝廷并没有发表声明，而是借助各种军事动作、传言，透过北宋在契丹的间谍眼线，使北宋产生战争威胁存在的印象。事实上，北宋初年契丹屡次南下表明发动一次战争对北方而言并非难事，关键在于契丹愿意为什么去破坏和平。战争是解决双方不可调和的矛盾的最后手段。从历史的经验看，地盘矛盾是最容易上升到战争层面的争端。尽管有运用谈判以取得某些地盘的先例，而且宋太祖曾经准备大量的财物（名为封桩库），以备赎买燕云十六州，但是，他自己也不十分确定能够达成目标。无疑地，战争才是最频繁、最主要的手段。而契丹所借用的争端点，关南十县和河东地界都关乎地盘，因此北宋有理由相信契丹会在这样的事情上动武。

讹诈方可以提出多重利益目标，而这些利益目标存在层次性，使得被讹诈一方看到可以接受的部分。保持弹性是利益讹诈的要诀。土地争端的早期，契丹方面的要求都属于狮子大张口。在关南十县提出石敬瑭时期原割之地及北汉小朝廷的整个河东地盘，然后缩小为关南十县，继而胡搅蛮缠要求和亲，最终以取得金帛了事。契丹方面不可能不知道他们对北汉地盘的要求北宋根本不可能理会，但是，他们仍旧将之写入正式的国书。我们只能将之理解为，契丹精心导演了这一争端。其基本思路是漫天要价，就地还钱。利用诉求的多层次性，保持谈判的弹性，从而实现利益讹诈的目标。当然，利益目标的层次性不能无限延伸，以致看上去微不足道。

利益讹诈会给和平局面带来一定的困境，而且可能给弱者的心理造成创伤。这在北宋屡次被讹诈后表现得比较明显。一方面是做出让步而到来的屈辱感，另一方面又有对现实的无力感。这样的心理状态能够酝酿成心结，并导致了北宋末年的宣和之战。由于北宋末年的军事行动对辽的伤害不大，对契丹所施行的利益讹诈加以评价变得比较困难。强者不为自身对弱者的不道德行为而承担后果，这更像是集团或组织之间交往中的现实。

## 七、战略要地经营的长期性与延续性

对于战略要地的经营是一个长期的、深谋远虑的结果。积极研究双方的冲突性质、识别敌我之间的通道地带，形成战略构想，然后进行长期不懈的军事斗争，利用一切可能的机会、制造机会占领战略要地。这要求保持政策的连续性以及代际之间几乎同等的意志力。

从契丹方面看，其经营北京地区（或者中原地区）始于辽太祖耶律阿保机。与之前痕德堇可汗时期掠夺财物相比，耶律阿保机更深入地介入到中原事务中，与河东李克用父子结盟打击刘仁恭势力，又利用与后梁的关系牵制河东势力。而且，他已经从掠夺财物阶段进化至夺取州县并占据它们。

耶律阿保机东征西讨解决了契丹南下的后顾之忧，在临死前明确了南部战略：一条是以黄河为界线（最大限度的），一条是以镇州为界限（最低限度的）。只是由于他的去世，我们才没有机会观看他如何实现自己的战略构想。

耶律德光不仅仅是耶律阿保机战略构想的忠实执行人，而且，他还得到了耶律羽之的帮助。在耶律羽之的迁徙渤海故民的建议中，明确了契丹南下的战略目标：统一天下，坐制南邦。这一目标实际上扩展了耶律阿保机的契丹战略。当然，耶律阿保机也许有同样的雄心，而仅仅表达出割占黄河以北而已。

目标已经提出，但是如何达成目标才是实际的问题，耶律德光先介入后唐内部河东与朝廷的内讧，并册封石敬瑭为中原皇帝，这一做法开北方册立中原政权领导者为皇帝的先河。而且，作为回报，他轻易获得了燕云地区。石敬瑭政权忍辱负重地向契丹提供大量财物以保持双方的关系，我们不能够将这一时期的和平理解为耶律德光欲望已经满足，从而放弃了耶律羽之规划、他所赞同的战略。因为，在石重贵与他的关系恶化后，耶律德光举兵南下，而且经过三次战争才攻占汴梁。在灭晋战争中，虽然他时时利用赵延寿等人企图效仿石敬瑭而立为帝的野心，但是，耶律德光最终的目标是称帝中原，建立草原—渔猎—农耕的三元帝国。他实现了称帝的目标，但是由于处置失当，功亏一篑。灭晋的成果为后汉刘知远轻易获得。

耶律德光之后的契丹皇帝似乎没有继承耶律德光的大战略，而是满足于既得利益。但是，他们对于坚持占据燕云地区的底线有共同认识，即便是常年酒醉不醒的辽穆宗，同样如此。

耶律德光称帝中原，建立草原—渔猎—农耕的三元帝国的大战略的最后一次灵光再现，是宋太宗重熙北伐失败后，名将耶律休哥曾经力劝萧太后乘势南下，攻占汴梁，但是，萧太后并没有听从他的意见。澶渊之盟的达成，意味着北宋对耶律阿保机时代已经提出的、最低限度战略的最终确认，同时也意味着契丹对建立三元帝国大战略的放弃。从耶律阿保机时代到澶渊之盟的达成，契丹南下战略历经数代君主，坚持施行了近一百年。

相对应地，从燕云地区的争夺结果看，中原政权除了在后周世宗柴荣时期而外，多半处于劣势。这种劣势固然是受到中原和南方四分五裂的影响，但是，另一方面也让我们看到军事争夺的不确定性，即优劣势是随时代变化的，而且很难衡量。以耶律阿保机之强，河东李存勖尚能与之拮抗幽州城下。耶律德光第三次南下灭亡晋，但后晋也数次在野战中击败契丹。反观北宋，无论太宗时期还是徽宗时期，人口不可谓不多，财物不可谓不丰，兵丁数目也不可谓不众，但是宋初两次北伐、宋末两次进攻均告无功。但是，我们从成功者的角度看，军事斗争是获得战略要地的唯一途径。敢于诉诸战争，是参与战略要地争夺棋手的入门券。举而必成，谋定后动是优秀棋手的标志。

以上是从燕云十六州争夺历史中得到的一些浅见，希望起到抛砖引玉的作用，使得我们能深入到历史的细节，从坚实的地方出发，审视我们的过去，从而能举一而反三。从现实的、更宏观的视角，研究通道地带战略要地以及相关的一系列问题。

附

录

# 附录一　重大事件王朝对照表

| 辽—金 | 中原王朝<br>（或割据政权） | 围绕燕云十六州的<br>重大事件 |
|---|---|---|
| 耶律阿保机<br>早期<br>（901—907）<br>（907—926） | 唐<br>（幽州镇、河东镇） | 后唐初期，耶律阿保机蚕食平州、天德军等地。后唐明宗继位，耶律阿保机提出两套方案。 |
| | 后梁<br>（907—923） | |
| 太宗耶律德光<br>（926—947） | 后唐<br>（923—936） | 石敬瑭为取代后唐，借兵契丹，并割让燕云十六州。<br>晋末帝石重贵与契丹决裂，耶律德光三次南下，最终灭掉后晋，并在中原称帝。 |
| | 后晋<br>（936—947） | |
| 世宗耶律阮<br>（947—951） | 后汉<br>（947—951） | 945 年，耶律德光病逝，后汉刘知远夺取契丹在中原据点。 |
| | 后周<br>（951—960） | |
| 辽穆宗耶律璟<br>（951—969） | 北宋太祖<br>（960—976） | 后周世宗柴荣夺取两州和三关宋太祖时期雄州和议。 |

| 辽—金 | | 中原王朝<br>（或割据政权） | 围绕燕云十六州的<br>重大事件 |
|---|---|---|---|
| 辽景宗耶律贤<br>（969—983） | | | 宋太宗第一次北伐和辽景宗三次南征。 |
| 辽圣宗耶律隆绪<br>（983—1031） | | 宋太宗<br>（976—997） | |
| | | 真宗<br>（997—1022） | 宋太宗第二次北伐和辽圣宗三次南征。<br>真宗时期，辽圣宗五次南征并签订澶渊之盟。 |
| 辽兴宗耶律宗真<br>（1031—1055） | | 仁宗<br>（1022—1063） | 宋仁宗时期发生关南十县之争。 |
| 辽道宗耶律洪基<br>（1055—1101） | | 英宗<br>（1063—1067） | 宋神宗时期发生河东地界之争。 |
| | | 神宗<br>（1067—1085） | |
| | | 哲宗<br>（1085—1100） | |
| 辽天祚帝耶律<br>延禧<br>（1101—1125） | 金太祖<br>（1113—1123） | 徽宗<br>（1100—1125） | 宋徽宗联金灭辽。<br>通过与金太祖谈判，获得燕山府等地。 |
| | 金太宗<br>（1123—1135） | | 金太宗时期金兵南下，占领宋地。 |

# 附录二　辽室帝系表

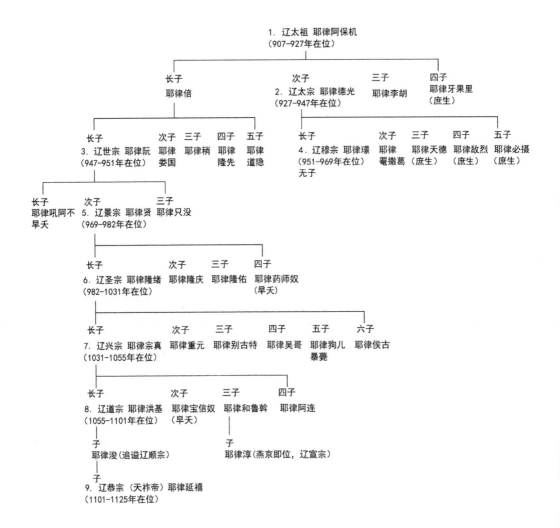

1. 辽太祖 耶律阿保机
（907-927年在位）

长子
耶律倍

次子
2. 辽太宗 耶律德光
（927-947年在位）

三子
耶律李胡

四子
耶律牙果里
（庶生）

长子
3. 辽世宗 耶律阮
（947-951年在位）

次子
耶律
娄国

三子
耶律稍

四子
耶律
隆先

五子
耶律
道隐

长子
4. 辽穆宗 耶律璟
（951-969年在位）
无子

次子
耶律
罨撒葛

三子
耶律天德
（庶生）

四子
耶律敌烈
（庶生）

五子
耶律必摄
（庶生）

长子
耶律吼阿不
早夭

次子
5. 辽景宗 耶律贤
（969-982年在位）

三子
耶律只没

长子
6. 辽圣宗 耶律隆绪
（982-1031年在位）

次子
耶律隆庆

三子
耶律隆佑

四子
耶律药师奴
（早夭）

长子
7. 辽兴宗 耶律宗真
（1031-1055年在位）

次子
耶律重元

三子
耶律别古特

四子
耶律吴哥

五子
耶律狗儿
暴薨

六子
耶律侯古

长子
8. 辽道宗 耶律洪基
（1055-1101年在位）

次子
耶律宝信奴
（早夭）

三子
耶律和鲁斡

四子
耶律阿连

子
耶律浚（追谥辽顺宗）

子
耶律淳（燕京即位，辽宣宗）

子
9. 辽恭宗（天祚帝）耶律延禧
（1101-1125年在位）

# 附录三　参考文献

## 一、史料与专著

［宋］欧阳修：《新五代史》，中华书局，1974 年。

［宋］薛居正等：《旧五代史》，中华书局，1976 年。

［元］脱脱等：《辽史》，中华书局，1974 年。

［元］脱脱等：《宋史》，中华书局，1977 年。

［宋］司马光：《资治通鉴》，中华书局，1956 年。

［宋］李焘：《续资治通鉴长编》，中华书局，1995 年。

［宋］徐梦莘：《三朝北盟会编》，中国台湾，大化书局，1979 年。

［宋］叶隆礼：《契丹国志》，上海古籍出版社，1985 年。

［宋］王溥：《五代会要》（五代史书汇编），杭州出版社，2004 年。

［宋］王禹偁：《五代史阙文》（五代史书汇编），杭州出版社 2004 年。

陈述辑校：《全辽文》，中华书局，1982 年。

向南编：《辽代石刻文编》，河北教育出版社，1995 年。

任继愈主编：《中华传世文选·辽文存、金文雅、元文类》，吉林人民出版社，2000年。

　　［宋］乐史撰：《太平寰宇记》，中华书局，2007年。

　　［宋］王存主编：《元丰九域志》，中华书局，1984年。

　　［宋］王象之编，《舆地纪胜》，中华书局，1992年。

　　顾炎武著，黄汝成集释，栾保群校注：《日知录集释》，上海古籍出版社，2013年。

　　陶懋炳：《五代史略》，人民出版社，1985年。

　　陈述：《契丹政治史稿》，人民出版社，1986年。

　　朱玉龙编：《五代十国方镇年表》，中华书局，1997年。

　　傅海波等主编：《剑桥中国辽西夏金元史》，中国社会科学出版社，1998年。

　　张纪仲：《山西历史政区地理》，山西古籍出版社，2005年。

　　王曾瑜：《辽金军制》，河北大学出版社，2011年。

　　何炳棣：《黄土与中国农业的起源》，香港中文大学出版社，1969年。

　　勒内·格鲁塞：《草原帝国》，商务印书馆，1998年。

　　中国台湾三军大学编：《中国历代战争史》（五代十国）第十册，军事译文出版社，1983年。

　　中国台湾三军大学编：《中国历代战争史》（宋）第十一册，军事译文出版社，1983年。

　　中国台湾三军大学编：《中国历代战争史》（宋）第十二册，军事译文出版社，1983年。

　　曾瑞龙：《经略幽燕：宋辽战争军事灾难的战略分析》，香港中文大学出版社，2003年。

　　程光裕：《宋太宗对辽战争考》，中国台湾商务印书馆，1972年。

　　吴松弟主编：《两唐书地理志汇释》，安徽教育出版社，2002年。

　　郭黎安主编：《宋史地理志汇释》，安徽教育出版社，2002年。

## 二、论文

李晓杰：《五代时期幽州卢龙节度使辖区沿革考述》,《历史地理》第二十五辑, 中国地理学会历史地理专业委员会《历史地理》编辑委员会编, 上海人民出版社, 2011 年, P70-85。

马旭辉：《唐末五代幽州刘仁恭政权及其与契丹关系研究》, 河北大学硕士论文, 2008 年。

东湖：《日知录烧荒条补说》,《中国历史地理论丛》1989 年 04 期, P152。

任崇岳：《契丹与五代山西割据政权》,《晋阳学刊》, 1984 年 05 期, P79-83。

宋卿：《试论营州在唐代东北边疆的地位与作用》《东北师大学报》, 2012 年 02 期, P71-75。

吴凤霞：《辽朝经略平州考》,《社会科学辑刊》, 2015 年 04 期, P111-115。

齐小光：《辽耶律羽之墓发掘简报》,《文物》, 1996 年 01 期, P4-32。

杨雨舒：《辽代耶律羽之墓志所记东丹国史事考》,《社会科学辑刊》, 1996 年 05 期, P100-102。

王振科：《契丹族杰出的政治家军事家耶律德光事略》,《吉林师范大学学报：人文社会科学版》, 1985 年 01 期, P32-37。

王义康：《后唐建国过程中抵御契丹南进政策探微》,《锦州师范学院学报》, 2000 年 04 期, P87-90。

于越：《辽与后唐定州之战及其影响》,《廊坊师范学院学报（社会科学版）》, 2012 年 02 期, P72-74。

李进欣、吴凤霞：《921—953 年辽朝与中原诸政权的定州之战析议》,《河北北方学院学报（社会科学版）》, 2017 年 05 期, P15-19。

刘肃勇：《耶律德光与母后斗智进占燕云十六州》,《学习与探索》, 2009 年 06 期, P226-228。

林鹄：《辽太宗与石氏父子：辽晋关系新说》,《北大史学》, 北京大学出版社，2013 年 00 期，P51-72。

张建宇：《石敬瑭刍议》，《北方文物》，2010 年 04 期，P86-92。

邵勤：《石敬瑭：人物评价问题的再思考》，《探索与争鸣》，1987 年 02 期，P45-47。

贾敬颜：《晋出帝北迁记疏证稿》，《北方文物》，1986 年 01 期，P89-94。

都兴智、田立坤：《后晋石重贵石延煦墓志铭考》，《文物》，2004 年 11 期，P87-95。

杜晓红、李宇峰：《辽宁朝阳县发现辽代后晋李太后、安太妃墓志》，《边疆考古研究》(第 16 辑)，科学出版社，2014 年，P61-68。

赵光远：《略论契丹军队在中原"打草谷"》，《中国社会科学院研究生院学报》，1986 年 06 期，P67-71。

沈元加：《刘知远的起兵与耶律德光的北归——与刘凤翥同志商榷》，《昭乌达盟师专学报》，1988 年 03 期，P22-25。

孙政：《契丹未能统一中原的原因探析——以耶律德光南征为例》，《烟台大学学报(哲学社会科学版)》2009 年 03 期，P85-88。

杜晓：《"先南后北"还是"先北后南"——试论周世宗的统一战略方针》，《淮阴师范学院教育科学论坛》2011 年 (Z1)，P51-54。

王育济：《宋初"先南后北"统一策略的再探讨》，《东岳论丛》，1996 年 01 期，P82-89。

李裕民：《宋太宗平北汉始末》，《山西大学学报》(哲学社会科学版)，1982 年 03 期，P86-94。

漆侠：《宋太宗第一次伐辽——高梁河之战——宋辽战争研究之一》，《河北大学学报：哲学社会科学版》，1991 年 03 期，P1-9。

漆侠：《宋太宗雍熙北伐——宋辽战争研究之二》，《河北学刊》，1992 年 02 期，P81-89。

漆侠：《辽国的战略进攻与澶渊之盟的订立——宋辽战争研究之三》，《河北大学学报：哲学社会科学版》，1992 年 03 期，P1-11。

王晓波：《宋太宗雍熙北伐综评》，《军事历史研究》，1999 年 02 期，

P110-121。

王晓波：《宋太宗雍熙北伐失败后的对辽策略》，《四川大学学报》（哲学社会科学版），2000年04期，P100-106。

高恩泽：《北宋时期河北"水长城"考略》，《河北学刊》，1983年04期，P150-153。

程民生：《北宋河北塘泺的国防与经济作用》，《河北学刊》，1985年05期，P76-80。

陶玉坤：《北宋防御辽国的榆塞》，《内蒙古社会科学（汉文版）》，2006年03期，P36-39。

石涛：《黄河水患与北宋对外军事》，《晋阳学刊》，2006年02期，P79-82。

周宝珠：《宋代北方的淤田》，《史学月刊》，1964年10期，P21-22。

李亚：《大名府故城之陪都历史探析——大名府故城考略之一》，《文物春秋》，2005年03期，P6-10。

陶玉坤：《辽宋和盟状态下的政治对抗》，《内蒙古大学学报》（哲学社会科学版），2000年06期，P28-32。

王策、周宇：《刘六符墓志简述》，《北京文博文丛》，2016年02期，P37-39。

朱小琴：《宋辽"关南地之争"》，《西安文理学院学报》（自然科学版），2000年02期，P61-66。

史家珍、司马俊堂、张西峰等：《富弼家族墓地发掘简报》，《中原文物》，2008年06期，P4-16。

薛景平：《辽代梁援墓志考》，《北方文物》，1986年02期，P41-50。

陶玉坤：《辽宋天池之争》，《内蒙古大学学报》（人文社会科学版），2005年01期，P7-11。

杨小敏：《宋人对辽朝的畏惧心理和"燕云"情结》，《史学集刊》，2008年05期，P107-112。

赵永春：《北宋联金复燕之议始于何时？》，《吉林师范大学学报》（人文社会科学版），1985年03期，P52-54。

赵永春：《关于宋金"海上之盟"的几个史实问题》，《北方文物》1985 年 02 期，P57-61。

赵永春、厉永平：《宋金"海上联盟"期间的领土交涉——以赵良嗣〈燕云奉使录〉的记载为中心》，《北华大学学报》（社会科学版），2005 年 06 期，P62-66。

任崇岳：《论宋金"海上之盟"》，《中州学刊》，1987 年 04 期，P115-119。

袁源：《马植与宋金战争之关系新论》，《齐齐哈尔大学学报（哲学社会科学版）》，2015 年 03 期，P69-71。

谢玉杰：《马扩述略》，《西北民族大学学报》（哲学社会科学版），1983 年 02 期，P110-118。

孙文政：《宋金海上之盟历史经过考察》，《黑龙江社会科学》，2018 年 01 期。

宋馥香：《金朝争夺燕云地区的策略探析》，《北方文物》，2001 年 01 期，P66-70。

刘文建：《试论宋金之战中的"燕云因素"》，《东北史地》，2006 年 04 期，P27-30。

王尚义：《刍议太行八陉及其历史变迁》，《地理研究》，1997 年 01 期，P68-75。

俞炜华：《400mm 等雨量线、长城与农耕游牧民族的分界线》，《上海交通大学学报》，2009 年 01 期，P46-52。

内田吟风：《古代游牧民族侵入农耕国家的原因：以匈奴史为例的考察》，《西域研究》，2016 年 04 期，P106-115。

丘刚、孙新民：《北宋东京外城的初步勘探与试掘》，《文物》1992 年 12 期，P52-61。

丘刚：《北宋东京三城的营建和发展》，《中原文物》1990 年 04 期，P37-42。

徐玉虎：《宋金海上联盟的概观》，《宋史研究集》第一辑。

赵铁寒：《燕云十六州的地理分析》，《宋史研究集》第三辑。

李震：《论北宋国防及其国运的兴废》，《宋史研究集》第四辑。

芮和蒸：《论宋太祖之创业开国》，《宋史研究集》第五辑。

蒋复璁：《宋太祖时太宗与赵普之政争》，《宋史研究集》第七辑。

王吉林：《辽太宗的中原经营与石晋兴亡》，《宋史研究集》第八辑。

陈芳明：《宋初弭兵论的检讨（九六〇—一〇〇四）》，《宋史研究集》第九辑。

林瑞翰：《宋代兵制初探》，《宋史研究集》第十二辑。

吴景宏：《宋金攻辽之外交》，《宋史研究集》第十二辑。

林瑞翰：《北宋之边防》，《宋史研究集》第十三辑。

柳立言：《"杯酒释兵权"新说质疑》，《宋史研究集》第二十二辑。

王明荪：《宋初的反战谕》，《宋史研究集》第二十三辑。

柳立言：《宋辽澶渊之盟新探》，《宋史研究集》第二十三辑。

黄宽重：《马扩与两宋之际的政局变动》，《宋史研究集》第二十六辑。

蒋武雄：《耶律休哥与辽宋战争》，《宋史研究集》第二十八辑。

蒋武雄：《辽与北汉兴亡的关系—兼论辽与后汉、后周政权转移的间接关系》，《宋史研究集》第二十九辑。

蒋武雄：《辽太宗入主中国失败的探讨》，《宋史研究集》第三十辑。

江天健：《北宋河北路造林之研究》，《宋史研究集》第三十二辑。

李天鸣：《宋徽宗北伐燕山时期的反对意见》，《宋史研究集》第三十二辑。